新世纪高等学校教材
环境科学与工程系列教材

北京师范大学环境学院 组编

环境影响评价实用教程

HUANJING YINGXIANG PINGJIA SHIYONG JIAOCHENG

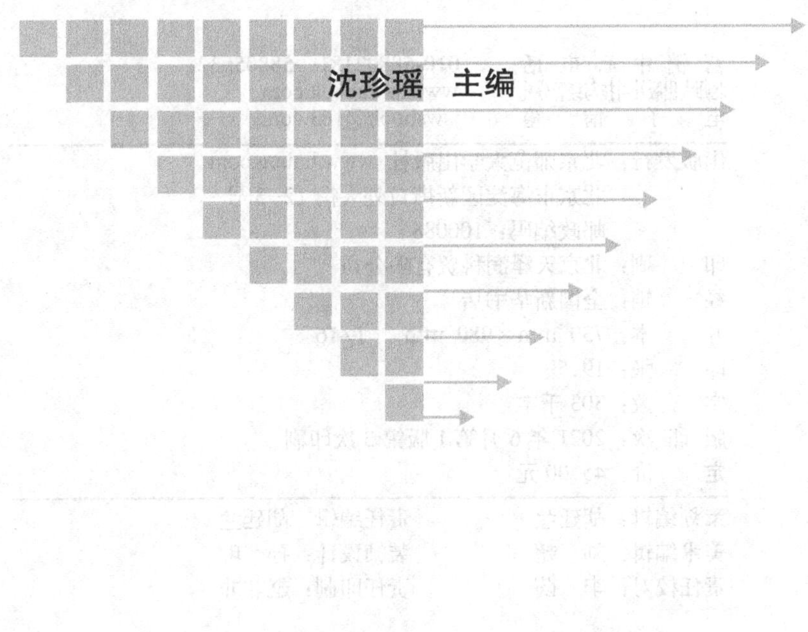

沈珍瑶 主编

北京师范大学出版集团
BEIJING NORMAL UNIVERSITY PUBLISHING GROUP
北京师范大学出版社

图书在版编目（CIP）数据

环境影响评价实用教程 / 沈珍瑶主编. — 北京：北京师范大学出版社，2021.6
（环境科学与工程系列教材）
ISBN 978-7-303-08655-9

Ⅰ. ①环… Ⅱ. ①沈… Ⅲ. ①环境影响－评价－高等学校－教材 Ⅳ. ①X820.3

中国版本图书馆 CIP 数据核字(2007)第 090733 号

营销中心电话 010-58802181 58805532
北师大出版社科技与经管分社 www.jswsbook.com
电子信箱 jswsbook@163.com

出版发行：北京师范大学出版社 www.bnupg.com
北京市海淀区新街口外大街 12-3 号
邮政编码：100088
印　　刷：北京天泽润科贸有限公司
经　　销：全国新华书店
开　　本：730 mm×980 mm　1/16
印　　张：19.5
字　　数：303 千字
版 印 次：2021 年 6 月第 1 版第 3 次印刷
定　　价：45.00 元

策划编辑：胡廷兰　　责任编辑：胡廷兰
美术编辑：刘　超　　装帧设计：孙　琳
责任校对：李　菡　　责任印制：赵非非

内 容 提 要

本书是“环境科学与工程系列教材”之一。全书系统地介绍了环境影响评价的理论体系，包括环境影响评价概况、水环境影响评价、大气环境影响评价、土壤环境影响评价、环境噪声影响评价、生态环境影响评价、区域环境影响评价、规划环境影响评价、社会经济环境影响评价等基本内容。同时介绍了环境影响评价的相关最新进展，使学生既掌握了环境影响评价的基本内容，又对环境影响评价的前沿领域有所了解。

全书以环境影响的基本理论和方法为基础，注重应用实践，同时注重内容的先进性，各章节末附有习题及思考题，相关主要章节后附对应的环境影响评价实例。本书适合高等学校环境科学、环境工程及相关专业高年级本科生或研究生使用，也可供从事环境影响评价的技术人员参考。

主编简介

沈珍瑶，男，1967年1月生，浙江宁波人，现为北京师范大学环境学院副院长、教授，中国环境科学学会水环境分会副理事长，《应用基础与工程科学学报》、《环境科学与技术》等杂志编委，环境影响评价注册工程师。入选教育部“新世纪优秀人才支持计划”。

1991年在中国地质大学获得硕士学位；1999年在清华大学获得博士学位；1991～1995年在中国辐射防护研究院工作；2000年起在北京师范大学工作。

长期从事水环境与水资源、环境影响评价、流域水环境管理等方面的研究工作。曾主持或作为主要研究人员参加40余项科研项目，包括国家重点基础研究发展规划（973）项目、科技部社会公益研究专项资金项目、国家自然科学基金重点项目、国家重大科技专项、核工业科学基金项目、中日合作项目等。主持各类环境影响评价项目30余项。目前主持长江973项目04课题“流域水沙产输对水质变化的影响”以及教育部博士点基金“自然和人为因素共同作用下长江上游非点源污染变化规律”等项目。

共发表学术论文100余篇，其中为SCI/EI收录20余篇；参与编写专著5部；研究成果中有5项获省部级科学技术奖。

前 言

我国的环境影响评价经历了三十多年，从最初的理论探索发展到目前，已经形成了较为完整的技术导则、评价标准和管理体系。环境影响评价制度的建立对于保障我国社会经济的可持续发展起到了不可替代的作用，今后其作用更将日益彰显。

目前“环境影响评价”课程已经在越来越多的高校开设，出版的有关“环境影响评价”的教材也很多，但是适合高层次的实用的“环境影响评价”教材相对较为缺乏，正是基于此，本书编者力图编制一本能体现实用性与知识性相结合的教材。

本书是编者在多年来为北京师范大学环境科学、环境工程专业硕士研究生开设“环境影响评价”提高课程的基础上，结合编者从事实际环境影响评价工作的经验并广泛吸收已有类似教材的优点，尝试编写的一本教材，其面向的读者层次为硕士研究生。本书的特色可概括为：在总体内容安排上，以常规环境要素的环境影响评价为主线进行介绍，同时介绍环境影响评价的最新进展，使学生既掌握了环境影响评价的基本内容，又对环境影响评价的前沿领域有所了解。在具体内容上，将介绍以下内容：环境影响评价概况、水环境影响评价、大气环境影响评价、声环境影响评价、生态环境影响评价、区域环境影响评价、规划环境影响评价、社会经济环境影响评价等。同时在具体内容中结合案例分析，以加深学生对环境影响评价实际的理解。考虑到学生之前已经学过有关环境影响评价的基本理论，因此，本书有关环境影响评价基本理论部分的介绍适当从简。

本书由北京师范大学环境学院沈珍瑶教授担任主编，参加教材编写的人员有：第一章，沈珍瑶；第二章，连国玺；第三章，刘芳、沈珍瑶；第四章，沈珍瑶、宫永伟；第五章，余红、沈珍瑶；第六章，伍星、沈珍瑶；第七章，贾超；第八章，陈玉敏；第九章，马晔、宫永伟；第十章，沈珍瑶；第十一章，范丽丽、初征。全书由沈珍瑶统稿。

由于编者水平所限，定有不当之处，恳请批评指正。

编者

2006 年 11 月

目　录

第六章 生态环境影响评价 …………………… (132)

第七章 区域环境影响评价 …………………… (173)

第九章　社会经济环境影响评价 ……………… (219)

第一章 绪 论

【本章导读】

本章简要介绍了环境影响评价相关基本概念，包括环境、环境质量与环境质量评价、环境影响与环境影响评价等；回顾了环境影响评价的提出及发展，并从环境影响评价的管理程序与环境影响评价的工作程序两个方面介绍了环境影响评价的程序。

第一节 基本概念

一、环境

环境，根据系统论的一般观点，是相对于所关心的事物而言的，这一事物的周围事物就是其环境。如我们关心的事物是人类，则人类以外的整个外部世界就是环境；如我们关心的事物是生物有机体，则围绕生物有机体的周围的一切就是环境。

根据《中华人民共和国环境保护法》第二条的规定："本法所称环境，是指影响人类生存与发展的各种天然的和经过人工改造的自然因素的总体，包括大气、水、海洋、土地、矿藏、森林、草原、野生生物、自然遗迹、人文遗迹、自然保护区、风景名胜区、城市和乡村等。"

在环境影响评价中，我们常常把应该保护的对象或环境要素称为环境。实际上，对环境概念的深入理解应该结合具体的工作进行甄别。

二、环境质量与环境质量评价[1]

环境质量表述环境优劣的程度，它是一个具体的环境中，环境总体或某些要素对人群健康、生存和繁衍以及对社会经济发展适宜程度的量化表达。环境质量是因人对环境的具体要求而形成的评价环境状况的一个概念。这就引出了环境质量评价问题。

一般地，进行环境质量评价应该确定具体的环境质量要素，用评价结果表征环境质量，所以环境质量评价是确定环境质量的手段、方法，环境质量则是环境质量评价的结果，而要进行环境质量的评价就必须有相应的标准，需要建立环境质量标准体系。

三、环境影响

环境影响是指人类活动(经济活动、政治活动和社会活动)导致的环境变化以及由此引起的对人类社会的效应[2]。

环境影响的可以按以下方式进行分类。

(1)按影响的来源：可分为直接影响、间接影响、累积影响。

(2)按影响的效果：可分为有利影响、不利影响。

(3)按影响的程度：可分为可恢复影响、不可恢复影响。

另外，还可以按时间效应分为长期影响与短期影响，按空间效应分为局地影响、区域影响及全球影响等。

四、环境影响评价

对环境影响进行评价即是环境影响评价。不同教材对环境影响评价的概念的表述略有差异。

陆书玉等[3]定义环境影响评价为：对拟议中的建设项目、区域开发计划和国家政策实施后可能对环境产生的影响(后果)进行的系统性识别、预测和评估。

国家环境保护总局监督管理司在其编著的环境影响评价培训教材[2]中定义环境影响评价为：对拟议中的人类的重要决策和开发建设活动可能对环境产生的物理性、化学性或生物性的作用及其造成的环境变化和对人类健康和福利的可能影响，进行系统的分析和评估，并提出减少这些影响的对策措施。

已经实施的《中华人民共和国环境影响评价法》定义环境影响评价为：对规划和建设项目实施后可能造成的环境影响进行分析、预测和评估，提出预防或者减轻不良环境影响的对策和措施、进行跟踪监测的方法与制度。

一般地，我们在日常工作中是这样区分环境影响评价与环境影响评价制度的：环境影响评价制度是把环境影响评价工作以法律、法规或行政规章的形式确定下来从而必须遵守的制度；环境影响评价是技术评价，而坏境影响评价制度是进行环境影响评价的法律依据。但《中华人民共和国环境影响评价法》中定义的“环境影响评价”实际上已经包括“环境影响评价制度”，同时该定义明确环境影响评价包含“跟踪监测”的要求。

特别应该强调的是，环境影响评价不但要评价不利影响，而且要评价有利影响，应将不利影响与有利影响都辨析清楚。

第二节 环境影响评价的提出及发展

20 世纪五六十年代，工业发达国家出现了严重的环境污染，酿成了不少公害事件，促使人们认识到不能再走“先污染、后治理”的老路，应寻求更为积极的途径来保护环境。1964 年在加拿大召开的国际环境质量评价会议，首次提出“环境影响评价”的概念。自此，预防为主的保护环境的理念逐渐深入人心。

美国在 1969 年通过立法建立了环境影响评价制度——《国家环境政策法》；瑞典在 1969 年通过了《环境保护法》；澳大利亚、新西兰、加拿大、德国、菲律宾、印度、泰国、印度尼西亚等在 20 世纪 70 年代建立环境影响评价制度。环境影响评价制度的建立具有划时代的意义，标志环境保护由被动治理向积极防治转变。

但随着开发步伐的加快和开发规模的扩大，在 20 世纪 80 年代初出现了第二次环境问题高潮。这次高潮伴随大范围的环境污染与生态破坏，如大气污染物越界传输、酸雨、温室效应、臭氧层破坏、土地荒漠化等区域性和全球性环境问题。在此背景下，人们认识到局地的环境影响评价(仅对建设项目开展项目环境影响评价(environmental impact assessment，EIA)存在一定局限，应该开展更为广泛的区域环境影响评价(regional environmental assessment，REA)或战略环境影响评价(strategic environmental assessment，SEA)。

我国在 1972 年联合国斯德哥尔摩人类环境会议及 1973 年第一次全国环境保护会议后，首先由高等学校从国外引进“环境影响评价”概念；1979 年 9 月 13 日通过的《中华人民共和国环境保护法(试行)》，标志着我国的环境影响评价制度正式确立；1986 年 3 月 26 日，《建设项目环境保护管理办法》颁布，建立了较完善的环境影响评价制度；1998 年 11 月 18 日，《建设项目环境保护管理条例》的颁布，使得环境影响评价制度更加完善；2002 年 10 月 28 日，《中华人民共和国环境影响评价法》颁布，它将规划纳入环境影响评价中，标志环境影响评价从建设项目层次扩展到规划层次，具有划时代的意义。

一般认为，1973 年开展的“北京西郊环境质量评价研究”是我国开展的第一项有关环境质量评价的研究工作。1977 年中国科学院召开的“区域环境保护学术交流研讨会”，一定程度上推动了我国大中城市和重要水域的环境质量现状评价。1979 年，在国家的支持下，北京师范大学等单位开展的“江西永平铜矿环境影响评价”是我国第一项建设项目环境影响评价工作。

第三节　环境影响评价的程序

环境影响评价程序是指按一定的顺序或步骤完成环境影响评价工作的过程。它可以分为环境影响评价管理程序与环境影响评价工作程序两类。环境影响评价管理程序用以指导环境影响评价的监督与管理；环境影响评价工作程序用以指导环境影响评价的工作内容和进程。

一、环境影响评价的管理程序

(一)环境影响分类筛选

对于建设项目,根据其对环境的影响程度,按照下列规定对其实行环境保护分类管理。

1. 建设项目对环境可能造成重大影响的，应当编制环境影响报告书，对建设项目产生的污染和对环境的影响进行全面、详细的评价。此类项目包括：

(1)原料、产品或生产过程中涉及的污染物种类多、数量大或毒性大、难以在环境中降解的建设项目；

(2)可能造成生态系统结构重大变化、重要生态功能改变或生物多样性明显减少的建设项目；

(3)可能对脆弱生态系统产生较大影响或可能引发和加剧自然灾害的建设项目；

(4)容易引起跨行政区环境影响纠纷的建设项目；

(5)所有流域开发、开发区建设、城市新区建设和旧区改建等区域性开发活动或建设项目。

2. 建设项目对环境可能造成轻度影响的，应当编制环境影响报告表，对建设项目产生的污染和对环境的影响进行分析或者专项评价。此类项目包括：

(1)污染因素单一，而且污染物种类少、产生量小或毒性较低的建设项目；

(2)对地形、地貌、水文、土壤、生物多样性等有一定影响，但不改变生态系统结构和功能的建设项目；

(3)基本不对环境敏感区造成影响的小型建设项目。

3. 建设项目对环境影响很小，不需要进行环境影响评价的，应当填报环境影响登记表。此类项目包括：

(1)基本不产生废水、废气、废渣、粉尘、恶臭、噪声、震动、热污染、放射性、电磁波等不利环境影响的建设项目；

(2)基本不改变地形、地貌、水文、土壤、生物多样性等，不改变生态系统结构和功能的建设项目；

(3)不对环境敏感区造成影响的小型建设项目。

【背景材料】环境敏感区

(1)需特殊保护地区：国家法律、法规、行政规章及规划确定或经县级以上人民政府批准的需要特殊保护的地区，如饮用水水源保护区、自然保护区、风景名胜区、生态功能保护区、基本农田保护区、水土流失重点防治区、森林公园、地质公园、世界遗产地、国家重点文物保护单位、历史文化保护地等。

(2)生态敏感与脆弱区：沙尘暴源区、荒漠中的绿洲、严重缺水地区、珍稀动植物栖息地或特殊生态系统、天然林、热带雨林、红树林、珊瑚礁、鱼虾产卵场、重要湿地和天然渔场等。

(3)社会关注区：人口密集区、文教区、党政机关集中的办公地点、疗养地、医院，以及具有历史、文化、科学、民族意义的保护地等。

对于规划，应根据规划的性质，进行分类管理。

(1)应该编写有关环境影响的篇章或者说明的规划包括：国务院有关部门、设区的市级以上地方人民政府及其有关部门组织编制的土地利用的有关规划，区域、流域、海域的建设与开发利用规划，专项规划中的指导性规划。

(2)应该编写环境影响报告书的规划包括：国务院有关部门、设区的市级以上地方人民政府及其有关部门组织编制的工业、农业、畜牧业、林业、能源、水利、交通、城市建设、旅游、自然资源开发的有关专项规划。

分类管理目录对于指导环境影响评价工作的具体开展具有重要意义，《建设项目环境保护分类管理名录》、《编制环境影响报告书的规划的具体范围(试行)》及《编制环境影响篇章或说明的规划的具体范围(试行)》已经由国务院环境保护行政主管部门公布，将根据实际进行修订。

(二)环境影响评价的监督管理[4]

1. 评价单位资格考核与人员培训

在我国，为建设项目环境影响评价提供技术服务的机构必须取得相应的资质，在资质证书规定的资质等级和评价范围内从事环境影响评价技术服务。评价资质分为甲、乙两个等级。取得甲级评价资质的评价机构，可以在资质证书规定的评价范围之内，承担各级环境保护行政主管部门负责审批的建设项目环境影响报告书和环境影响报告表的编制工作。取得乙级评价资质的评价机构，可以在资质证书规定的评价范围之内，承担省级以下环境保护行政主管部门负责审批的环境影响报告书或环境影响报告表的编制工作。

从事环境影响评价技术服务的人员，必须取得环境影响评价岗位证书，项目负责人应该取得环境影响评价工程师资格。

【参考阅读】 环境影响报告书的编制

建设项目环境影响报告书与环境影响报告表需要有相应资质的单位编制，但建设项目环境影响登记表可由建设单位或第三方填写。

相关规划的环境影响评价工作可以由具有相应资质的评价单位编制，也可由规划编制者自我评价。

2．评价大纲(实施方案)的审查

环境影响评价大纲应该在正式开展环境影响评价工作之前完成，此阶段应该研究国家有关法律文件和与建设项目有关的其他文件，进行初步的工程分析和环境现状调查，筛选出重点评价项目，确定各单项环境影响评价工作的等级。评价大纲由建设单位向负责审批的相应环境保护行政主管部门申报，由环境保护行政主管部门根据实际情况确定评审方式，提出相应的审查意见。

编写环境影响报告表的建设项目一般不需要编写评价大纲。编写环境影响报告书的规划要提交实施方案。

3．环境影响评价的质量管理

被委托为建设项目环境影响评价提供技术服务的机构在评价过程中应该严格按照国家相关法律法规的要求，根据国家的相关法律法规，制订符合实际的《环境影响评价质量管理规章制度》并在评价过程中应该严格遵守，把好环境影响评价的质量关。《环境影响评价质量管理规章制度》适用于承接的建设项目环境影响评价项目的执行、实施控制和过程管理。《环境影响评价质量管理规章制度》应该包括目的、适用范围、质量方针、质量目标、质量控制措施、评价工作过程概要、评价人员岗位职责、执行法规等条款。

4．环境影响评价报告书的审批

环境影响评价报告书应该做到评价内容全面，重点突出，认真贯彻执行环境保护政策、法规，工程概况和环境状况介绍清楚，工程分析详尽，提出的环境保护措施可行，评价结论可信，并完成评价大纲及评估意见确定的工作内容。

环境影响评价报告书的评价结论应该明确回答环境保护行政主管部门审批时所关心的几个问题(达标排放、总量控制、清洁生产水平等)，评价结论应客观、可信，能为环境保护行政主管部门决策提供依据。

建设项目环境影响报告书、环境影响报告表或者环境影响登记表，由建设单位报有审批权的环境保护行政主管部门审批；建设项目有行业主管部门的，其环境影响报告书或者环境影响报告表应当经行业主管部门预审后，报有审批权的环境保护行政主管部门审批。

环境保护行政主管部门应当自收到建设项目环境影响报告书之日起 60 日内、收到环境影响报告表之日起 30 日内、收到环境影响登记表之日起 15 日内，作出审批决定并将结果书面通知建设单位。

二、环境影响评价的工作程序

环境影响评价工作一般分为三个阶段，如图 1－1 所示。

第一阶段为准备阶段，主要工作包括研究国家有关法律文件和与建设项目有关的其他文件，进行初步的工程分析和环境现状调查，筛选出重点评价项目，确定各单项环境影响评价工作的等级，编制环境影响评价大纲。

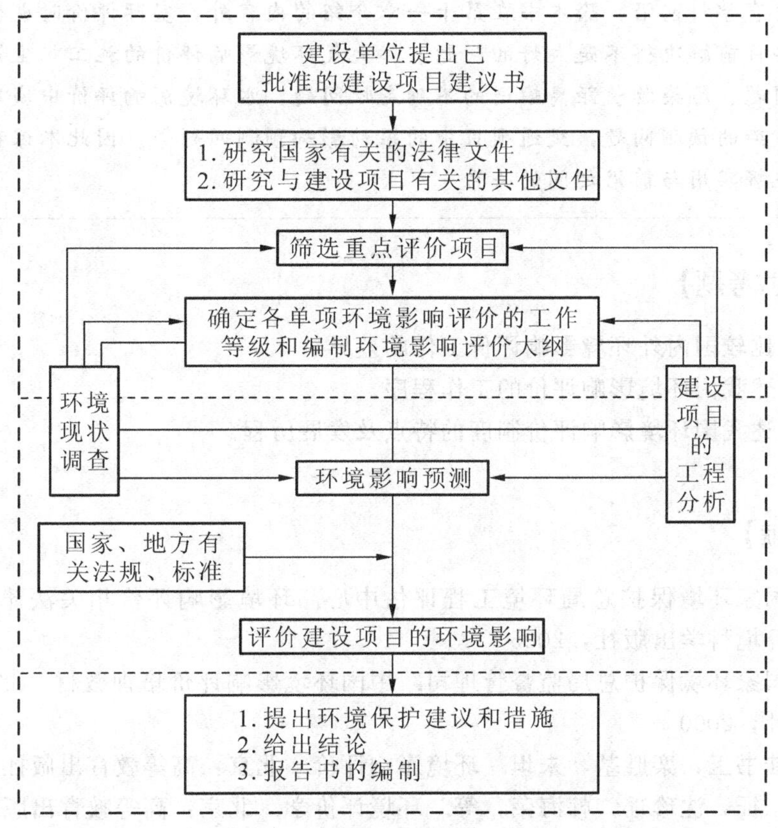

图 1－1 环境影响评价工作程序图

第二阶段为正式工作阶段，主要工作包括进一步进行工程分析和环境现状调查，进行环境影响预测，并根据预测结果结合国家、地方的有关法规、标准，评价环境影响。

第三阶段为报告书编制阶段，主要工作为汇总、分析所得资料和数据，得出环境影响评价结论，完成环境影响评价报告书的编制。

环境影响评价工作程序中的相关内容将在后面章节详细介绍。

【参考阅读】对环境影响评价的若干认识

(1)建设项目的环境影响评价，其评价方法目前已经比较成熟，因此原则上应该按照相关导则的要求开展工作；区域开发及规划的环境影响评价，其评价方法目前尚不成熟，实际开展评价工作时，可以在相关导则的基础上，适当扩展。

(2)建设项目的环境影响评价，尽管评价方法已经比较成熟，但并不是没有学科前沿，除本书在第十一章介绍的内容外，实际评价时也会遇到一些目前解决得不是太好的问题，如大气环境影响评价的施工扬尘影响预测问题、污染物长距离输送的不确定性问题，水环境影响评价中城市非点源污染的预测问题，交通项目中的振动影响预测问题等。因此本课程学习要把握实用与前沿之间的关系。

【习题及思考题】

1. 试比较国内外环境影响评价工作的差异。
2. 阐述我国环境影响评价的工作程序。
3. 阐述我国环境影响评价制度的特点及发展历程。

【参考文献】

[1] 国家环境保护总局环境工程评估中心. 环境影响评价相关法律法规. 北京：中国环境科学出版社，2005

[2] 国家环境保护总局监督管理司. 中国环境影响评价培训教材. 北京：化学工业出版社，2000

[3] 陆书玉，栾胜基，朱坦. 环境影响评价. 北京：高等教育出版社，2001

[4] 张征，沈珍瑶，韩海荣，等. 环境评价学. 北京：高等教育出版社，2004

第二章　地表水环境影响评价

【本章导读】

地表水环境与人类的生活和生产密切相关，因此建设项目对水环境的影响评价也就格外的重要。本章从地表水环境影响评价的程序出发，介绍了地表水环境现状评价及预测评价的方法，对预测模型进行了简要的阐述。在此基础上，以江西省某纸业公司的水环境影响评价为例，介绍了水环境影响评价的步骤及方法。

第一节　概　述

一、地表水环境影响评价内容及程序

地表水环境影响评价的主要内容有以下几个方面[1]（图 2－1）：

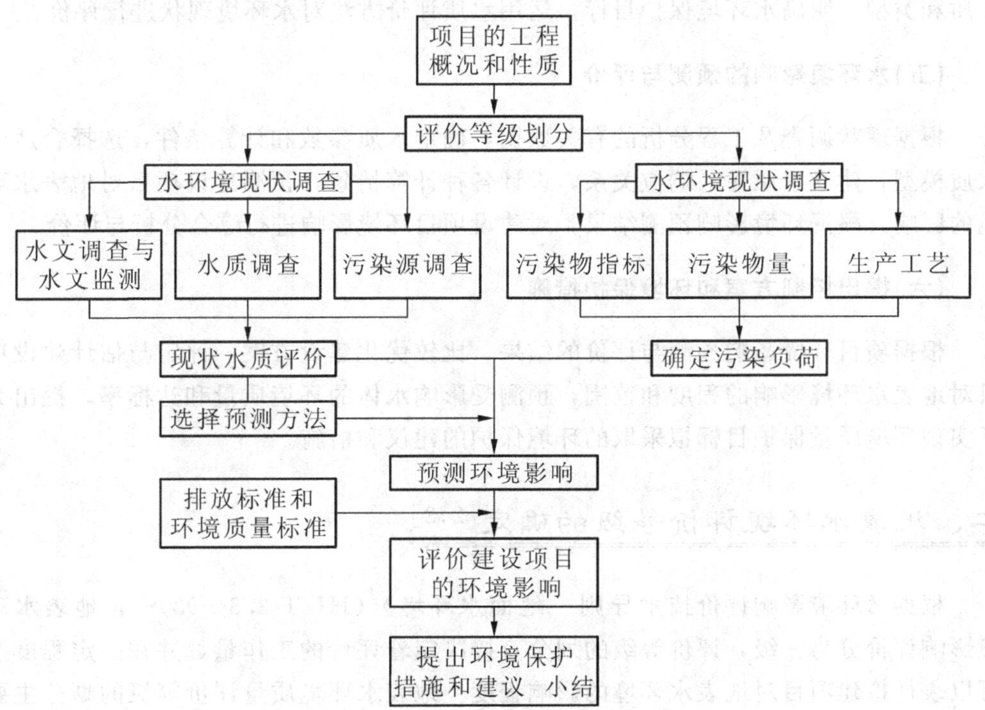

图 2－1　地表水环境影响评价程序

(一)明确工程项目性质

全面了解建设项目的背景、进度和规模，调查其生产工艺和可能造成的环境影响因素，明确工程及环境影响性质。

(二)划分评价等级

根据环境影响评价技术导则，结合建设项目特点和当地水环境问题特征，对地表水环境影响评价工作进行分级。

(三)建设项目工程分析

了解拟建项目与地表水环境有关的各种情况，弄清该项目所产生的污染量、污染指标和可能造成地表水污染的范围，调查拟建项目的生产工艺，分析项目在建设期、营运期对地表水环境的影响，确定污染负荷。

(四)地表水环境现状调查和评价

通过水质与水文调查、现有污染源调查，弄清水环境现状，确定水环境问题的性质和类型，明确水环境保护目标，运用水质评价方法对水环境现状进行评价。

(五)水环境影响的预测与评价

根据现状调查及工程分析的有关数据，确定水质参数和计算条件，选择合适的水质模型，建立水质输入响应关系，设计各种计算情景，预测建设项目对地表水环境的影响。根据环境影响预测结果，对建设项目环境影响进行综合分析与评价。

(六)提出控制方案和环境保护措施

根据项目环境影响预测与评价的结果，比较优化建设方案，评定与估计建设项目对地表水环境影响的程度和范围，预测受影响水体的环境质量和达标率，提出为了实现环境质量保护目标拟采取的环境保护的建议和措施。

二、地表水环境评价等级的确定[2,3]

根据《环境影响评价技术导则　地面水环境》(HJ/T 2.3—93)[4]，地表水环境影响评价分为三级，评价等级的划分直接决定着评价的工作量，并在一定程度上可以表征拟建项目对地表水环境的影响程度。地表水环境质量评价等级的划分主要由四项指标确定，分别是建设项目的污水排放量、污水水质的复杂程度、受纳水域的规模及受纳水域对水质的具体要求。

(一)建设项目污水排放量

污水排放量中不包括间接冷却水、循环水以及其他含污染物极少的清净水的排放量，但包括含热量大的冷却水的排放量。污水排放量(Q，m^3/d)划分为5个等级：①$Q\geqslant 20\,000$；②$20\,000>Q\geqslant 10\,000$；③$10\,000>Q\geqslant 5\,000$；④$5\,000>Q\geqslant 1\,000$；⑤$1\,000>Q\geqslant 200$。

(二)污水水质的复杂程度

根据污染物在水环境中的输移、转化、衰减特点以及它们的预测模型，将污染物分为四类：

(1)持久性污染物(其中还包括在水环境中难降解、毒性大、易长期积累的有毒物质)。

(2)非持久性污染物。

(3)酸和碱(以pH表征)。

(4)热污染(以温度表征)。

污水水质的复杂程度按照污水中拟预测的污染物类型以及某类污染物中水质参数的多少划分为复杂、中等和简单三类：

(1)污染物类型数≥3，或者只有两类污染物但需预测其浓度的水质参数数目≥10。

(2)污染物类型数＝2且需预测其浓度的水质参数数目＜10，或者只含有一类污染物但需预测其浓度的水质参数数目≥7。

(3)污染物类型数＝1且需预测浓度的水质参数数目＜7。

(三)地表水域的规模

河流与河口，按建设项目排污口附近河段的多年平均流量或平水期平均流量划分如下。大河：$\geqslant 150\ m^3/s$；中河：$15\sim 150\ m^3/s$；小河：$<15\ m^3/s$。

湖泊和水库，按枯水期湖泊、水库的平均水深以及水面面积划分，见表2-1。

表 2-1　　湖泊水库规模划分原则

当平均水深≥10 m时	当平均水深<10 m时
大湖(库)：≥25 km^2 中湖(库)：2.5～25 km^2 小湖(库)：<2.5 km^2	大湖(库)：≥50 km^2 中湖(库)：5～50 km^2 小湖(库)：<5 km^2

具体应用上述划分原则时，可根据我国南方、北方以及干旱、湿润地区的特点进行适当调整。

(四)地表水水质要求

根据《地表水环境质量标准》(GB 3838—2002)划分地表水的水域功能，如果受纳水体的实际功能与该标准的水质分类不一致时，可根据项目所在地人民政府或当地环保部门及上一级环保部门规定的水环境功能区划来明确受纳水体的功能，确定对地表水水质的要求。

地表水环境影响评价等级的划分参照表 2-2 及表 2-3 进行。注意，建设项目污水排放量≥20 000 m^3/d时，地表水环境影响评价等级至少为二级；而建设项目污水排放量在 200～1 000 m^3/d 时，地表水环境影响评价等级为三级。

表 2-2　　地表水环境影响评价分级判据

建设项目污水排放量 $/m^3 \cdot d^{-1}$	建设项目污水水质复杂程度	一级		二级		三级	
		地表水域规模	地表水水质要求(水质类别)	地表水域规模	地表水水质要求(水质类别)	地表水域规模	地表水水质要求(水质类别)
≥20 000	复杂	大	Ⅰ～Ⅲ	大	Ⅳ，Ⅴ		
		中、小	Ⅰ～Ⅳ	中、小	Ⅴ		
	中等	大	Ⅰ～Ⅲ	大	Ⅳ，Ⅴ		
		中、小	Ⅰ～Ⅳ	中、小	Ⅴ		
	简单	大	Ⅰ，Ⅱ	大			
		中、小	Ⅰ～Ⅲ	中、小	Ⅳ，Ⅴ		
10 000～20 000	复杂	大	Ⅰ～Ⅲ	大	Ⅳ，Ⅴ		
		中、小	Ⅰ～Ⅳ	中、小	Ⅴ		
	中等	大	Ⅰ，Ⅱ	大	Ⅲ，Ⅳ	大	Ⅴ
		中、小	Ⅰ，Ⅱ	中、小	Ⅲ～Ⅴ		
	简单			大	Ⅰ～Ⅲ	大	Ⅳ，Ⅴ
		中、小	Ⅰ	中、小	Ⅱ～Ⅳ	中、小	Ⅴ

续表

建设项目污水排放量/m³·d⁻¹	建设项目污水水质复杂程度	一级		二级		三级	
		地表水域规模	地表水水质要求(水质类别)	地表水域规模	地表水水质要求(水质类别)	地表水域规模	地表水水质要求(水质类别)
5 000～10 000	复杂	大、中	Ⅰ，Ⅱ	大、中	Ⅲ，Ⅳ	大、中	Ⅴ
		小	Ⅰ，Ⅱ	小	Ⅲ，Ⅳ	小	Ⅴ
	中等			大、中	Ⅰ～Ⅲ	大、中	Ⅳ，Ⅴ
		小	Ⅰ	小	Ⅱ～Ⅳ	小	Ⅴ
	简单			大、中	Ⅰ，Ⅱ	大、中	Ⅲ～Ⅴ
				小	Ⅰ～Ⅲ	小	Ⅳ，Ⅴ
1 000～5 000	复杂			大、中	Ⅰ～Ⅲ	大、中	Ⅳ，Ⅴ
		小	Ⅰ	小	Ⅱ～Ⅳ	小	Ⅴ
	中等			大、中	Ⅰ，Ⅱ	大、中	Ⅲ～Ⅴ
				小	Ⅰ～Ⅲ	小	Ⅳ，Ⅴ
	简单					大、中	Ⅰ～Ⅳ
				小	Ⅰ	小	Ⅱ～Ⅴ
200～1 000	复杂					大、中	Ⅰ～Ⅳ
						小	Ⅰ～Ⅴ
	中等					大、中	Ⅰ～Ⅳ
						小	Ⅰ～Ⅴ
	简单					中、小	Ⅰ～Ⅳ

表 2-3　海湾环境影响评价分级判据

污水排放量/m³·d⁻¹	污水水质复杂程度	一级	二级	三级
≥20 000	复杂	各类海湾		
	中等	各类海湾		
	简单	小型封闭海湾	其他各类海湾	
5 000～20 000	复杂	小型封闭海湾	其他各类海湾	
	中等		小型封闭海湾	其他各类海湾
	简单		小型封闭海湾	其他各类海湾
1 000～5 000	复杂		小型封闭海湾	其他各类海湾
	中等或简单			各类海湾
500～1 000	复杂			各类海湾

第二节　地表水环境现状调查与评价

一、地表水环境现状调查

(一)地表水环境现状调查范围

建设项目环境现状调查范围的确定，需要遵循以下原则：

1. 应包括建设项目对周围地表水环境影响较显著的区域，在此区域内进行调查，能全面说明与地表水环境相联系的环境基本状况，并能充分满足环境影响预测的要求。

2. 应尽量按照将来污染物排放后可能的达标范围、污水排放量的大小、受纳水域的特点以及评价等级等确定某项具体工程的地表水环境调查范围。

3. 河流环境现状调查的范围，需要考虑污水排放量大小、河流规模确定排放口下游应调查的河段长度。

4. 湖泊、水库以及海湾环境现状调查范围，需要考虑污水排放量的大小确定调查半径或调查面积(以排污口为圆心、以调查半径为半径)。

(二)地表水环境现状调查时期的要求

环境现状调查时间与水文特征的划分应相对应。河流、河口、湖泊与水库一般按丰水期、平水期、枯水期划分；海湾按大潮期和小潮期划分。对于北方地区，也可以按冰封期和非冰封期划分。

评价等级不同，各类水域调查时期的要求也不同。表 2－4 列出了不同评价等级各类水域的水质调查时期。

表 2－4　　各类水域在不同评价等级时水质的调查时期

	一级	二级	三级
河流	一般情况下，为一个水文年的丰水期、平水期和枯水期；若评价时间不够，至少应调查平水期和枯水期	条件许可时，可调查一个水文年的丰水期、平水期和枯水期；一般情况下，可只调查枯水期和平水期；若评价时间不够，可只调查枯水期	一般情况下，可只在枯水期调查

续表

	一级	二级	三级
河口	一般情况下，为一个潮汐年的丰水期、平水期和枯水期；若评价时间不够，至少应调查平水期和枯水期	一般情况下，应调查平水期和枯水期；若评价时间不够，可只调查枯水期	一般情况下，可只在枯水期调查
湖泊（水库）	一般情况下，为一个水文年的丰水期、平水期和枯水期；若评价时间不够，至少应调查平水期和枯水期	一般情况下，应调查平水期和枯水期；若评价时间不够，可只调查枯水期	一般情况下，可只在枯水期调查
海湾	一般情况下，应调查评价工作期间的大潮期和小潮期	一般情况下，应调查评价工作期间的大潮期和小潮期	一般情况下，应调查评价工作期间的大潮期和小潮期

当调查区域非点源污染严重，丰水期水质劣于枯水期时，一、二级评价的各类水域应调查丰水期，若时间允许，三级评价也应调查丰水期。

冰封期较长的水域，且其水体作为生活饮用水、食品加工用水的水源或渔业用水时，应调查冰封期的水质、水文情况。

(三)地表水环境现状调查内容

1. 水文调查和水文测量

应向有关的水文测量和水质监测等部门收集现有资料，当资料不足时，应进行一定的水文调查与水质调查，特别需要进行与水质调查同步的水文测量。一般情况，水文调查与水文测量在枯水期进行，必要时，可在其他时期(丰水期、平水期、冰封期等)进行补充调查。

水文测量的内容与拟采用的环境影响预测方法密切相关，在采用数学模型时应根据所选用的预测模型及应输入的环境水力学参数的需要决定其内容。环境水力学参数主要指水体混合物输移参数及水质模型参数。

(1)河流

河流水文调查与水文测量的内容应根据评价等级、河流的规模决定，其中主要有：丰水期、平水期、枯水期的划分；河流平直及弯曲情况(如平直段长度及弯曲段的弯曲半径等)；横断面、纵断面(坡度)、水位、水深、河宽、流量、流速及其分布、水温、糙率及泥沙含量等；丰水期有无分流漫滩，枯水期有无浅滩、沙洲和断流；北方河流还应了解结冰、封冰、解冻等现象。

在采用河流水质数学模型预测时，其具体调查内容应根据评价等级及河流规模按照常用水质数学模型、河流环境水力学参数等的需要决定。

河网地区应调查各河段流向、流速、流量关系，了解流向、流速、流量的变化特点。

(2)感潮河口

感潮河口的水文调查和水文测量的内容应根据评价等级和河流的规模决定，其中除包括与河流相同的内容外，还有：感潮河段的范围，涨潮、落潮及平潮时的水位、水深、流向、流速及其分布，横断面，水面坡度、潮间隙以及潮差和历时等。

在采用水质数学模型预测时，其具体调查内容应根据评价等级及河流规模按照河口常用水质数学模型、环境水力学参数等的需要决定。

(3)湖泊和水库

应根据评价等级、湖泊与水库的规模决定水文调查与水文测量的内容，其中主要有：湖泊与水库的面积和形状，丰水期、平水期、枯水期的划分，流入、流出的水量，停留时间，水量的调度和贮量，湖泊、水库的水深、水温分层情况及水流状况(河流的流向和流速，环流的流向、流速及稳定时间)等。

在采用数学模型预测时，其具体调查内容应根据评价的等级及湖泊、水库的规模，按照湖泊、水库水质数学模型和环境水力学参数等的需要决定。

(4)海湾

海湾水文调查与水文测量的内容应根据评价等级及海湾的特点选择下列全部或部分内容：海岸形状，海底地形，潮位及水深变化，潮流状况(小潮和大潮循环期间的水流变化、平行于海岸线流动的落潮和涨潮)，流入的河水流量、盐度和温度造成的分层情况，水温、波浪的情况以及内海水与外海水的交换周期。

在采用数学模型预测时，其具体调查内容应根据评价等级及海湾特点，按照海湾水质数学模型、环境水力学参数等的需要决定。

2. *污染源调查*

(1)点污染源调查

点污染源调查以收集现有资料为主，只有在十分必要时才补充现场调查或测试。

点污染源调查的繁简程度可根据评价级别及其与建设项目的关系而略有不同。如评价级别较高且现有污染源与建设项目距离较近时应详细调查。

通过收集或实测取得污染源资料时，应注意污染源与受纳水域的水文、水质特点之间的关系，以便了解污染物在水体中的自净情况。

根据评价工作的需要选择下述全部或部分内容进行调查。

①点源的排放：调查确定排放口的平面位置、排放方向、排放口在断面上的位置、排放形式(分散排放或集中排放)。

②排放数据：根据现有的实测数据、统计报表以及各厂矿的工艺路线等选定的主要水质参数，调查其现有的排放量、排放速度、排放浓度及其变化等数据。

③用排水状况：主要调查取水量、用水量、循环水量及排水总量等。

④厂矿企业、事业单位的废污水处理状况：主要调查废污水的处理设备、处理效率、处理水量及水质状况等。

(2)非点污染源的调查

非点污染源调查基本上采用间接收集资料的方法，一般不进行实测。根据评价工作的需要选择下述全部或部分内容进行调查。

①非点源概况：原料、燃料、废弃物的堆放位置、堆放面积、堆放形式、堆放点的地表铺装及其保洁程度、堆放物的遮盖方式等。

②非点源排放方式、排放去向与处理情况：应说明非点源污染物是有组织的汇集还是无组织的漫流；是集中后直接排放还是处理后排放；是单独排放还是与生产废水、生活污水共同排放等。

③排放数据：根据现有实测数据、统计报表以及引起非点源污染的原料、燃料、肥料、废弃物的物理、化学、生物化学性质，选定调查的主要水质参数，调查有关排放季节、排放时期、排放量、排放浓度及其他变化等数据。

3. 水质调查与水质参数的选择原则

水质调查时应尽量使用现有数据资料，如资料不足时应实测。所选择的水质参数包括两类：一类是常规水质参数，它能反映水域水质的一般状况；另一类是特征水质参数，它能代表建设项目将来排放的水质。

(1)河流水质采样断面与取样点设置的原则

①取样断面的布设

河流采样断面的布设遵循以下原则。

a. 在调查范围的两端应布设取样断面。

b. 调查范围内重点保护对象附近水域应布设取样断面。

c. 水文特征突变处(如支流汇入处等)、水质急剧变化处(如污水排入处等)、重点水工构筑物(如取水口、桥梁涵洞等)附近应布设取样断面。

d. 水文站附近等应布设采样断面。

e. 在拟建成排污口上游 500 m 处应设置一个取样断面。

f. 采样断面布设还应适当考虑其他人们关心的、需进行水质预测的地点。

②取样断面上取样垂线的布设

当河流面形状为矩形或相近于矩形时，可按下列原则布设。

a. 小河：在取样断面的主流线上设一条取样垂线。

b. 大、中河：河宽小于50 m者，共设两条取样垂线，在取样断面上各距岸边1/3水面宽处各设一条取样垂线；河宽大于50 m者，共设三条取样垂线，在主流线上及距两岸不小于0.5 m并有明显水流的地方各设一条取样垂线。

c. 特大河：由于河流过宽，应适当增加取样垂线数，而且主流线两侧的垂线数目不必相等，拟设置排污口一侧可以多一些。

如果断面形状十分不规则时，应结合主流线的位置，适当调整取样垂线的位置和数目。

③垂线上取样水深的确定

在一条垂线上，水深大于5 m时，在水面下0.5 m水深处及在距河底0.5 m处，各取一个样；水深为1～5 m时，只在水面下0.5 m处取一个样；在水深不足1 m时，取样点距水面不应小于0.3 m，距河底也不应小于0.3 m。

对于三级评价的小河不论河水深浅，只在一条垂线上一个点取一个样，一般情况下取样点应在水面下0.5 m处，距河底不应小于0.3 m。

④水样的对待

二、三级评价：需要预测混合过程段水质的场合，每次应将该段内各取样断面中每条垂线上的水样混合成一个水样。其他情况每个取样断面每次只取一个混合水样。

一级评价：每个取样点的水样均应分析，不取混合样。

(2)河口采样断面与取样点设置

当排污口拟建于河口感潮段内时，其上游需设置取样断面的数目与位置，应根据感潮段的实际情况决定，其下游按河流对待。

取样点的布设和水样的对待与河流要求相同。

(3)湖泊、水库取样位置与采样点的布设原则

①取样位置的布设

在湖泊、水库中，取样位置的布设原则上应尽量覆盖整个调查范围，并且能切实反映湖泊、水库的水质和水文特点(如进水区、出水区、深水区、浅水区、岸边区等)。取样位置可以采用以建设项目的排放口为中心、沿放射线进行布设。取样位置的间隔可参考表2-5，表2-6。

表 2－5　　大、中型湖泊与水库取样位置布设表

评价等级	污水排放量＜50 000 m^3/d	污水排放量＞50 000 m^3/d
一级评价	每 1～2.5 km^2 布设一个取样位置	每 3～6 km^2 布设一个取样位置
二级评价	每 1.5～3.5 km^2 布设一个取样位置	每 4～7 km^2 布设一个取样位置
三级评价	每 2～4 km^2 布设一个取样位置	

表 2－6　　小型湖泊、水库取样位置表

评价等级	污水排放量＜50 000 m^3/d	污水排放量＞50 000 m^3/d
一级评价	每 0.5～1.5 km^2 布设一个取样位置	各级评价均为每 0.5～1.5 km^2 布设一个取样位置
二、三级评价	每 1～2 km^2 布设一个取样位置	

②取样位置上取样点

a. 大、中型湖泊与水库

平均水深小于 10 m 时，取样点设在水面下 0.5 m 处，但距湖库底不应小于 0.5 m;平均水深大于或等于 10 m 时，首先应找到斜温层，在水面下 0.5 m 及斜温层以下距湖库底 0.5 m 以上处各取一个水样点。

b. 小型湖泊与水库

平均水深小于 10 m 时，水面下 0.5 m 处，并距湖库底不应小于 0.5 m 处设一取样点；平均水深大于或等于 10 m 时，水面下 0.5 m 处和水深 10 m 并距湖库底不小于 0.5 m 处各取一个水样点。

③水样的对待

小型湖泊与水库：如水深小于 10 m 时，每个取样位置取一个水样；如水深大于或等于 10 m 时则一般只取一个混合样，在上下层水质差距较大时，可不进行混合。

大、中型湖泊与水库：各取样位置上不同深度的水样均不混合。

(4)海湾取样位置与采样点的布设原则

①取样位置的布设

在海湾中取样位置的布设原则上应尽量覆盖相应评价等级的调查范围，并切实反映海湾的水质和水文特点。取样位置布设可以采用以建设项目的排放口为中心、沿放射线布设的方法或方格网布点的方法。取样位置的间隔可参考表 2－7。

表 2-7　　海湾取样位置间隔表

	污水排放量＜50 000 m^3/d	污水排放量＞50 000 m^3/d
一级评价	每 1～3.5 km^2 布设一个取样位置	每 4～7 km^2 布设一个取样位置
二级评价	每 2～4.5 km^2 布设一个取样位置	每 5～8 km^2 布设一个取样位置
三级评价	每 3～5.5 km^2 布设一个取样位置	

②取样位置上的取样点布设

在水深小于或等于 10 m 时，只在水面下 0.5 m 处取一个采样点，此点与海底的距离不小于 0.5 m；在水深大于 10 m 时，在水面下 0.5 m 处和水深 10 m 并距海底不小于 0.5 m 处分别设取样点。

③水样的对待

每个取样位置一般只有一个水样，即在水深大于 10 m 时，将两个水深所取得的水样混合为一个水样，但在上下层水质差距较大时，可以不进行混合。

(5)特殊情况的要求

对设有闸坝受人工控制的河流，其流动状况在排洪时期为河流流动，在用水时期，如用水量大时也类似河流流动，在用水量小时则类似狭长形水库。这种河流的取样断面、取样位置、取样点的布设等可参考河流、水库的有关规定酌情处理。

我国的一些河网地区，河水流向、流量经常变化，水流状态复杂，特别是受潮汐影响的河网，情况更为复杂。遇到这类河网，应按照各河段的长度比例布设水质采样、水文测量断面。水质断面上取样垂线的布设等可参照河流、河口的有关规定。调查时应注意水质、流向、流量随时间的变化。

二、地表水环境质量现状评价方法[5～7]

地表水环境现状评价是建立在水文及水质调查的基础上的，是前述工作的继续，地表水环境质量现状的调查对于了解和掌握拟建项目区域的地表水环境现状具有指导作用。

一般采用单项水质参数评价方法。在环评实际中，采用标准指数法进行单项水质参数评价，单项水质参数 i 在第 j 点的标准指数为(适用水质参数值越小越好的情况)：

$$S_{i,j}=\frac{C_{i,j}}{C_{si}} \tag{2-1}$$

式中：$S_{i,j}$为单项水质参数 i 在第 j 点的标准指数；$C_{i,j}$为评价因子 i 在 j 点的实测统计代表值；C_{si}为评价因子 i 的评价标准限值。

溶解氧(DO)的标准指数为：

$$S_{DO,j}=\begin{cases}\dfrac{|DO_f-DO_j|}{DO_f-DO_s} & DO_j\geqslant DO_s\\[2ex] 10-9\dfrac{DO_j}{DO_s} & DO_j<DO_s\end{cases} \tag{2-2}$$

式中：$S_{DO,j}$为 DO 的标准指数；DO_f 为某水温、气压条件下的饱和溶解氧浓度，mg/L，计算公式常采用 $DO_f=468/(31.6+T)$，T 为水温，℃；DO_j 为在 j 点的溶解氧实测统计代表值，mg/L；DO_s 为溶解氧的评价标准限值，mg/L。

pH 的标准指数为：

$$S_{pH,j}=\begin{cases}\dfrac{7.0-pH_j}{7.0-pH_{sd}} & pH_j\leqslant 7.0\\[2ex] \dfrac{pH_j-7.0}{pH_{su}-7.0} & pH_j>7.0\end{cases} \tag{2-3}$$

式中：$S_{pH,j}$为 pH 的标准指数；pH_j 为 pH 的实测统计代表值；pH_{sd}为评价标准中 pH 的下限值；pH_{su}为评价标准中 pH 的上限值。

水质参数的标准指数大于 1，表明该水质参数超过了规定的水质标准，不能满足使用要求。

【参考阅读】

(一)地表水体底泥的评价

通常采用污染指数法对地表水体的底泥进行评价，但缺乏相应的标准。在对湖泊底泥进行评价时，一般以湖区土壤中有害物质的自然含量作为标准值。污染指数评价法的公式如下：

$$I_i=\frac{C_i}{S_i} \tag{2-4}$$

式中：I_i 为底泥中第 i 种污染物的污染指数；C_i 为底泥中第 i 种污染物的实测浓度，mg/L；S_i 为湖区土壤中第 i 种污染物的自然含量，mg/L。

按式(2-4)计算出各评价因子的污染指数后，按内梅罗公式计算底泥的综合污染指数：

$$P=\sqrt{\frac{I_{max}^2+I_{av}^2}{2}} \tag{2-5}$$

式中：P 为底泥的污染指数；I_{max}为底泥中污染指数 I_i 的最大值；I_{av}为底泥污染指数的平均值。

计算得到底泥的综合污染指数 P 后，按表 2-8 对底泥污染状况进行分级和评价。

表 2-8　底泥污染状况分级

底泥综合污染指数	底泥污染程度分级
<1.0	清洁
1.0～2.0	轻污染
>2.0	污染

(二)水环境质量的生物学评价[8]

水生生物与它们生存的水环境是相互依存、相互影响的统一体。水体受到污染后，必然会对生存其中的水生生物产生影响。水环境污染后水生生物的反应和变化可以作为水环境评价的一种指标。对水生生物进行评价即为水环境质量的生物学评价，其方法有描述对比法、指示生物法和生物指示法等。

1. 描述对比法

该类方法主要根据调查水体中水生生物的区系组成、种类、数量、生存状况、资源特征等的描述，并和该区域内同类型水体或同一水体的历史状况进行比较，据此作出水体的水质评价。这是一种定性的方法，没有评价标准，因此可比性较差，而且要求评价人员具有丰富的污染生态学知识和经验。

2. 指示生物法

该类方法主要根据对水体中有机污染物或某种特定污染物敏感的或有较高耐量的生物种类的存在或流失来指示水体中有机物或某种特定污染物的含量与污染程度。

选择作为指示种的生物最好是那些生命较长、比较固定生活于某处的生物。它们在较长时期内能反映所在环境的综合质量。大型无脊椎动物是应用较多的指示生物。为了较准确地评价水质，最好将指示生物鉴定到种，因为同一大类中不同种的生物对污染的敏感程度或耐受程度是不同的。

3. 生物指示法

由污染引起的水质变化对生物群落的生态效应主要包括以下几个方面：①某些对污染有指示价值的生物种类出现或消失，导致群落结构的种类组成变化；②群落中生物种类数在污染严重的条件下减少，在水质较好时增加，但过于清洁的条件下，因食物缺乏，种类数也会减少；③组成群落的个别种群变化；④群落中种类组成比例的变化；⑤群落自养—异养程度上的变化；⑥群落生产力的变化。

把水质变化引起的对生物群落的生态效应用数学方法表达出来，可得到群落结构的定量数值，这就是生物指数。根据所反映的群落结构的内容，生物指数可有多种形式，应用时最好多计算几种不同的生物指数进行综合评价。

(1)贝克指数　按照水体中底栖大型无脊椎动物对有机物污染的耐性将其分成两类：Ⅰ类是不耐有机物污染的种类，Ⅱ类是能耐中等程度污染但非完全缺氧条件的种类。然后将一个调查点内Ⅰ类和Ⅱ类动物种类数 n_{I} 和 n_{II} 按 $I=2n_{\mathrm{I}}+n_{\mathrm{II}}$ 公式计算生物指数。此法要求调查采集的各监测站的环境因素一致，如水深、流速、底泥、有无水草等。这种生物指数值，在净水中为 10 以上，中等污染时为 1～10，重污染为 0。

(2)硅藻类生物指数　硅藻类生物指数是指用河流重硅藻的种类来计算的生物指数，其计算公式为

$$I=\frac{2A+B-2C}{A+B-C}\times 100\% \qquad (2-6)$$

式中：I 为硅藻类生物指数；A 为不耐有机物污染的种类数；B 为对有机物污染无特殊反应的种类数；C 为有机物污染区内特有的种类数。

(3)生物学污染指数　该方法是 1942 年由霍拉萨娃提出的，生物学污染指数(BIP)的计算公式为

$$BIP=\frac{B}{A+B}\times 100\% \qquad (2-7)$$

式中：BIP 为生物学污染指数；A 为生产者(藻类)数量；B 为消费者(原生生物)数量。

霍拉萨娃提出按下列数值划分污染程度：BIP 值为 6.0 属清水带，12.0 为中度分解者，30.9 为强烈分解带，55.1 为腐生带。

(4)种的多样性指数　某一群落中种的多样性是群落生态水平的独特的生物学特征。环境条件变化会造成群落种结构的明显变化。因此，种的多样性指数可以用来评价水环境质量的优劣。种的多样性指数很多，较常用的有以下两种。

①拉立松(Gleason)多样性指数

$$d=\frac{S}{\ln N} \qquad (2-8)$$

式中：S 为种类数；N 为个体数；d 为拉立松多样性指数，值越大表示水质越干净。

②辛普森(Simpson)多样性指数

$$d = 1 - \sum \left(\frac{n_i}{N}\right)^2 \tag{2-9}$$

或

$$d = 1 \Big/ \sum \left(\frac{n_i}{N}\right)^2 \tag{2-10}$$

式(2-9)，式(2-10)中：n_i 为种 i 的个体数；N 为总个体数(或其他现存量参数)；d 为辛普森多样性指数，值越大表示水质越干净。

(5)生产力指数　生产力指数是生物群落或群落在一个生态系统内物质转移及能量流的一个指标。它以有机物的生产过程和分解过程的强度为依据来评价水体被污染的程度，是评价水环境质量的又一种生物学方法。一般根据群落的初级生物量(P)和呼吸量(R)的比来划分水环境的污染等级。P/R 值在水质正常时一般为 1 左右，如果偏离过大，则表明水体受到污染。

第三节　地表水环境影响预测与评价

一、污染物在水体中的迁移转化及耗氧和复氧过程

(一)污染物在水体中的迁移转化

污染物从不同途径进入水体以后，随着水体介质的迁移运动，污染物的分散作用以及污染物的衰减转化作用使得污染物在水体中得到稀释与扩散，从而降低水体中污染物的浓度。污染物混合过程一般分为三个阶段：①竖向混合阶段，是从排污口到污染物在水深方向上充分混合；②横向混合阶段，是从竖向充分混合到横向充分混合阶段；③纵向混合阶段，是横断面上充分混合以后到水流方向充分混合的阶段。

1. 迁移运动

迁移运动是指污染物在水流作用下的转移运动，迁移运动只是改变污染物在水中的位置，并不改变水中污染物的浓度。污染物的迁移通量可由下式计算。

$$f = uC \tag{2-11}$$

式中：f 为污染物的迁移通量，$kg/(m^2 \cdot s)$；u 为水体介质的运动速度，m/s；C 为污染物在水体介质中浓度，kg/m^3。

2. 分散运动

污染物在水体中的分散运动是由于浓度梯度而引起的，包括分子扩散、湍流扩散和弥散扩散三种形式。分子扩散是由于分子的随机运动引起的质点分散现象，分子扩散的质量通量与扩散物质的浓度梯度成正比。湍流扩散是在水体的湍流场中质点的各种状态(流速、压力、浓度等)的瞬时值相对于其平均值的随机脉动而引起的分散现象。弥散扩散是由于断面上实际的流速及浓度分布的不均匀性引起的分散现象，是由于空间各点湍流速度(或其他状态)与时平均值与流速时平均值的空间平均值的系统差别所产生的分散现象。

3. 转化运动

进入环境的污染物可分为两大类：持久性污染物和非持久性污染物。

持久性污染物进入环境后只发生迁移和分散，从而改变其所处的位置和浓度，但总量保持不变。由于环境对持久性污染物没有严格意义上的自净能力，因此，应严格控制其排放量。

非持久性污染物进入环境以后，除随迁移、分散而改变位置和浓度外，还因污染物本身的衰减而加速浓度的降低，因此其总量随时间不断减少。非持久性污染物的衰减方式有两种：一种是由污染物自身的运动规律决定的；另一种是在水环境因素的作用下，由于发生化学的或者生物的反应而不断衰减。非持久性污染物在水体中的衰减过程通常用一级反应动力学规律加以描述，即

$$\frac{d\rho}{dt}=-k\rho \tag{2-12}$$

式中：ρ 为污染物浓度，kg/m^3；t 为反应时间，s；k 为反应常数，1/s。

(二)水体的耗氧和复氧过程

在有机物不断衰减的同时，水中的溶解氧被不断地消耗掉，而空气中的氧又不断溶入水中，此过程被称为水体的耗氧和复氧过程。

水体中耗氧过程主要有以下几个子过程。

(1)碳化需氧量衰减耗氧：有机污染物生化降解，使碳化需氧量衰减，消耗一定的氧气。

(2)含氮化合物硝化耗氧：含氮化合物因为硝化作用而耗氧。

(3)水生植物呼吸耗氧：水中的藻类和其他水生植物在光合作用停止后的呼吸作用耗氧。

(4)水体底泥耗氧：底泥中的耗氧物质返回到水中和底泥顶层耗氧物质的氧化分解耗氧。

水体中的溶解氧被不断消耗的同时，大气中的氧气不断地溶于水中、水生生物的光合作用产氧等作用使水中的溶解氧水平得到一定程度的恢复。

二、预测条件的确定和预测方法

(一)评价因子的确定

评价因子的筛选应根据评价项目的特点和评价范围内水环境污染的特点而定，评价因子的选择有以下原则：

(1)根据水环境质量现状评价结果选择符合要求的评价因子。

(2)根据被评价水体的功能，如饮用、渔业、公共娱乐等，选择评价因子。

(3)根据等标排放量大小排序，选择排位靠前的因子，但对那些毒性较大、持久性的污染物的取舍要谨慎。

(4)根据对已经造成受项目影响的水体严重污染的污染物或无符合容量的污染物选择评价因子。

(5)根据经环境调查已经超标或接近超标的污染物选择评价因子。

(6)根据地方环保部门要求预测的敏感污染物选择评价因子。

(二)预测范围及点位

为了全面反映拟建项目对该范围内地表水环境的影响，一般来说，其预测范围与现状调查的范围应相同或略小，确定原则与地表水环境现状调查项目相同。预测点的布设的数量及位置应根据受纳水体和建设项目的特点、评价等级以及当地的环保要求确定。预测点通常选择布设在以下位置：

(1)已确定的环境敏感点。

(2)环境现状监测点，以利于进行项目建设对地表水环境影响的对照。

(3)水文条件和水质突变处的上、下游，水源地，重要水工建筑物及水文站附近。

(4)在河流混合过程段选择的几个具有代表性的断面。

(5)排污口下游可能出现超标的点位附近。

(三)预测阶段

预测阶段一般分建设期、营运期及服务期满后三个阶段。所有拟建项目均应按正常排放和非正常排放两种情况预测其营运阶段对地表水环境的影响。对于建设期超过一年的大型建设项目，如进入地表水环境的堆积物可能较多或土方量可能较大，且受纳水体的水质要求较高(Ⅲ类以上)时，应进行建设期的环境影响预测。个别建设项目(如矿山开发)应根据项目性质、评价等级、水环境的特点和当地环保要求，预测服务期满后的水环境影响。

(四)预测时段

地表水预测时段分为丰水期、平水期及枯水期三个时期。一般来说，枯水期河水的自净能力最小，平水期次之，丰水期最大。评价等级为一、二级时，应分别预测建设项目枯水期和平水期两个时段的环境影响。对冰封期较长的水域，当其水体功能为生活饮用水水源、食品工业用水水源或渔业用水水源时，还应预测建设项目冰封期的水环境影响。评价等级为三级或评价等级为二级但评价时间较短时，可只预测枯水期的环境影响。

(五)预测方法的选择

地表水环境影响预测方法主要有数学模型法、物理模型法、类比调查法三类。

1. 数学模型法

数学模型法是最常规的预测方法，它利用表征水体净化机制的数学方程预测拟建项目引起的水体水质变化，给出定量的预测结果。数学模型法对参数的有效性及模型的合理依赖较强。一般情况下此法较为简便，应首先考虑。

2. 物理模型法

根据相似理论，在按一定比例缩小的环境模型上进行水质模拟实验，可以预测由拟建项目引起的水体水质变化。不过该方法需要相应的实验条件，制作实验模型需要花费大量的人力、物力和时间。如果评价级别较高、对预测结果的准确性要求很严格而且数学模型法又无法使用时可以采用这种方法。但模拟实验毕竟不能完全和实际水体一致，因此评价时应留有一定的安全系数。

3. 类比调查法

类比调查法是根据拟建项目的性质、规模及地域，寻找与其类似的已建项目，并调查该已建项目的水环境影响，据此推断新建项目的环境影响。该法要求拟建项目和类比项目的污染物来源、性质相似，并在数量上有比例关系。类比调查法属于定性分析，其所得结果往往比较粗糙，一般在评价工作级别较低且评价时间较短、无法取得足够的参数和数据进行定量分析时使用。

三、常见水质模型[1,6～8]

(一)常见河流水质模型

1. 完全混合模型

$$\rho=\frac{Q_h\rho_h+Q_p\rho_p}{Q_h+Q_p} \tag{2-13}$$

式中：ρ 为混合后污染物浓度，mg/L；ρ_h 为排污口上游河流中污染物浓度，mg/L；ρ_p 为排入河流的废水中的污染物浓度，mg/L；Q_h 为河流的流量，m^3/s；Q_p 为排入河流的废水流量，m^3/s。

2. 河流一维模型

一维模型是目前应用最广的水质模型，其通式为：

$$\frac{\partial\rho}{\partial t}+\frac{\partial}{\partial x}(v\rho)=\frac{\partial}{\partial x}\left(D\frac{\partial\rho}{\partial x}\right)+S \tag{2-14}$$

式中：ρ 为污染物浓度，mg/L；t 为时间，s；x 为距离，m；v 为断面平均流速，m/d；D 为纵向弥散系数，m^2/d；S 为源、汇项，mg/(L·d)。

一维模型一般借助数值方法求解，但稳态情况下可以导出解析解公式。

(1)一维稳态水质模型：适用于在均匀河段上定常排污条件下，河段横截面、流速、流量、污染物的输入量和弥散系数都不随时间变化，同时污染物按一级化学反应，无其他源和汇项时，则：

$$\begin{cases}\dfrac{\partial}{\partial x}(v\rho)=v\dfrac{\mathrm{d}\rho}{\mathrm{d}x}\\[2ex]\dfrac{\partial}{\partial x}\left(D\dfrac{\partial\rho}{\partial x}\right)=D\dfrac{\mathrm{d}^2\rho}{\mathrm{d}x^2}\end{cases} \tag{2-15}$$

令 k_1 为污染物降解的速率常数，稳态时 $\frac{\partial\rho}{\partial t}=0$，则河流一维模型的微分方程变为：

$$v\frac{\mathrm{d}\rho}{\mathrm{d}x}-D\frac{\mathrm{d}^2\rho}{\mathrm{d}x^2}+k_1\rho=0 \tag{2-16}$$

这是一个二阶线性常微分方程，其特征方程为：

$$v\lambda-D\lambda^2+k_1=0 \tag{2-17}$$

由此可以求出特征根为：

$$\lambda=\frac{v}{2D}\left(1\pm\sqrt{1+\frac{4k_1D}{v^2}}\right) \tag{2-18}$$

式(2-16)的通解为：

$$\rho=Ae^{\lambda_1x}+Be^{\lambda_2x} \tag{2-19}$$

对于保守或降解的污染物，λ 不应该取正值。给定边界条件：

$$\rho=\begin{cases}\rho_0 & (x=0)\\ 0 & (x=\infty)\end{cases} \tag{2-20}$$

式(2-19)的解为：

$$\rho_x=\rho_0\exp\left[\frac{v}{2D}(1-m)x\right] \tag{2-21}$$

式中：ρ_0 为初始浓度值，mg/L；其余符号意义同式(2-14)。

(2)忽略弥散的一维稳态水质模型：适用于河流较小、流速不大、弥散系数很小的情况。可以近似认为 $D=0$，则微分方程为：

$$v\frac{\mathrm{d}\rho}{\mathrm{d}x}=-k_1\rho \tag{2-22}$$

在 $x=0$ 时，$\rho=\rho_0$ 初始条件下，其解为：

$$\rho_x=\rho_0\exp\left(-\frac{k_1x}{v}\right) \tag{2-23}$$

式(2-23)中，令 $\frac{x}{v}=t$，则

$$\rho_x=\rho_0\exp(-k_1t) \tag{2-24}$$

式中：符号意义同式(2-15)，式(2-21)。

由式(2-24)，只要知道初始断面河水中污染物的初始浓度和 k_1 值，即可求得下游某点处的浓度，忽略弥散的一维稳态水质模型常用于预测易降解有机物在河流中的浓度变化。

3. BOD-DO 耦合模型

(1)斯特里特—费尔普斯模型(S-P 模型)

水中有机物的分解、底泥中有机物的分解及水生生物的代谢作用等都要消耗河水中溶解氧(DO)，而河水中 DO 的来源主要有大气复氧、水体中水生植物光合作用复氧等。

根据上述理论，在一维、稳态、均匀、无扩散的条件下，斯特里特—费尔普斯基于以下假定，导出了 BOD-DO 耦合模型：

①在水质基本方程中的源汇项 S，只考虑好气微生物参加的 BOD 衰减反应，并且这种反应是一级反应，符合一级反应动力学规律。

②对河水中的 DO 而言，耗氧的原因只是由 BOD 的分解耗氧引起的，BOD 的分解速率等于 DO 的减少速率，同时河水中 DO 的恢复速率与水的氧亏成正比，这种复氧作用只是大气复氧。

$$\begin{cases}\frac{\mathrm{d}L}{\mathrm{d}t}=-k_1L\\ \frac{\mathrm{d}D}{\mathrm{d}t}=k_1L-k_2D\end{cases} \tag{2-25}$$

式中：L 为河水中的 BOD 值，mg/L；D 为河水中的氧亏值，mg/L；k_1 为河水中 BOD 耗氧系数，1/d；k_2 为河流复氧系数，1/d；t 为河水的流动时间，d。

在边界条件 $t=0$，$L=L_0$，$D=D_0$ 情况下，S-P 模型的解为：

$$\begin{cases}L=L_0\mathrm{e}^{-k_1t}\\ D=\frac{k_1L_0}{k_2-k_1}(\mathrm{e}^{-k_1t}-\mathrm{e}^{-k_2t})+D_0\mathrm{e}^{-k_2t}\end{cases} \tag{2-26}$$

式中：L_0 为河流起始点的 BOD 值，mg/L；D_0 为河流起始点的氧亏值，mg/L；e 为常数，其值等于自然对数的底；其余符号意义同式(2-25)。

河流中的溶解氧 O 值等于饱和溶解氧 O_s 值减去 D 值，即：

$$O=O_s-D=O_s-\frac{k_1L_0}{k_2-k_1}(e^{-k_1t}-e^{-k_2t})-D_0e^{-k_2t} \tag{2-27}$$

式中：O 为河水中的溶解氧值，mg/L；O_s 为饱和溶解氧值，它是温度、盐度和大气压力的函数，mg/L；其余符号意义同式(2-25)，式(2-26)。

在 101.32 kPa 压力下，淡水中的饱和溶解氧浓度可以用下式计算：

$$O_s=\frac{468}{31.6+T} \tag{2-28}$$

式中：T 为温度，℃；其余符号意义同式(2-27)。

式(2-27)被称为 S-P 氧垂公式，根据式(2-27)绘制的溶解氧沿程变化曲线被称为氧垂曲线(图 2-2)。在很多情况下，人们希望能找到溶解氧浓度最低的点——临界点。在临界点，河水的氧亏值最大且变化速率为零，即：

$$\frac{dD}{dt}=k_1L-k_2D_c=0 \tag{2-29}$$

由此得：

$$D_c=\frac{k_1}{k_2}L_0e^{-k_1t_c} \tag{2-30}$$

式中：D_c 为临界点的氧亏值，mg/L；t_c 为由起始点到达临界点的流动时间，d；其余符号意义同式(2-25)，式(2-26)。

临界氧亏发生的时间 t_c(图 2-2)可由下式计算：

$$t_c=\frac{1}{k_2-k_1}\ln\frac{k_2}{k_1}\left[1-\frac{D_0(k_2-k_1)}{L_0k_1}\right] \tag{2-31}$$

S-P 模型在水质影响预测中应用最广泛，它也可用于计算河段的最大容许污染物排放量。

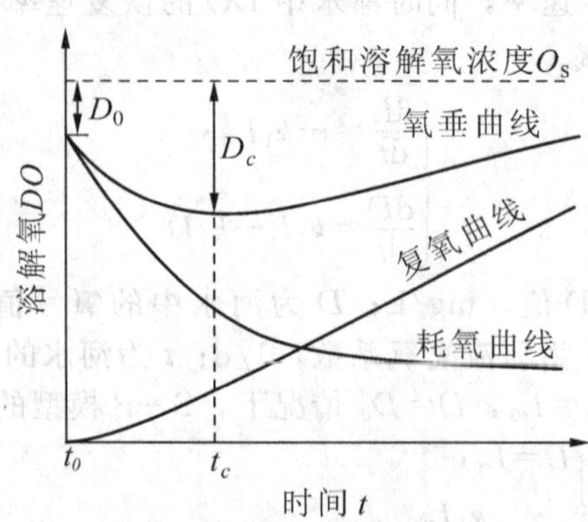

图 2-2　溶解氧氧垂曲线

(2)托马斯(Thomas)模型

托马斯在S-P模型的基础上，引入了悬浮物沉降作用对BOD衰减的影响，托马斯模型的形式为：

$$\begin{cases}\dfrac{\mathrm{d}L}{\mathrm{d}t}=-(k_1+k_3)L\\[2mm]\dfrac{\mathrm{d}D}{\mathrm{d}t}=k_1L-k_2D\end{cases}\tag{2-32}$$

式中：k_3 为悬浮物沉降作用去除BOD的速率常数，1/d；其余符号意义同式(2-25)。

托马斯方程的解为：

$$\begin{cases}L=L_0\mathrm{e}^{-(k_1+k_3)t}\\[2mm]D=\dfrac{k_3L_0}{k_2-(k_1+k_3)}[\mathrm{e}^{-(k_1+k_3)t}-\mathrm{e}^{-k_2t}]+D_0\mathrm{e}^{-k_2t}\end{cases}\tag{2-33}$$

(3)杜宾斯—坎普(Dobins-Camp)模型

杜宾斯和坎普在S-P模型基础上，提出了包括底泥的耗氧和光合作用的模型：

$$\begin{cases}\dfrac{\mathrm{d}L}{\mathrm{d}t}=-(k_1+k_3)L+B\\[2mm]\dfrac{\mathrm{d}D}{\mathrm{d}t}=k_1L-k_2D-P\end{cases}\tag{2-34}$$

式中：B 为底泥的复氧速率，mg/(L·d)；P 为河流中光合作用的产氧速率，mg/(L·d)；其余符号意义同式(2-25)，式(2-32)。

杜宾斯—坎普模型的解为：

$$\begin{cases}L=\left(L_0-\dfrac{B}{k_1+k_3}\right)\mathrm{e}^{-(k_1+k_3)t}+\dfrac{B}{k_1+k_3}\\[2mm]D=\dfrac{k_3}{k_2-(k_1+k_3)}\left(L_0-\dfrac{B}{k_1+k_3}\right)[\mathrm{e}^{-(k_1+k_3)t}-\mathrm{e}^{-k_2t}]+\dfrac{k_3}{k_2}\left(\dfrac{B}{k_1+k_3}-\dfrac{P}{k_3}\right)(1-\mathrm{e}^{-k_2t})+D_0\mathrm{e}^{-k_2t}\end{cases}\tag{2-35}$$

(4)奥康纳(O'Conner)模型

奥康纳模型在托马斯模型的基础上，进一步考虑了含氮污染物的影响。

$$\begin{cases}u_x\dfrac{\mathrm{d}L_\mathrm{C}}{\mathrm{d}x}=-(k_1+k_3)L_\mathrm{C}\\[2mm]u_x\dfrac{\mathrm{d}L_\mathrm{N}}{\mathrm{d}x}=-k_\mathrm{N}L_\mathrm{N}\\[2mm]u_x\dfrac{\mathrm{d}D}{\mathrm{d}x}=k_1L_\mathrm{C}+k_\mathrm{N}L_\mathrm{N}-k_2L_\mathrm{D}\end{cases}\tag{2-36}$$

式中：L_C 为含碳有机物的BOD值，mg/L；L_N 为含氮有机物的BOD值，mg/L；k_N 为含氮有机物的衰减速率常数，1/d；其余符号意义同式(2-25)，式(2-32)。

在给定初始条件：$x=0$，$L_C=L_{C0}$，$L_N=L_{N0}$，$D=D_0$ 情况下，其解为：

$$\begin{cases} L_C=L_{C0}\,e^{-\frac{(k_1+k_3)x}{u_x}} \\ L_N=L_{N0}\,e^{-\frac{k_N x}{u_x}} \\ D=D_0\,e^{-\frac{k_2 x}{u_x}}-\dfrac{k_1 L_{C0}}{k_2-(k_1+k_3)}\left[e^{\frac{-(k_1+k_3)x}{u_x}}-e^{-\frac{k_2 x}{u_x}}\right]+\dfrac{k_N L_{N0}}{k_2-k_N}\left(e^{-\frac{k_N x}{u_x}}-e^{-\frac{k_2 x}{u_x}}\right) \end{cases} \tag{2-37}$$

4. 河流二维模型

污水排入河流后，常常需要预测污染物在河流中的分布范围，对于一般河流来说，可以认为污染物在垂向上的扩散是瞬时完成的。

一般情况下，河流中污染物运移的二维模型为：

$$\frac{\partial\rho}{\partial t}+v_x\frac{\partial\rho}{\partial x}+v_y\frac{\partial\rho}{\partial y}=\frac{\partial}{\partial x}\left(D_x\frac{\partial\rho}{\partial x}\right)+\frac{\partial}{\partial y}\left(D_y\frac{\partial\rho}{\partial y}\right)+S \tag{2-38}$$

在稳态条件下，河流中污染物运移的二维模型为：

$$D_x\frac{\partial^2\rho}{\partial x^2}+D_y\frac{\partial^2\rho}{\partial y^2}-v_x\frac{\partial\rho}{\partial x}-v_y\frac{\partial\rho}{\partial y}-k\rho=0 \tag{2-39}$$

式(2－38)和式(2－39)中：D_x 为横向弥散系数，m^2/s；D_y 为纵向弥散系数，m^2/s；v_x 为横向流速分量，m/s；v_y 为纵向流速分量，m/s；ρ 为污染物浓度，mg/L；k 为污染物降解速率常数，1/d；S 为源汇项，mg/(L·d)。

在均匀流场且污染物连续排放情况下，式(2－39)可得到解析解：

$$\rho(x,\ y)=Q\Big/\left[4\pi h\left(\frac{x}{v_x}\right)^2\sqrt{D_xD_y}\right]\cdot\exp\left[-\left(y-\frac{v_y x}{v_x}\right)^2\Big/\left(\frac{4D_y x}{v_x}\right)\right]\cdot\exp\left(-\frac{kx}{v_x}\right) \tag{2-40}$$

式中：Q 为单位时间内排放的污染物量，即源强，mg/s；h 为河流平均深度，m。

如果忽略 D_x，v_y，式(2－39)的解为：

$$\rho(x,\ y)=Q\Big/\left(v_x h\sqrt{\frac{4\pi D_y x}{v_x}}\right)\cdot\exp\left(-\frac{v_x y^2}{4D_y x}\right)\cdot\exp\left(-\frac{kx}{v_x}\right) \tag{2-41}$$

式(2－40)和 式(2－41)适用于无边界中的连续点源排放。

在有边界的情况下，污染物的扩散会受到边界的反射，这种反射可以通过设立虚源来模拟。如果存在有限边界，如河流中有两个边界，这时的反射会成为连锁式反射。

当污染源处于两个边界的中间，则式(2－53)变为：

$$\rho(x,y)=Q\Big/\left(v_x h\sqrt{\frac{4\pi D_y x}{v_x}}\right)\cdot\left[\exp\left(-\frac{v_x y^2}{4D_y x}\right)+\sum_{n=1}^{\infty}\exp\left(-\frac{v_x(nb-y)^2}{4D_y x}\right)\right]\cdot\exp\left(-\frac{kx}{v_x}\right) \tag{2-42}$$

式中：n 为反射次数，一般取 4～5；b 为河流宽度，m。

当污染源处在边界上，对于河流宽度无限大的情况，则有：

$$\rho(x,\ y)=2Q\Bigg/\left(v_x h\sqrt{\frac{4\pi D_y x}{v_x}}\right)\cdot\exp\left(-\frac{v_x y^2}{4D_y x}\right)\cdot\exp\left(-\frac{kx}{v_x}\right) \tag{2-43}$$

当污染源处在边界上，如宽度有限为 b，同样可以通过设立虚源来模拟边界的反射作用，则：

$$\rho(x,y)=2Q\Bigg/\left(v_x h\sqrt{\frac{4\pi D_y x}{v_x}}\right)\cdot\left\{\exp\left(-\frac{v_x y^2}{4D_y x}\right)+\sum_{n=1}^{\infty}\exp\left[-\frac{v_x(nb-y)^2}{4D_y x}\right]+\sum_{n=1}^{\infty}\exp\left[-\frac{v_x(nb+y)^2}{4D_y x}\right]\right\}\cdot\exp\left(-\frac{kx}{v_x}\right) \tag{2-44}$$

虚源的作用随着 n 的增大迅速减小，一般 $n=4\sim5$ 即可满足计算精度。

【参考阅读】预测范围内的河段的划分及混合过程段长度的确定

预测范围内的河段可以分为充分混合段、混合过程段和上游河段。充分混合段是指污染物在断面上均匀分布的河段。当断面上任意一点的浓度与断面平均浓度之差小于平均浓度的 5%时，可以认为达到均匀分布。混合过程段是指排放口下游达到充分混合以前的河段。上游河段是排放口上游的河段。

混合过程段的长度 L 可由下式估算：

$$L=\frac{(0.4b-0.6a)bv}{(0.058h+0.0065b)(ghI)^{1/2}} \tag{2-45}$$

式中：b 为河流宽度，m；a 为排放口到岸边的距离，m；v 为河流平均流速，m/s；h 为平均水深，m；g 为重力加速度，m/s²；I 为河流底坡，m/m。

(二)常见河口水质模型

1. 一维动态混合模型

常见的一维动态混合衰减模型为：

$$\frac{\partial\rho}{\partial t}+v\frac{\partial\rho}{\partial x}=\frac{1}{F}\frac{\partial}{\partial x}\left(FM_l\frac{\partial\rho}{\partial x}\right)-k_1C+S_p \tag{2-46}$$

式中：ρ 为污染物浓度；v 为河流流速；F 为过水断面面积；M_l 为断面纵向混合系数；k_1 为衰减系数；S_p 为污染源强。

采用数值方法求解上述微分方程时，需要确定初值、边界条件和源强。流速和过流断面面积随时间变化，需要通过求解一维非稳定流方程来获取。

2. O'Conner 河口模型

污染物自 $x=0$ 处排入，则河口模型为：

$$\rho=\begin{cases}\dfrac{\rho_p Q_p}{(Q_h+Q_p)M}\exp\left[\dfrac{vx}{2M_l}(1+M)\right]+\rho_h & (\text{上溯，}x<0)\\ \dfrac{\rho_p Q_p}{(Q_h+Q_p)M}\exp\left[\dfrac{vx}{2M_l}(1-M)\right]+\rho_h & (\text{下泄，}x>0)\end{cases} \tag{2-47}$$

式中：$M=(1+4K_1M_l/v^2)^{1/2}$；各项意义同前。

(三)湖泊(水库)水质模型

1. 完全混合模型

对于停留时间很长、水质基本处于稳定状态的中小型湖泊和水库，其可以简化为一个均匀混合的水体。可以用完全混合模型对其进行水环境质量的预测。

(1)污染物(营养物)混合和降解模型。

$$V\frac{\mathrm{d}\rho}{\mathrm{d}t}=\overline{W}_0-Q\rho-k_1\rho V \tag{2-48}$$

式中：V 为湖、库的容积，m^3；ρ 为污染物的浓度，mg/L；$\overline{W}_0$ 为污染物的平均排入量，mg/s；t 为时间，s；Q 为出入湖、库流量，m^3/s；k_1 为污染物浓度衰减系数，1/s；

对式(2-48)进行积分，得：

$$\begin{cases}\rho_t=\dfrac{\phi}{Q+k_1V}\left\{\dfrac{\overline{W}}{\phi}-\exp\left[-\left(\dfrac{Q}{V}+k_1\right)t\right]\right\}\\ \phi=\overline{W}-(Q+k_1V)\rho_0\\ \overline{W}=\overline{W}_0+\rho_p q\end{cases} \tag{2-49}$$

式中：ρ_p 为拟建项目废水中污染物浓度，mg/L；q 为废水排放量，m^3/s；ρ_0 为湖、库中污染物起始浓度，mg/L；其余符号意义同式(2-48)。则：

$$\begin{cases}\rho_t=\dfrac{\overline{W}}{\alpha V}(1-\mathrm{e}^{-\alpha t})+\rho_0\mathrm{e}^{-\alpha t}\\ \alpha=\dfrac{Q}{V}+k_1\end{cases} \tag{2-50}$$

对于持久性污染物，$k_1=0$，则：

$$\alpha=\frac{Q}{V} \tag{2-51}$$

当时间足够长，湖、库中污染物(营养物)浓度达到平衡时，$\dfrac{\mathrm{d}\rho}{\mathrm{d}t}=0$。则平衡时浓度为：

$$\rho_e=\frac{\overline{W}}{\alpha V} \tag{2-52}$$

(2)湖、库中污染物达到一指定浓度 ρ_t 所需时间 t_β。

设$\frac{\rho_t}{\rho_p}=\beta$，则：

$$t_\beta=\frac{V}{Q+k_1V}\ln(1-\beta) \tag{2-53}$$

(3)无污染物输入($W=0$)时浓度随时间变化为：

$$\rho_t=\rho_0\,\mathrm{e}^{-(Q/V+k_1)}=\rho_0\,\mathrm{e}^{-\alpha t} \tag{2-54}$$

这时，可以求出污染物(营养物)浓度与初始浓度之比为 δ，即$\frac{\rho_t}{\rho_0}=\delta$时，所需时间为：

$$t_\delta=\frac{1}{\alpha}\ln\frac{1}{\delta} \tag{2-55}$$

(4)溶解氧模型：

$$\frac{\mathrm{d}\rho_{\mathrm{DO}}}{\mathrm{d}\rho}=\left(\frac{Q}{V}\right)(\rho_{\mathrm{DO}_0}-\rho_{\mathrm{DO}_s})+k_2(\rho_{\mathrm{DO}_0}-\rho_{\mathrm{DO}_s})-R \tag{2-56}$$

式中：k_2 为大气复氧系数，1/d 或 1/s；ρ_{DO_0} 为溶解氧起始浓度，mg/L；R 为湖库的生物和非生物因素耗氧总量，$R=rA+B$，mg/(m^3·d)或 mg/(m^3·s)；A 为养鱼密度，kg/m^3；r 为鱼类耗氧速率，mg/(kg·d)或 mg/(kg·s)；ρ_{DO_s} 为饱和溶解氧浓度，mg/L；B 为其他因素耗氧量，mg/(m^3·d)或 mg/(m^3·s)。

式(2-56)未考虑浮游植物的增氧量。

2. 卡拉乌舍夫扩散模型

水域宽阔的大湖，当其污染来自沿海厂矿或入湖河道时，污染物往往出现在入湖口附近海域，因此水质模型应考虑废水在湖中的稀释扩散现象。因为采用圆锥极坐标较为简便，这时假设污染物在湖水中呈圆锥形扩散。

根据湖水中的移流和扩散过程，应用质量平衡原理可得式：

$$\frac{\partial\rho_r}{\partial t}=\left(E-\frac{q}{\phi H}\right)\frac{1}{r}\frac{\partial\rho_r}{\partial t}+E\,\frac{\partial^2\rho_r}{\partial r^2} \tag{2-57}$$

式中：ρ_r 为所求计算点的污染物浓度，mg/L；t 为时间，s；q 为排入湖中的废水量，m^3/s；r 为湖内某计算点离排出口距离，m；E 为径向湍流混合系数，m^2/s；H 为废水扩散区污染物平均水深，m；ϕ 为废水在湖中的扩散角(ϕ 由排放口处地形确定，如在开阔、平直和与岸垂直时，$\phi=180°$，而在湖心排放时 $\phi=360°$)。

四、水质模型的参数估算

(一)纵向弥散系数 D_x 的估计

纵向弥散系数 D_x 是反映河流纵向混合输送特征的重要参数，它与河流的水力条件密切相关。纵向弥散系数在河流水质预测，尤其是在事故性泄漏对下游水质的影响预测中有着重要的意义。纵向弥散系数的估计有经验公式和示踪实验法两种。

1. 经验公式法

(1)埃尔德(Eider)法

埃尔德通过水深 1.5 m 的明渠试验，验证了河流纵向弥散系数公式：

$$D_x = \alpha_x H u \tag{2-58}$$

式中：H 为河流平均水深，m；u 为摩阻流速，$u=\sqrt{gHS}$，m/s；S 为水力坡度；g 为重力加速度，m/s^2；α_x 为经验系数，α_x 的变动幅度很大，埃尔德理论计算得到其值为 5.9，试验得其值为 6.3。天然河流中，河宽 15～60 m 时，$\alpha_x = 14 \sim 650$。

(2)菲希尔(Fischer)公式

$$D_x = \frac{0.011 v^2 b^2}{H u} \tag{2-59}$$

式中：v 为平均流速，m/s；b 为河宽，m；其余符号意义同式(2-58)。

2. 示踪实验法

如果将示踪剂瞬时投入河流某断面，在投放点下游断面采样测定不同时刻 t_i 时的示踪剂浓度 C_i，则可以根据一维模型求出纵向弥散系数。

$$\ln\left[C(x,\ t)\sqrt{t}\right] = \ln\left(\frac{M}{A\sqrt{4\pi D_x}}\right)\left(-\frac{1}{D_x}\cdot\frac{(x-v_x t)^2}{4t}\right) \tag{2-60}$$

式中：C 为下游断面示踪剂的平均浓度，mg/L；M 为瞬时投入的示踪剂质量，g；A 为监测断面面积，m^2；v_x 为平均流速，m/s；t 为时间，s；x 为下游断面距投放点的距离，m。

在距离排放点下游 $x=x_0$ 处测得不同时刻的浓度 C_i($i=1,\ 2,\ \cdots$)，将 $\ln C_i\sqrt{t_i}$ 对 $\frac{(x-v_x t_i)}{4t_i}$ 作图，可得一条直线，其斜率则为 $-\frac{1}{D_x}$，从而可求得 D_x。

(二)耗氧系数 k_1 的估算

1. 实验室测定值修正法

实验室测定 k_1 的方法是利用自动 BOD 测定仪或培养法，测定研究河段同一水样的 1～10 d 或更长时间的 BOD 值，绘制 BOD 过程曲线图。假设水中总的碳化

BOD 值为 L_a，任意时刻 t 需氧量为 L_1，有：

$$L_1 = L_a(1-\mathrm{e}^{-k_1 t}) \tag{2-61}$$

用级数展开，得：

$$1-\mathrm{e}^{-k_1 t} = k_1 t\left[1-\frac{k_1 t}{2}+\frac{(k_1 t)^2}{6}-\frac{(k_1 t)^3}{24}+\cdots\right] \tag{2-62}$$

由于

$$k_1 t(1+\mathrm{e}^{k_1 t})^{-3} = k_1 t\left[1-\frac{k_1 t}{2}+\frac{(k_1 t)^2}{6}-\frac{(k_1 t)^3}{24}+\cdots\right] \tag{2-63}$$

故可以将 L_1 写成

$$L_1 = L_a(k_1 t)\left(1+\frac{k_1 t}{6}\right)^{-3} \quad 或 \quad \left(\frac{t}{L_1}\right)^{1/3} = (L_a k_1)^{-1/3}+\left(\frac{k_1^{2/3}}{6L_a^{1/3}}\right)t \tag{2-64}$$

令 $a=(L_a k_1)^{-1/3}$，$b=\dfrac{k_1^{2/3}}{6L_a^{1/3}}$，则

$$\begin{cases} k_1 = 6\,\dfrac{b}{a} \\ L_a = \dfrac{1}{k_1 a^3} \end{cases} \tag{2-65}$$

那么，式(2-64)可写成$\left(\dfrac{t}{L_1}\right)^{1/3}=a+bt$。根据实验资料，绘制$\left(\dfrac{t}{L_1}\right)^{1/3}$—$t$ 关系图，就可以得到 a 和 b 值，代入式(2-65)则可以得到 k_1 和 L_a 值。

实验室测定值的修正：实验室测定的 k_1 值一般可以直接用于湖、库水质模拟，若用于河流则必须修正。1966 年 K. Bosko 提出应当按照河流的纵向底坡(I)、平均流速(U)和水深(H)对实验室测定值 k_1 进行修正：

$$k_1 = k_1+(0.11+54I)\frac{U}{H} \tag{2-66}$$

2. *两点法*

两点法通过测定河流中上游及下游断面 BOD_5 的值，求算 k_1 值，在两断面中间没有支流和废水排入的条件下，用下式求得。

$$k_1 = \frac{1}{t}\ln\left(\frac{L_{\mathrm{up}}}{L_{\mathrm{down}}}\right) \tag{2-67}$$

式中：L_{up}和 L_{down}分别为河流上游断面和下游断面的 BOD 值，t 上游断面至下游断面的运移时间。

采用同样的方法，可以估算湖库的 k_i 值。设径向 A，B 二点的 BOD 值为 L_A，L_B，径向距离为 r_A，r_B，根据式(2-67)，可得：

$$k_1 = \frac{2q}{\phi H(r_B^2-r_A^2)}\ln\left(\frac{L_A}{L_B}\right) \tag{2-68}$$

式中：q 为废水排放量；ϕ 为废水在湖中的扩散角；H 为湖库的平均水深。

(三)复氧系数 k_2 的估算

复氧系数 k_2 的估算可以用实测法，但实测法费时、费工，亦不易确定。故常用经验公式法求算复氧系数。

1. 奥康纳—杜宾斯(O'Conner－Dobbins)经验式，简称奥—杜公式

$$k_{2(20℃)}=\begin{cases}294\dfrac{(D_m u)^{1/2}}{H^{3/2}} & (c_z\geqslant 17)\\ 294\dfrac{D_m{}^{1/2}u^{1/4}}{H^{3/2}} & (c_z<17)\end{cases} \tag{2-69}$$

式中：c_z 为谢才系数，$c_z=\dfrac{1}{n}H^{1/6}$；D_m 为分子扩散系数，$D_m=1.774\times10^{-4}\times1.037^{(T-20)}$；$I$ 为河流底坡；u 为河床糙率；符号 H 意义同式(2－58)。

2. 欧文斯等(Owens，et al)的经验式

$$k_{2(20℃)}=5.34\frac{u^{0.67}}{H^{1.85}}\qquad(0.1\ \text{m}\leqslant H\leqslant 0.6\ \text{m},\ u\leqslant 1.5\ \text{m/s}) \tag{2-70}$$

3. 丘吉尔(Churchill)经验式

$$k_{2(20℃)}=5.03\frac{u^{0.696}}{H^{1.673}}\qquad(0.6\ \text{m}\leqslant H\leqslant 8\ \text{m},\ 0.6\ \text{m/s}\leqslant u\leqslant 1.8\ \text{m/s}) \tag{2-71}$$

【参考阅读】 k_1，k_2 的温度校正

上述方法求得的 k_1，k_2 都是 20℃的值，k_1，k_2 随温度而变化，因此应作温度校正，校正公式为：

$$k_{1或2(T)}=k_{1或2(20℃)}\cdot\theta^{(T-20)} \tag{2-72}$$

温度常数的 θ 取值范围：对 k_1，$\theta=1.02\sim1.06$，一般取 1.047；对 k_2，$\theta=1.015\sim1.047$，一般取 1.024。

(四)水质模型参数估算的多参数优化法

多参数优化法是根据实测的水文、水质数据，利用优化方法同时确定多个环境水力学参数和模型系数的方法。此方法也可以只确定一个参数。利用多参数优化法确定的环境水力学参数是局部最优解，当要确定的参数较多时，优化的结果可能与其物理意义差别较大，为了提高解的合理性，可以采取如下措施：

1. 根据经验限制各环境水力学参数的取值范围，确定初值。
2. 降低维数，可用其他方法确定的参数尽量用其他方法确定。

多参数优化法所需要的数据，因被估算的环境模型系数、水力学参数及采用的

数学模型不同而异，一般需要如下几个方面的数据。

1. 各测点的位置、各排放口的位置、河流分段的断面位置。
2. 水文和水力学方面：流速、流量、水深、河宽、水力坡度等。
3. 水质方面：拟预测水质参数在各测点的浓度以及数学模型中所涉及的其他参数。
4. 各测点的取样时间。
5. 各排放口的排放量、排放浓度。
6. 支流的流量及其水质。

采用多系数同时估算时，如果基础的监测数据不足，所获得结果的可靠性往往较差。

五、地表水环境影响评价

水环境影响评价是在工程分析和影响预测基础上，以法规、标准为依据，解释拟建项目引起水环境变化的重大性，同时辨识敏感对象对污染物排放的反应；对拟建项目的生产工艺、水污染防治与废水排放方案等提出意见；并提出避免、消除和减少水体影响的措施、对策建议；最后作出评价结论。

地表水环境影响评价应注意以下问题。

(1)所有预测点和所有预测的水质参数均应进行建设期、营运期和服务期满等各阶段不同情况下的环境影响重大性评价，但应抓住重点：空间方面，水文(或水文地质)要素和水质急剧变化处、水域功能改变处、取水口附近等应作为重点；水质方面，影响较重的水质参数应作为重点。多项水质参数综合评价的方法和评价的水质参数应与环境现状综合评价相对应。

(2)进行评价的水质参数浓度应是其预测浓度和基线浓度之和。

(3)应了解水域功能，包括现状的功能和规划的功能。

(4)评价建设项目的地表水环境影响所采用的水质标准应与环境现状评价相同。河道断流时应由环保部门规定功能，并据此选择标准、进行评价。

(5)向已超标的水体排污时，应结合环境规划酌情处理或由环保部门事先规定排污要求。

六、地表水环境环保措施与对策

(一)环保措施的一般原则

对环保措施的建议一般包括污染削减措施和环境管理措施两部分。

1. 削减措施的建议应尽量做到具体、可行，以便对建设项目的环境工程设计起指导作用。对削减措施应主要评述其环境效益(应说明排放物排放的达标情况),也可以做些简单的技术经济分析。

2. 环境管理措施建议包括环境监测(含监测点、监测项目和监测次数)的建议、水土保持措施的建议、防止泄漏等事故发生的措施的建议、环境管理机构设置的建议等。

(二)常用削减措施

1. 对拟建项目实施清洁生产、预防污染和生态破坏是最根本的措施;其次是就项目内部和受纳水体的污染控制方案的改进提出有效的建议。

2. 推行节约用水和废水再利用,减少新鲜水用量;结合项目特点,对排放的废水采用适宜的处理措施。

3. 在项目建设期因清理场地和基坑开挖、堆土造成的裸土层应就地建雨水拦蓄池和种植速生植被,减少沉积物进入地表水体。

4. 施用农用化学品的项目,可通过采取安排好化学品施用时间、施用率、施用范围和流失到水体的途径等措施,将土壤侵蚀和进入水体的化学品减至最少。

5. 应采取生物、化学、管理、文化和机械手段一体的综合方法。

6. 在有条件的地区可以利用人工湿地控制非点源污染(包括营养物、农作物和沉积物污染等)。人工湿地必须精心设计,污染负荷与其处理能力应匹配。

7. 在地表水污染负荷总量控制的流域,通过排污交易保持排污总量不增长。

第四节 实例研究

一、项目简介

江西省吉安市某纸业有限公司,投资8 000万元对其下属造纸厂进行技术改造,预计形成以小山竹为原料、制浆18 000t/a、规模20 000t/a双面胶版纸(B等)的生产能力,年产值预期可达1亿元,年利税1 200万元,可使16 000户农民受益,其经济效益明显。此外,公司恢复生产后还将提供448个就业机会,减轻当地就业压力,并带动当地相关产业的发展,产生明显的社会效益。

二、水污染源分析

项目水污染源主要有制浆黑液、污冷凝水、中段废水、造纸白水以及生活污水，其中黑液采用碱回收方法回收有用化学品回用，不对外排放，工程废水排放详见表 2－9。

表 2－9　　　　工程废水排放状况

序号	工段	废水类型	废水量	污染物名称	污染物浓度 $/mg\cdot L^{-1}$	污染物产生量 $/t\cdot a^{-1}$	处理措施名称	处理措施效率 /%	废水排放浓度 $/mg\cdot L^{-1}$	废水排放量 $/t\cdot a^{-1}$	削减量
1	制浆	污冷凝水	150 m^3/d 49 500 m^3/a	COD	1 400	100.0	污水处理站	78	≤450	22.78	
				BOD	700	34.7		70	≤100	4.95	
				SS	1 400	69.3		70	≤100	4.95	
2		中段废水	9 850 m^3/d 3 250 500 m^3/a	COD	1 200	3 900.6	污水处理站	63	≤450	1 462.7	
				BOD	550	1 787.8		70	≤100	325.1	
				SS	300	975.2		93	≤100	325.1	
				pH	11～12				6～9		
3	造纸	白水	13 000 m^3/d 4 290 000 m^3/a	COD	1 000	4 290.0	白水循环处理系统	32	≤450	445.5	废水排放量为2 900 m^3/d进中段水处理系统
				BOD	500	2 145		80	≤100	99.0	
				SS	900	3 861		89	≤100	99.0	
4		生活污水	100 m^3/d 33 000 m^3/a	COD	250	8.25					
				BOD	100	3.3					
				SS	100	3.3					
5	合计	废水产生量	23 100 m^3/d 7 623 000 m^3/a	COD		8 298.25					
				BOD		3 970.8					
				SS		4 908.7					
		废水排放量	13 000 m^3/d 4 290 000 m^3/a	COD			污水处理站	72.42	≤450	1 930.5	6 997.75
				BOD				87.6	≤100	429.0	3 451.8
				SS				90.4	≤100	429.0	4 479.7

三、地表水环境质量现状调查与评价

(一)现状监测

1．监测断面的设置

为了解赣江纳污水域的水质现状，本次评价布设了四个监测断面，各监测断面的设置情况见表 2－10。

表 2-10　　地表水监测断面布设

序号	位　置	布设目的
SW1	排污口上游 500 m 处	对照断面
SW2	废水入赣江处(排污口)	控制断面
SW3	排污口下游 2 000 m 处	削减断面
SW4	排污口下游 7 000 m 处(吉水县墨潭取水口上游 3 000 m)	控制断面

2．监测项目

监测项目：pH、SS、BOD_5、COD_{Cr}、挥发酚、硫化物。

监测分析方法：按照《环境监测技术规范》执行。

(二)现状评价

1．评价方法

采用单因子指数法进行评价。

2．监测统计及评价结果

地表水环境监测统计及评价结果见表 2-11，其中未检出项目取其测定下限值一半用于评价。评价范围内各监测断面上 pH、SS、BOD_5、COD_{Cr}、挥发酚、硫化物六项污染指标现状监测值均符合所执行的标准，单因子标准指数均小于 1，达到《地表水环境质量标准》(GB 3838—2002)Ⅲ类标准的要求。

表 2-11　　地表水环境监测统计及评价结果表

监测断面＼项目		pH	SS	BOD_5	COD_{Cr}	挥发酚	硫化物
SW1	监测值/mg·L^{-1}	7.32	5	1.4	4.11	<0.002	<0.02
	单因子标准指数	0.16	0.033	0.35	0.21	0.20	0.05
SW2	监测值/mg·L^{-1}	7.11	4.3	0.85	4.53	<0.002	<0.02
	单因子标准指数	0.06	0.029	0.21	0.23	0.20	0.05
SW3	监测值/mg·L^{-1}	7.59	12.4	0.9	4.36	<0.002	<0.02
	单因子标准指数	0.30	0.083	0.23	0.22	0.20	0.05
SW4	监测值/mg·L^{-1}	7.30	4.3	0.9	3.40	<0.002	<0.02
	单因子标准指数	0.15	0.029	0.23	0.17	0.20	0.05

四、地表水环境影响预测与评价

本次预测采用二维稳态衰减模型预测工程投产后 COD_{Cr} 正常生产排放和非正常排放废水对纳污水域赣江的影响，估算水体受影响的范围及程度。

$$C(x, y)=\exp\left(-k_1 \frac{x}{86\ 400u}\right)\cdot\frac{C_pQ_p}{H\sqrt{\pi M_y xu}}\cdot\left\{\exp\left(-\frac{uy^2}{4M_yx}\right)+\exp\left[-\frac{u(2B-y)^2}{4M_yx}\right]\right\} \quad (2-73)$$

(一)污染源排放参数

根据工程分析，建设项目的污染物排放情况见表 2－12。

表 2－12　建设项目污染物排放情况一览表

正常废水量	事故废水量	项目	正常排放速率	事故排放速率
11 000 m^3/d	24 000 m^3/d	COD	50.83 g/s	189.69 g/s

(二)地表水环境影响预测结果与评价

污水处理站正常排放及事故排放情况下，预测结果见表 2－13～表 2－15。

表 2－13　正常排放情况时 COD_{Cr} 在赣江净增值　单位：mg/L

X/m \ Y/m	5	10	15	20	30	40	50	100
10	0.10	0.00	0.00	0.00	0.00	0.00	0.00	0.00
50	4.89	0.14	0.00	0.00	0.00	0.00	0.00	0.00
100	6.22	1.07	0.06	0.00	0.00	0.00	0.00	0.00
200	5.90	2.44	0.56	0.07	0.00	0.00	0.00	0.00
500	4.45	3.12	1.74	0.76	0.07	0.00	0.00	0.00
1 000	3.33	2.79	2.08	1.38	0.43	0.08	0.01	0.00
2 000	2.41	2.21	1.90	1.55	0.86	0.38	0.13	0.00
3 000	1.98	1.86	1.69	1.47	0.99	0.58	0.28	0.00
4 000	1.71	1.63	1.52	1.37	1.02	0.68	0.40	0.00
5 000	1.53	1.47	1.39	1.28	1.01	0.73	0.48	0.01
6 000	1.39	1.35	1.29	1.20	0.99	0.75	0.53	0.03
7 000	1.28	1.25	1.20	1.13	0.96	0.76	0.56	0.05

表 2－14　事故排放情况时 COD_{Cr} 在赣江净增值　单位：mg/L

X/m \ Y/m	5	10	15	20	30	40	50	100
10	1.19	0.00	0.00	0.00	0.00	0.00	0.00	0.00
50	58.81	1.73	0.01	0.00	0.00	0.00	0.00	0.00
100	74.82	12.83	0.68	0.01	0.00	0.00	0.00	0.00

续表

X/m \ Y/m	5	10	15	20	30	40	50	100
200	70.94	29.38	6.76	0.86	0.02	0.00	0.00	0.00
500	53.44	37.56	20.87	9.17	0.87	0.03	0.00	0.00
1 000	39.97	33.51	24.98	16.55	5.11	0.99	0.12	0.00
2 000	28.96	26.52	22.90	18.64	10.30	4.55	1.58	0.00
3 000	23.76	22.40	20.31	17.71	11.97	6.92	3.42	0.01
4 000	20.57	19.68	18.29	16.50	12.30	8.15	4.80	0.06
5 000	18.36	17.72	16.71	15.39	12.17	8.76	5.74	0.17
6 000	16.71	16.22	15.45	14.43	11.86	9.02	6.34	0.34
7 000	15.41	15.03	14.41	13.59	11.49	9.08	6.71	0.54

表 2-15　　正常排放及事故排放情况下赣江 COD_{Cr} 浓度情况　　单位：mg/L

叠加段面	本底值	正常排放						事故排放					
		净增值			叠加值			净增值			叠加值		
		5 m	50 m	100 m	5 m	50 m	100 m	5 m	50 m	100 m	5 m	50 m	100 m
2 000 m	4.36	2.41	0.13	0.00	6.77	4.49	4.36	28.96	1.58	0.00	33.32	5.94	4.36
7 000 m	3.40	1.28	0.56	0.05	4.68	3.96	3.45	15.41	6.71	0.54	18.81	10.11	3.94

五、水环境防治措施

1. 废水治理措施。

(1)中段废水治理措施

该项目产生的中段废水为 10 000 m^3/d(包括污冷凝水等)，采用百乐克生化处理方法进行处理，项目总投资 1 200 万元，占地面积 10 000 m^2，废水处理成本0.7 元/t。

(2)白水治理措施

该项目产生的纸机白水为 13 000 m^3/d，采用气浮法回收白水和纸浆纤维。处理后白水回收率为 77.7%，每天可回收白水 10 100 t。

2. 提高造纸车间废水的利用率，实现造纸机用水系统的全部封闭循环。如浓白水直接用于混合浆泵之前的纸浆稀释，稀白水用于水力碎浆机、贮浆池、筛选净化系统的稀释等，剩余白水经白水处理设施处理后回用。纸机多余白水建设大容量贮存塔贮存。

3. 健全废水处理设施的运行规程，加强生产管理，完善和严格管理制度，保证废水处理系统正常运行。废水处理站处理工艺采用生化处理加气浮的废水处理工艺，该工艺可有效降低废水污染物浓度，保证项目废水达标排放。

4. 纸厂在生产期间必须严格杜绝生产废水事故性排放，大力加强废水处理站设备的维护管理，加强废水处理设备的可靠性、完好性，对易损设备如废水处理站污水泵、气浮池气浮喷头等要有备用设备，把因设备故障所引起的事故性排放的可能性减少到最低限度。同时厂家还必须对废水建设专门的废水事故性排放贮存池，容积应以满足厂内3～4小时废水事故性排放的容纳量为准。

5. 厂内锅炉废气采用水膜湿式处理，处理中所产生的处理废水在循环使用过程中水质会逐渐恶化至无法使用，所以对此废水必须采用加石灰调节pH，然后添加絮凝剂，废水经絮凝沉淀过滤处理后方可排放。

【习题及思考题】

1. 地表水水质模型中参数获取方式有哪些？分别简述之。

2. 水环境影响的预测点和预测时期如何确定？试简述之。

3. 一个拟建项目将排放含BOD、酚、氰等污染物的废水12 000 m^3/d，水温40℃，pH为5.5。废水拟排入一条平均流量为50 m^3/s的河流，该河为Ⅲ类水体。请问：该项目的水环境影响评价等级应为几级？如果此废水将排入的是一个平均水深12 m，面积20 km^2、属Ⅱ类水体的水库，那么水环境影响评价等级又应为几级？

4. 实际水环境影响评价中，如何选定合适的预测模型？

5. 对地表水水质达不到水环境功能要求的北方河流，应如何开展水环境影响评价工作？

6. 对季节性河流应如何开展水环境影响评价工作？

【参考文献】

[1] 国家环境保护总局监督管理司. 中国环境影响评价培训教材. 北京：化学工业出版社，2000

[2] 陆书玉，栾胜基，朱坦. 环境影响评价. 北京：高等教育出版社，2001

[3] 徐新阳，于庆波，孙丽娜. 环境评价教程. 北京：化学工业出版社，2004

[4] 国家环境保护局. HJ/T 2.3—93，环境影响评价技术导则　地面水环境

[5] 梁耀开. 环境评价与管理. 北京：中国轻工业出版社，2002

[6] 张从主编. 环境评价教程. 北京：中国环境科学出版社，2002

[7] 金腊华，邓家泉，吴小明. 环境评价方法与实践. 北京：化学工业出版社，2005

[8] 张征，沈珍瑶，韩海荣，等. 环境评价学. 北京：高等教育出版社，2004

第三章　大气环境影响评价

【本章导读】

大气污染是指由于人类活动和自然过程引起某种污染物质进入大气中，呈现出足够的浓度，达到了足够的时间，从而危害人体的舒适、健康和福利或危害环境的现象。大气污染防治是一个庞大的系统工程，需要个人、集体、国家乃至全球各国的共同努力，大气环境影响评价则是大气污染防治的有效手段之一。本章介绍了大气环境影响评价的基本程序和评价方法，包括大气浓度预测方法和大气扩散模式的参数确定方法等，并给出了大气环境影响评价实例。

第一节　概　述

一、大气环境影响评价内容及程序

(一)基本任务

大气环境影响评价旨在通过调查、预测等手段，判断并分析建设项目排放的主要气体污染物在项目建设期、营运期和服务期满后给大气环境带来的环境影响的程度和范围，为其选址、大气污染防治措施的制定等提供科学依据，并提出指导性意见。

(二)评价内容

对于工程建设项目来说，比较完整的大气环境影响评价一般包括如下几个方面的内容。

1. 建设项目概况及工程分析：这是环境影响评价的重要基础。

2. 建设项目周围地区的环境概况：主要对建设项目周围地区的自然环境和社会经济环境等状况进行评价。

3. 边界层污染气象条件分析：主要分析各主要污染气象要素常年的变化规律，确定评价区域内不同大气稳定度下的扩散参数值等。

4. 大气环境质量现状监测与评价：包括大气污染物现状监测、评价区域污染源调查和对监测结果进行评价。

5. 大气环境影响评价与预测：选用扩散模式及相关参数计算短期、长期的地面污染物浓度，对浓度进行叠加分析和评价。

6. 环境经济损益：工程对环境资源的损害、环境污染所造成的损失及保护环境设施的社会经济效益分析。目前，环境经济损益分析方法还不是很成熟，同时由于环境经济损益定量的不确定性，其计算结果的评价有待进一步研究。

7. 结论与对策：比较建设项目对大气环境的有利与不利影响，明确回答该项目选择是否可行、选址是否合理；针对建设项目特点、环境状况、经济技术条件等，对不利大气环境影响，提出治理的具体方案与措施，以把不利影响减小到最低程度。

(三)评价特点

大气扩散遵循流体动力学基本规律，受诸多气象因素的影响，运动规律复杂，同时大气空间范围大，具有较大的自然净化能力，因此，相比其他环境要素的影响评价，对大气污染物的评价难度较大。

(四)技术工作程序

大气环境影响评价包括以下三个阶段，其工作程序见图 3－1。

1. 准备阶段：确定评价工作等级、编制评价大纲。

2. 正式工作阶段：污染源、气象条件和环境质量的现状调查，进行环境影响预测和评价。

3. 报告书编制阶段：给出结论，完成环境影响报告书的编写。

二、评价等级和评价范围的确定

(一)评价等级的划分

等级划分的目的是为了区别对待不同的评价对象，在保证评价工作质量的前提下，尽可能节约经费和时间。大气环境影响评价中评价等级的判别参数主要为各个污染物的源强强度及其对应的空气质量标准，即：

$$P_i=\left(\frac{Q_i}{C_{0i}}\right)\times 10^9 \tag{3-1}$$

式中：P_i 为评价等级判别参数，亦即等标排放量，m^3/h；Q_i 为第 i 类污染物经污染控制措施实施后的单位时间排放量，t/h；C_{0i}为第 i 类污染物的环境空气质量标准值，mg/m^3。

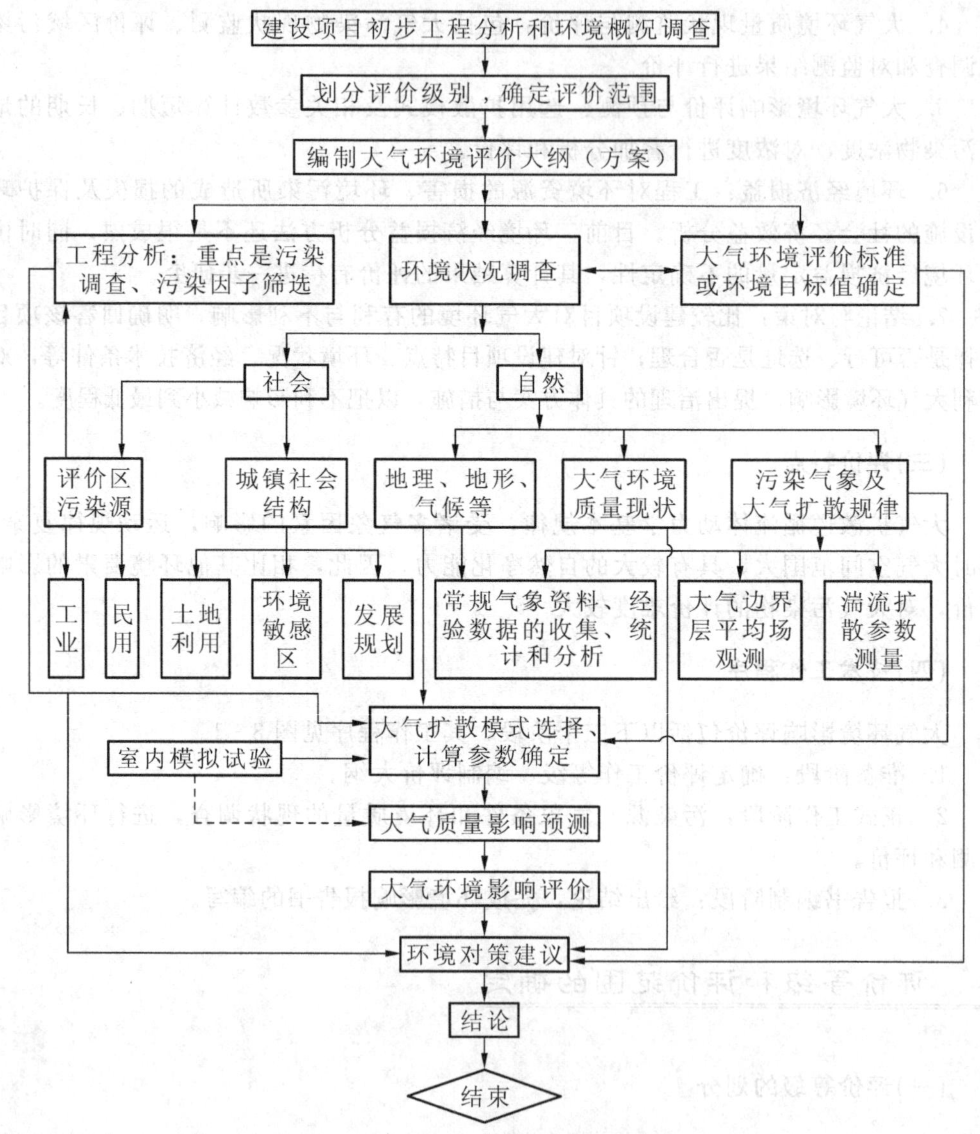

图 3-1 大气环境影响评价工作程序图

C_{0i}一般按《环境空气质量标准》(GB 3095—1996)和“关于发布《环境空气质量标准》(GB 3095—1996)修改单的通知”中规定的各污染物一小时平均取值时间的二级标准浓度限值计算。其中未包含的项目，可以参照《工业企业设计卫生标准》(GBZ 1—2002)中的相应值选用，若已有地方标准，应选用地方标准中的相应值。上述标准中均未包含的项目，可参照国外相关标准，但应作出说明，报环保主管部门批准后执行。

《环境影响评价技术导则　大气环境》(HJ/T 2.2—93)[1]中依照评价等级判别参数，将评价工作分为三级，如表 3-1 所示。

表 3-1　　评价工作级别(一、二、三级)

地形 \ P_i/$m^3 \cdot h^{-1}$	$P_i \geqslant 2.5\times10^9$	$2.5\times10^9 > P_i \geqslant 2.5\times10^8$	$2.5\times10^8 > P_i$
复杂地形	一	二	三
平　原	二	三	三

【背景材料】确定大气环境影响评价等级的相关说明

①复杂地形：丘陵，山区，沿海以及大、中城市的城区。

②当排放的主要污染物多于一种，则应按 P_i 值中最大者计算。

③HJ/T 2.2—93 导则选用的是 1982 年的空气质量标准，而现行的是 1996 年的空气质量标准和其修改单中的内容。

④除了 HJ/T 2.2—93 导则中规定的级别调整要求外，级别调整还应参照评价区域所在地的总体规划、环境保护规划以及环境功能区划。

⑤对人体健康和生态环境有危害而无环境空气质量标准的特殊污染物，其评价工作等级不应低于二级。

(二)评价标准的确定

相关的大气环境标准主要有《环境空气质量标准》、《大气污染物综合排放标准》(GB 16297—1996)、《恶臭污染物排放标准》(GB 14554—93)、《锅炉大气污染物排放标准》(GB 13271—2001)和《工业炉窑烟尘排放标准》(GB 9078—1996)等。

《环境空气质量标准》中将环境空气质量功能区分为三类：一类为自然保护区、风景名胜区和其他需要特殊保护的地区；二类为城镇规划中确定的居住区、商业交通居民混合区、文化区、一般工业区和农村地区；三类为特定工业区。相应地，各类大气环境标准也一般进行三类标准分级，以对应于不同的环境空气质量功能区。如《恶臭污染物排放标准》中恶臭污染物厂界标准值分三级，排入《环境空气质量标准》中一类区的执行一级标准，排入二类区的执行二级标准，排入三类区的执行三级标准。

(三)评价因子的筛选

应根据评价项目的特点和当地大气污染现状筛选评价因子。注意首先选择 P_i

值较大的污染物、已经造成评价区内严重污染的污染物以及列人国家主要污染物总量控制指标的污染物。

(四)评价范围的确定

评价范围取决于建设项目的评价级别。通常取建设项目的主要污染源为评价区的中心，以主导风向为主轴，按正方形或矩形划定评价区的范围。如无明显主导风向，可取东西向或南北向为主轴。

此外，还应考虑评价区内和评价区边界外有关区域的地形、地貌特征，有无环境保护敏感区等，以决定是否适当扩大评价范围。如果评价区包含荒山、沙漠等非大气环境保护敏感区，可决定适当缩小评价范围。可根据烟囱高度对空气质量预测的计算范围进行适当的调整。

一般情况下，对于一、二、三级评价项目，大气环境影响评价范围的边长应分别不小于 16～20 km，10～14 km，4～6 km。平原取上限，复杂地形取下限。

第二节 大气环境现状调查与评价

大气环境现状调查旨在通过资料的收集和统计分析、污染物和气象的现场监测或模拟试验等为预测提供必要的参数，为评价提供背景数据等相关信息。调查内容包括自然环境状况、社会环境概况、项目和区域大气污染源、污染气象条件以及评价区域内的空气环境质量现状等方面。其中重点是污染源、污染气象条件和环境质量现状三个方面的调查。在对大气环境现状监测结果进行必要的统计和分析后，再进行大气环境质量现状评价。

现状调查时，首先应收集现有的资料，并注意其有效性，其次才考虑进行现场调查和测试。一般运用收集资料法、现场调查法和遥感方法进行调查。其中，收集资料法应用范围广，节省人力、物力等，但往往不全面，不能完全符合要求；现场调查法具有针对性，可以弥补资料收集的不足，但工作量大，需占用较多人力、物力和时间，还受季节、仪器等的限制；遥感方法可以从整体上了解一个区域的环境特点，包括海洋、荒漠等人类无法到达的地区的地表环境情况，但它一般只用于辅助性调查。

其中，自然环境调查包括评价区域的气象概况、土地利用情况、地貌、地质环境、地形概况等调查内容。某些内容可以用一些平面图来形象地表示。调查重点应是当地的长期气候特点，如气温、降水、湿度、日照量、风速、风向等。社会环境调查包括城市总体发展规划、环境保护规划、环境功能区划、城镇和村落分布、城市性质、风景区及名胜古迹分布、产业结构等调查内容。

一、大气污染源调查

(一)调查目的

找出评价区域大气质量的主要污染源和污染物，为确定大气环境监测因子和大气环境影响评价因子提供依据。

(二)调查对象

拟建项目污染源包括工业污染源、交通运输污染源和居民污染源，对于改、扩建项目还应包括新、老污染源。若评价范围内还有其他在建、拟建项目，还需对其污染源进行详细调查。当调查范围内污染源数目较多时，应确定主要重点调查对象。目前《环境影响评价技术导则　大气环境》中只要求包括评价区内的工业及民用污染源。

(三)调查方法

可以通过类比法或实际资料来确定污染源的排放量资料；或者在“工业污染源调查资料”的基础上，通过现场实测法、物料衡算法或经验估算法对变化情况进行核算和调整。

(四)调查内容

大气污染源调查的核心是确定源强、排放量和相关参数。

1. 一级评价项目一般应进行以下内容的调查。

(1)工艺流程：按生产工艺流程或分厂、车间分别绘制污染流程图。

(2)排放量：按分厂或车间逐一统计各有组织排放源和无组织排放源的主要污染物排放量。对改、扩建项目的主要污染物，应给出现有工程排放量、新扩建工程排放量以及预计现有工程经改造后污染物的削减量，并按上述三个量计算最终排放量。

(3)毒性较大的物质：除调查统计主要污染物的正常生产的排放量外，对于毒性较大的物质还应估计其非正常排放量。

(4)污染物排放方式：可将污染源划分为点源和面源。根据污染源源强和源高的具体分布状况确定点源的最低源高和最低源强。面源包括无组织排放源和数量多、源强与源高都不大的点源。厂区内某些属于线源性质的排放源可并入其附近的面源，按面源排放统计。

(5)点源、面源的具体调查统计。

(6)对排放颗粒物的重点点源，除排放量外，还应调查其颗粒物的密度及粒径分布。

(7)风面源：原料、固体废弃物等堆放场所产生的扬尘可作为“风面源”处理，应通过试验或类比调查，确定其起动风速和扬尘量。

2. 二、三级评价项目，污染源调查内容可依据一级评价项目的调查内容适当从简。

3. 评价区内其他污染源调查。

(1)评价区内其他工业污染源的调查内容，一般可直接从近期的“工业污染源调查资料”中收集所需信息，必要时应进行校对和核实。

(2)对评价区内的其他民用污染源，其调查的主要污染因子可限于 SO_2、粉尘两项，其排放量可按全年平均燃料使用量估算。对于有明显采暖和非采暖期的地区，应分别按采暖期和非采暖期统计。

(3)评价区外较大点源的调查可参照评价区内工业污染源调查内容进行。

(五)大气污染源评价

大气污染源评价即以调查资料为依据，按其对环境质量影响的大小确定主要的污染物和主要污染源。一般可以用等标污染负荷法进行评价。

二、污染气象调查

气象条件是影响大气中污染物扩散的主要因素。历史上发生过的重大空气污染危害事件，都是在不利于污染物扩散的气象条件下发生的。为了掌握污染物的扩散规律，以便采取有效措施防治大气污染，必须了解气象条件对大气扩散的影响以及局部气象因素与地形、地貌状况之间的关系。

研究污染气象，实质是研究大气，特别是大气边界层内大气的自净能力。大气通过三种机制达到自然净化，即平流输送、湍流扩散和清除机制。污染气象要素是指与大气污染或大气自然净化有关的气象要素，是决定大气污染物浓度分布最主要的因素。因此，大气环境影响评价必须收集、观测和整理评价区的有关气象资料，以便描述评价区的气象背景、分析大气污染的潜势和计算评价区的污染物浓度分布。对于大多数评价项目，主要是调查与自然净化机制有关的污染气象要素，即地面和大气边界层平均场气象要素和湍流扩散参数。

(一)所需的污染气象资料

所需污染气象资料包括：气候区划分、风向、风速、风向和风速的垂直分布、气温、温度梯度、总云量和低云量、日照量、湿度、降雨量、大气稳定度、湍流扩散参数等。

(二)常规气象资料的采用原则

应根据气象台(站)距建设项目所在地的距离以及二者在地形、地貌等土地环境条件方面的差异来确定该气象站气象资料的使用价值。对于不符合规定条件的建设项目所在地附近的气象台(站)资料，必须在与现场观测资料进行相关分析后才可考虑其使用价值。短期气象监测资料通过统计整理和延长修订后可代表评价区域气象背景的累年资料。

气象部门提供的常规气象参数的一般观测数据频率有两种，一是每日 4 次观测值，二是每日 24 次的观测值，而不同观测频率的气象参数对预测结果的影响很大。有关研究表明，预测模式中使用每日 24 次的观测值，其预测结果更符合评价区大气扩散的实际情况，因此在建设项目的环境影响评价工作中，进行大气污染物的长期平均浓度预测时，应尽量选用评价项目所在地每日 24 次连续观测的气象资料来编制风向、风速、稳定度联合风频表等。

【参考阅读】常规气象资料与现场观测资料的相关性分析的方法

由于评价范围内常常没有气象台(站)，故此需要进行常规气象资料与现场观测资料的相关性分析。相关性分析的常用方法是分量回归法，即将两地的同一时间风矢量投影在 x 和 y 轴上，然后分别计算其 x，y 方向速度分量的相关性。对于一级评价，相关系数不宜小于 0.45；对于二级评价，相关系数不宜小于 0.35。

(三)现有的大气边界层平均场和大气湍流扩散试验资料或经验数据的收集和统计

现有的大气边界层平均场和大气湍流扩散试验资料是指符合要求且经鉴定通过的资料，经验数据是指国家颁布的标准、规范等正式文件中推荐的经验数据。它们的使用价值，视其进行观测、试验的区域和待评价项目的评价区域在地理条件方面的差异而定。

(四)常规气象资料的调查时段

对于一级评价项目，至少应获取最近三年的常规气象资料；对于二、三级评价项目至少应获取最近一年的常规气象资料。

(五)地面气象资料的调查内容

一级评价项目应至少包括以下各项：年、季(期)地面温度，露点温度及降雨量；年、季(期)风玫瑰图；月平均风速随月份的变化(曲线图)；季(期)小时平均风速的日变化(曲线图)；年、季(期)各风向，各风速段，各级大气稳定度的联合出现频率及年、季(期)的各级大气稳定度的出现频率等。二、三级评价项目的调查内容根据一级评价项目的调查内容适当从简。

(六)高空气象资料调查内容

对于一、二级评价项目，如果符合“常规气象资料的采用原则”的气象站有高空探空资料，可酌情调查距该气象站地面 1 500 m 高度以下的下述风和气温资料：规定时间的风向、风速随高度的变化；年、季(期)的规定时间的逆温层(包括从地面算起第一层和其他各层逆温)及其出现频率，平均高度范围和强度；规定时间各级稳定度的混合层高度；日混合层最大高度及对应的大气稳定度。

(七)大气边界层平均场参数的观测

设置一个临时性的气象中心站和若干气象观测点，以一年为观测周期，按我国国家气象局编定的《地面气象观测规范》及《高空气象探测规范》有关章节中的规定，进行地面观测和低空探测。

(八)湍流扩散试验

湍流扩散试验主要用于少数复杂地形条件下的一、二级评价项目，主要进行大气湍流扩散参数的测量和模式验证。平原地区的扩散参数已比较成熟，一般不需要再做扩散试验，可直接使用现有的试验资料或推荐的数据。

测量一般只做一期，周期有效天数约 20 天。测量方法包括示踪剂法(如 SF6)、平移球法(等容球或平衡球)、放烟照相法(平面或立体照相)、固定点测量法(脉动风速仪或风温仪)、遥感方法(如激光测烟雷达)以及室内模拟试验(环境风洞)等。

(九)特殊气象场观测

特殊气象场主要指复杂地形条件下引起的局地环流和某些其他不利于污染物扩

散的气象场，如山谷风、城市热岛环流、背风涡和下洗、熏烟、海岸线熏烟、海陆风环流等。在这些特殊气象场内的污染物浓度最大值可为一般条件下的好几倍。对于一些目前尚难以用数学方法模拟的特殊气象场，可以采用现场观测或室内模拟的观测手段。

三、大气环境质量状况调查

(一)调查目的

大气环境质量调查的目的是：结合风向、风速及周边环境等情况对各监测点污染物浓度的波动给出合理解释；确定建设项目污染的背景值，包括算术平均浓度值和主要风向下的浓度值；结合同步监测的气象资料和污染源资料验证或调试预测模式。

(二)现有例行监测资料分析

收集评价区内及其界外区内各例行大气监测点的近三年大气监测资料，依据《环境空气质量标准》中的数据统计规定，统计分析各监测点各季主要污染物的浓度均值、超标量、变化趋势等。同时，应注意对历史资料数据的有效性进行评估。当同时对项目开展空气质量现状监测时，建议对历史资料与监测结果进行比较、评估以确定历史资料数据的有效性。

(三)大气质量现状监测

现状监测应与污染气象监测同步进行，对于不需要进行气象监测的评价项目，应收集附近有代表性的气象台站各监测时间的气象资料。

1. 监测范围

监测范围即确定的评价范围。

2. 监测项目

筛选出来的主要评价因子应重点注意考虑区域内量大面广且属大气环境质量标准中有代表性的污染物。

3. 监测布点

采样点位置和数量的确定对所测数据的代表性和实用性具有决定性的作用。在评价区内应按以环境功能区为主、兼顾均布性，选择具有较好的代表性、能反映大气污染水平和规律的点的原则来布点。同时，应考虑现实的交通、工作条件等以便于工作。

布点的数量应根据拟建项目的规模、性质、区域大气污染状况和敏感受体的分布，结合地形、污染气象等自然因素综合考虑。一般一级评价项目监测点不得少于10个；二级评价项目监测点不得少于6个；对三级评价项目，如果评价区内已有例行监测点可不再安排监测，否则可布置1～3个点进行监测。此外，通常应在关心点、敏感点一级下风向距离最近的村庄布置取样点，有时还应在上风向布置对照点。

布点的方法包括网格布点法、同心圆多方位布点法、扇形布点法、配对布点法、功能分区布点法、敏感点布点法等。

4. 监测时间和频率

监测时间的确定主要考虑当地的气象条件和人们的生活、工作规律，同时，应保证在足够数量的监测样品的分析统计数据的基础上获得大气本底值。各次采样时间最好能兼顾到不同的大气稳定度。进行大气采样时，最好能同步进行风向、风速、湿度等方面的气象观测，以便研究不同稳定度下的污染规律。北方地区应考虑采暖季节等。导则中推荐监测时间和频率如下。

一级评价项目：每年不少于两期(夏季、冬季)，每期≥7天，每天≥6次。

二级评价项目：每年可取一期不利气象季节，每期≥5天，每天≥4次。

三级评价项目：必要时每年可作一期监测，每期≥5天，每天≥4次。

5. 采样及分析方法

按照中国国家环保总局《空气和废气监测分析方法》中的规定进行采样和分析。对国家尚未统一制定标准方法的监测项目，应充分进行监测分析方法的调查和优选，并应在初次监测之前进行条件试验。

6. 监测数据的统计分析

依据《数据的统计处理和解释：正态样本异常值的判断和处理》(GB 4885—85)的规定进行统计，剔除异常值，对未检出值按检出限的一半代之。用算术平均法和几何均值法来统计均值，计算数据的集中趋势和离散指标包括浓度范围、日均浓度、一次及日均值的超标率、最大污染时日等。

监测数据的分析包括两方面：一是污染物浓度时空分布特征分析，包括通过确定一定的时间序列、从周期性分析污染物浓度随时间的变化规律、绘制污染物周期变化图和通过浓度等值线图来表示浓度空间分布特征；二是根据同步监测的气象要素资料，如大气层结、风向、风速、湿度等，分析污染物浓度与气象条件的相关关系。

四、大气质量现状评价

过去多采用环境质量综合指数，如北京均值型大气质量指数，进行评价。但它可能掩盖某个污染物浓度较高的情况，使得评价结果偏离实际。

目前，一般采用简单、直观的单项评价指数进行评价，即：

$$I_i=\frac{C_i}{C_{0i}} \tag{3-2}$$

式中：I_i 为环境污染物 i 的单项评价指数；C_i 为环境污染物 i 的实测浓度，mg/m^3；C_{0i}为污染物 i 的环境空气质量标准值，mg/m^3。

第三节 大气环境影响预测与评价

一、大气环境影响预测概述

大气环境影响预测即推断各种条件下污染物浓度分布及其随时间的变化，是大气环境影响评价所要解决的核心问题。目前通常采用大气扩散模式预测法来进行大气环境影响预测。

(一)预测目的

大气环境影响预测的目的包括：为评价提供可靠和定量的基础数据；了解建设项目建成后对大气环境质量影响的程度和范围；比较各种建设方案对大气环境质量的影响；预测建设项目投产后大气污染指数的变化，解释污染物质在大气中的输送、扩散和变化的规律；给出各类或各个污染源对任一点的污染物浓度贡献；提出建设项目污染源的控制治理对策；优化城市或区域的污染源布局以及对其实行总量控制。

(二)预测程序

大气环境影响预测程序为：首先选择恰当的扩散模式，然后确定预测因子、预测范围、源参数和模式参数，在此基础上预测最大地面浓度及位置、地面轴线浓度、熏烟浓度、小风和静风浓度，最后进行模式验证和预测结果整理。

(三)预测内容

大气环境影响预测内容有：代表性气象条件下的最大落地浓度及距源距离；不利气象条件下的大气环境影响及浓度分布；对保护目标或敏感点的影响；对评价区域大气环境质量的影响；对国家实施总量控制的因子的影响；进行无组织排放浓度影响预测，计算卫生防护距离。

(四)预测方法

预测方法主要有经验法和数学法两类。其中经验方法是在统计、分析历史资料的基础上，结合未来的发展规划进行预测；数学方法是基于统计理论、梯度理论和相似理论进行计算或模拟。

环境影响评价中，应按大气污染物的排放特征、地形条件等正确选用预测模式。

1. 预测模式选用

在环境影响评价实践中应用最普遍的是基于统计理论建立起来的高斯模式(正态模式)。实践中，当高斯模式条件不能满足时，通常采用高斯模式的各种演变、完善和修正模式来计算大气污染物的浓度。如对于连续点源扩散，各种尺度的湍涡同时参与扩散过程，扩散速度和范围以峰值浓度轴线为坐标轴，可采用高斯烟羽模式；对于烟团扩散，各种尺度的湍涡在各个阶段起着不同的作用，扩散速率是烟团运行时间或距离的函数，通常采用烟团模式进行计算。

对于三级评价项目，一般直接采用高斯模式进行预测；对于一、二级评价项目，可采用高斯模式(包括某些修正的高斯模式)或平流扩散方程、随机游动等数值模式进行预测，预测中应估计地形的影响及气象平均场的时空变化规律，并尽可能估计污染的迁移转化规律。必要时，对于一、二级评价项目，在可能出现背风涡、下沉以及下洗气流的复杂地形或高大建筑物附近，还应通过室内模拟试验(如风洞、水槽等)进行预测。

2. 法规大气扩散模式

在工程上普遍应用政府部门颁布实施的大气扩散模式，即法规大气扩散模式。法规大气扩散模式基本上都属于正态模式类型。现有法规大气扩散模式存在着一些问题，落后于已取得的研究成果。自 20 世纪 90 年代以来，一些模式被不断地改进、完善，第二代法规大气扩散模式的研究在不断地加强。鉴于现行法规大气扩散模式的诸多问题，第二代法规大气扩散模式亟待颁布实施。

二、大气污染浓度计算[2～4]

(一)大气湍流和湍流扩散的基本理论

1. 大气湍流

低层大气中风向不断地变化，风速也时强时弱。风的这种强度与方向随时间不规则变化形成的空气运动被称为大气湍流。湍流运动是由无数结构紧密的流体微团——湍涡组成，其特征量的时间与空间分布都具有随机性，但其统计平均值仍遵循一定的规律。在较小的平均风速下就能有很高的雷诺数，达到湍流状态，所以近地层的大气始终处于湍流状态，尤其在大气边界层内，气流受下垫面影响，湍流运动更为剧烈。大气湍流造成流场各部分强烈混合，烟团在大气的湍流混合作用下，由湍涡不断把烟气推向周围空气中，同时又将周围的空气卷入烟团，形成烟气的快速扩散稀释过程。

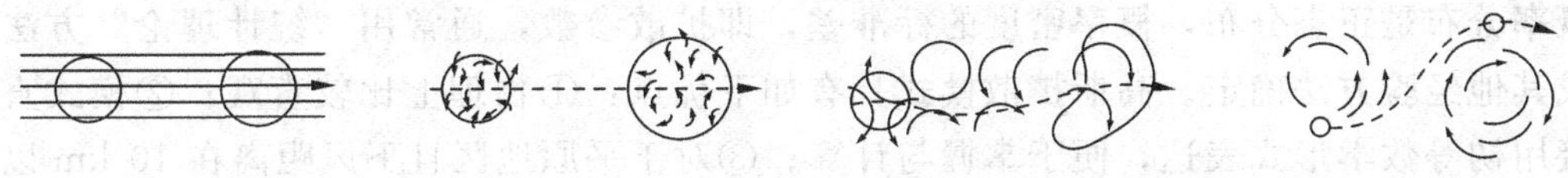

(a)无湍流　(b)小湍涡中的烟团；　(c)与湍涡尺寸接近的烟团；　(d)大湍涡中的烟团

图 3-2　烟团在大气中的扩散

烟团在大气中的扩散特征取决于是否存在湍流以及湍涡的尺度(直径)，如图 3-2所示：(a)为无湍流时，烟团仅依靠分子扩散而长大，扩散速率非常缓慢，比湍流扩散小 5～6 个数量级；(b)为烟团在远小于其尺度的湍涡中扩散，烟团边缘受到小湍涡的扰动，逐渐与周边空气混合而膨胀，浓度逐渐降低，烟流几乎呈直线向下风运动；(c)为烟团在与其尺度接近的湍涡中扩散，在湍涡的切入卷出作用下，烟团被迅速撕裂、变形、膨胀，烟流呈小摆幅曲线向下风运动；(d)为烟团在远大于其尺度的湍涡中扩散，烟团受大湍涡的卷吸扰动影响较弱，其本身膨胀有限，烟团在大湍涡的夹带下作较大摆幅的蛇形曲线运动。实际上由于大气中同时并存不同尺度的湍涡，烟团的扩散过程通常不是仅由上述单一情况完成。

根据湍流的形成与发展趋势。大气湍流可分为机械湍流和热力湍流两种形式。机械湍流是因地面的摩擦力使风在垂直方向产生速度梯度或者由于地面障碍物(如山丘、树木与建筑物等)导致风向与风速的突然改变而造成的。热力湍流主要是由于地表受热不均匀或因大气温度层结不稳定，在垂直方向产生温度梯度而造成的。一般近地面的大气湍流总是机械湍流和热力湍流的共同作用，其发展、结构特征及强弱决定于风速的大小、地面障碍物形成的粗糙度和低层大气的温度层结状况。

2. 湍流扩散与正态分布的基本理论

由于大气湍流运动而使大气污染物散布的过程被称为大气湍流扩散。湍流扩散使污染物、水汽等进行有效混合。对不同的边界层大气状态，湍流混合的强弱很不相同。污染物扩散稀释的程度取决于大气湍流的强度。

湍流混合使得大气污染的形成及其危害程度取决于有害物质的浓度及其持续时间，大气扩散理论就是用数理方法来模拟各种大气污染源在一定条件下的扩散稀释过程，用数学模式计算大气污染物浓度的时空变化规律。

研究物质在大气湍流场中的扩散理论主要有三种：假设湍流通量正比于平均梯

度的“梯度输送理论”（K 理论）、基于因次分析的“相似理论”和基于 Taylor 统计方法的“统计理论”。根据不同的原理和针对不同的研究对象，形成了不同形式的大气扩散数学模式。目前的各种数学模式都有较大的局限性。大气环境影响评价中应用的大多数扩散模式均是由梯度理论导出的，统计理论则为现场实测扩散参数奠定了理论基础。

目前采用湍流统计理论体系的高斯扩散模式应用最多，它假定污染物在空间的概率分布是正态分布，概率密度的标准差，即扩散参数，通常用“统计理论”方法或其他经验方法确定。高斯扩散模式具有如下优点：①物理上比较直观；②模式直接用初等数学形式表达，便于掌握与计算；③对于平原地区且下风距离在 10 km 以内的低架源，预测结果与实测值比较一致；④其修正模式适用于解决较复杂问题。虽然污染物浓度在实际大气扩散中不能严格符合正态分布的前提条件，但大量小尺度扩散试验证明，正态分布是一种可以接受的近似。

(二)大气环境影响预测模式

大气污染危害是大气中的污染物质作用于各地点的结果，其形成和危害程度由作用于受体的浓度和时间决定，所以各种条件下污染物的输送、扩散情况复杂。目前最主要的推断方法是应用大气扩散模式模拟污染物的输送、扩散，即以大气扩散理论和实验研究为基础，将各种污染源、气象条件和下垫面条件下的空气污染过程模式化，研究模式中的各种参数，以模式计算的形式描述空气污染物在大气中输送、扩散、转化并给出浓度的时空变化规律。其实质是用一定的物理模式和数学表达式及相应的处理方法，在一定初始条件和边界条件下，模拟、分析、定量估算空气污染物的散布状况，预测大气质量。了解各种模式及它们之间的主要差别，正确选择模式、参数、气象条件是准确预测污染物浓度、进行环境影响评价的关键。

大气环境影响预测模式的核心部分是大气扩散模式，它主要描述大气对污染物的输送、扩散和稀释作用。污染物在大气中所经历的其他过程，如烟气抬升，干、湿沉积和化学过程等，则常以某种形式的过程参数、计算公式或子模式的形式从属于大气扩散模式。

1. 模式类型

大气环境影响预测模式种类繁多，从不同的角度分类鉴别，有助于弄清其来源、效能和局限性。

按照模式发展的理论途径，可以分为统计理论模式、K 理论模式、相似理论模式和经验模式；按照模拟区域的范围可分为微尺度模式，局地尺度模式和中、远距离输送模式；按照时间尺度可分为短期平均模式和长期平均模式；按照污染源形态可分为点源模式、线源模式、面源模式、体源模式、多源模式和复合源模式；按照模拟过程的着重角度，可分为酸雨模式、光化学烟雾模式、干沉积模式等；按照模式的应用需要，可分为法规应用级模式和研究级模式(前者指已被国家环境保护管理部门推荐应用于污染物浓度预测计算的模式，包括如大气环境影响评价导则和美国国家环境局所推荐的一系列大气扩散模式；后者指正在进行探索研究的模式；目前我国法规应用级模式明显落后于研究级模式，现有法规大气扩散模式基本上都属于正态模式类型)。此外，还有一些针对特殊气象条件的，如熏烟型扩散模式和热力内边界层扩散模式等。

上述模式基本上均可归为高斯型和K模式型两大类。在上述分类的基础上，有的模式还可以进一步划分，如K模式可分为拉格朗日型、欧拉型和混合型。

2. 模式选择

我国尚未对各种情况下模式的采用作出具体规定，只在已颁布的大气排放标准及大气环境影响评价导则中作出了模式推荐。模式选择非常关键，它决定资料收集、现场监测的规模乃至总的工作方向。通常环评中大气环境影响预测模式的选用应当考虑以下几方面的问题。

(1)污染源的类型和污染物的性质：是点源、线源还是面源；是瞬时源、间断源还是连续源；是气态污染物还是颗粒物；是保守污染物还是反应性污染物等。

(2)模拟的时空范围及分辨率。

①模拟区域的范围：通常局地空气污染问题采用高斯型模式比较适当，在复杂下垫面情况下，也可以采用它的变形模式。当模拟区域达数十千米以上时，可考虑选用K模式。

②模拟的时间尺度：大气扩散模式计算的基准时间尺度为小时平均，其他时段的平均浓度可在小时平均浓度的基础上逐时求和计算，也可选用专门的长期平均模式。

③空间分辨率：模式计算浓度的空间分辨率是一项重要而敏感的指标。如孤立点源的下风向区域，相距几百米的两个接受点的污染物浓度可能有数量级的差异。一般地，低分辨率模式将某一较大空间范围内的浓度平滑化，无法求出环保法规所需要的极端值，所以，环评中应尽量选用具有高分辨率的高斯型模式。分辨率低的K模式，最高分辨率不超过1 km×1 km，一般在区域尺度或其他大尺度问题中或在距离污染源较远处使用。

(3)模拟区域的下垫面特征。

按照对大气扩散的影响，下垫面可分为平原乡村、城市、山区及水陆交界地区等。一般地，由均匀定常条件假定导出的高斯模式适用于平原地区，复杂下垫面应选用三维K模式，但三维K模式也有其局限性。目前，复杂下垫面区域的扩散浓度计算问题还有待进一步研究。

(4)对模式效能的要求。

大气环境影响预测模式应当具备的效能与上述三方面的条件及环评要求密切相关。如对于局地大气污染，通常只需考虑大气的扩散稀释作用；对于中、远距离传输还需考虑污染物的化学转化和干、湿沉积等物理化学过程。

3. 模式评价

模式评价主要包括模式的合理性、保真性、灵敏性分析等几个方面的内容。

实践表明，由于固有误差和可约束误差的存在，模式计算结果不可能与实际情况完全相符。其中固有误差是由于湍流活动等的不可完全定量性质引起的对总体的平均偏差。可约束误差则通常是由以下原因引起：模式使用的污染源、气象、地形资料的误差；模式计算公式和参数的不适合引起的误差；用于检验模式的实测浓度资料的误差。

显然，可约束误差可以通过改进模式、提高资料质量、改善监测技术等来减至最小。其减小程度相当可观，所以对于特定地区，预测模式的适用性一般应经过模式检验和评价这一工序，尤其是当预测结果将被用作环境保护的决策、规划和工程设计的依据的时候。

(三)高斯大气扩散模式

在大量的实测资料基础上，高斯应用湍流统计理论得出了污染物在大气中的高斯扩散模式(正态模式)，高斯扩散模式是一种统计模式，它进行了一系列假定：污染物稳定且保守，地面全反射，没有沉降、吸收，流场均匀定常，平均风速不能太小，标记粒子在 y、z 方向上均满足正态分布。从图 3－3 可以看到，瞬时释放的单个烟团正态扩散模式是一切正态扩散模式的基础，从它出发，可以推出其他大多数不同条件下的扩散模式，包括非正常排放模式。在实际应用中，常以高斯模式为基本模式，通过对地形起伏、流场变化等进行修正以适应各种情况。

1. 瞬时单烟团正态扩散模式

其表达式为：

$$C(x,y,z,t)=\frac{Q(x_0,y_0,z_0,t_0)}{(2\pi)^{3/2}\sigma_x\sigma_y\sigma_z}\cdot\exp\left\{-0.5\left[\frac{(x-x_0-x')^2}{\sigma_x^2}+\frac{(y-y_0-y')^2}{\sigma_y^2}+\frac{(z-z_0-z')^2}{\sigma_z^2}\right]\right\} \tag{3-3}$$

式中：x，y，z，t 分别为预测点的三维空间坐标和预测时的时间；x_0，y_0，z_0，t_0 分别为烟团初始空间坐标和初始时间；x_t，y_t，z_t 分别为烟团中心在 t_0～t 期间的迁移距离，$x_t=\int u\mathrm{d}t,y_t=\int v\mathrm{d}t,z_t=\int w\mathrm{d}t$，m；$u,v,w$ 分别为烟团中心在 x,y,z 方向的速度分量，m/s；C 为预测点的烟团瞬时浓度，mg/m^3；Q 为烟团的瞬时排放量，mg/s；$\sigma_x,\sigma_y,\sigma_z$ 分别为 x,y,z 方向的标准差(扩散参数)。

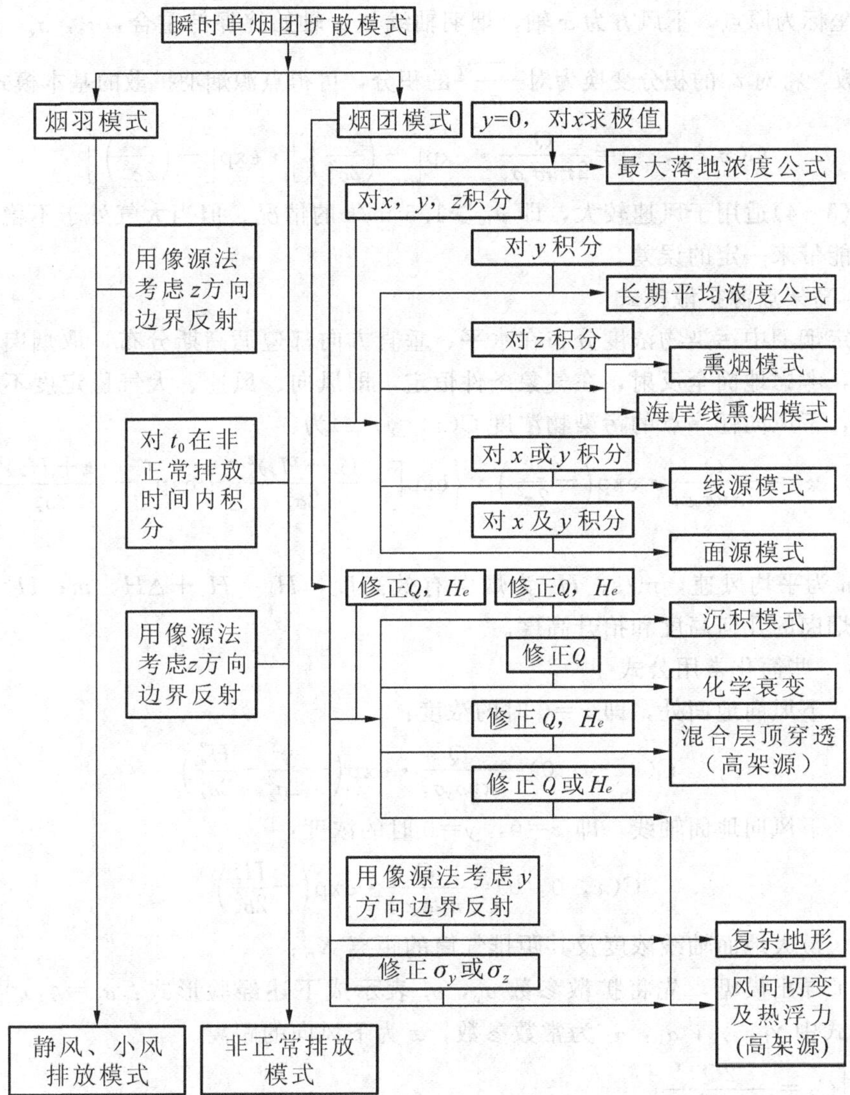

图 3-3　正态扩散模式推演关系图

2. 点源扩散模式

(1)持续排放源

① 有风模式($u_{10}\geqslant 1.5$ m/s)

a. 基本模式

绝大多数污染源都是连续的，可理解为在时间上依次连续释放无穷多个烟团。因此其扩散模式可以通过将瞬时单烟团模式对 t_0 在$(-\infty, t)$上积分后求得。以烟团初始空间坐标为原点，下风方为 x 轴，烟羽轴线与 x 轴始终保持重合，σ_x，σ_y，σ_z 都是 x 的函数，将对 t_0 的积分变换为对 $\frac{x-u_T}{\sigma_x}$ 的积分，可得点源烟羽扩散的基本模式：

$$C(x,y,z)=\frac{Q}{2\pi u\sigma_y\sigma_z}\cdot\exp\left[-\left(\frac{y^2}{2\sigma_y^2}\right)\right]\cdot\exp\left[-\left(\frac{z^2}{2\sigma_z^2}\right)\right] \tag{3-4}$$

式(3-4)适用于风速较大，即 $u_{10}\geqslant1.5$ m/s 的情况。但当大气处于不稳定状态时，可能带来一定的误差。

b. 高架点源扩散模式

假定烟羽中污染物浓度分布在水平、垂直方向都遵循高斯分布，取烟囱脚为坐标原点，考虑地面全反射，在气象条件恒定，即风向、风速、大气稳定度不随时间变化时，下风向任一点的污染物浓度 $C(x,y,z)$ 为：

$$C(x,y,z)=\frac{Q}{2\pi u\sigma_y\sigma_z}\cdot\exp\left(-\frac{y^2}{2\sigma_y^2}\right)\cdot\left\{\exp\left[-\frac{(z-H_e)^2}{2\sigma_z^2}\right]+\exp\left[-\frac{(z+H_e)^2}{2\sigma_z^2}\right]\right\} \tag{3-5}$$

式中：u 为平均风速，m/s；H_e 为烟囱有效高度，$H_e=H_s+\Delta H$，m；H_s 和 ΔH 分别为烟囱的几何高度和抬升高度。

c. 一些简化常用公式

Ⅰ. 下风向地面处，即 $z=0$ 时的浓度：

$$C(x,y,0)=\frac{Q}{\pi u\sigma_y\sigma_z}\cdot\exp\left(-\frac{y^2}{2\sigma_y^2}-\frac{H_e^2}{2\sigma_z^2}\right) \tag{3-6}$$

Ⅱ. 下风向地面轴线，即 $z=0$，$y=0$ 时的浓度：

$$C(x,0,0)=\frac{Q}{\pi u\sigma_y\sigma_z}\cdot\exp\left(-\frac{H_e^2}{2\sigma_z^2}\right) \tag{3-7}$$

Ⅲ. 最大地面轴线浓度及其距排气筒的距离 X_m：

为了导出模型，先将扩散参数 σ_y，σ_z 表示成下述经验形式：$\sigma_y=\gamma_1x^{\alpha_1}$，$\sigma_z=\gamma_2x^{\alpha_2}$，式中 γ_1，γ_2，α_1，α_2 为常数参数，x 为下风向的距离。

$$\begin{cases}C_m=\dfrac{2Q}{\mathrm{e}\pi uH_e^2P_1}\\ P_1=\left(2\gamma_1\gamma_2-\dfrac{\alpha_1}{\alpha_2}\right)\Big/\left[\left(1+\dfrac{\alpha_1}{\alpha_2}\right)^{(1+\alpha_1/\alpha_2)/2}\cdot H_e\cdot\left(1-\dfrac{\alpha_1}{\alpha_2}\right)\cdot\mathrm{e}^{(1-\alpha_1/\alpha_2)/2}\right]\\ X_m=\left(\dfrac{H_e}{\gamma_2}\right)^{1/\alpha_2}\left(1+\dfrac{\alpha_1}{\alpha_2}\right)^{-1/2\alpha_2}\end{cases} \tag{3-8}$$

此解析式仅适用于 $u_{10}\geqslant1.5$ m/s、稳定度较差、混合层反射可忽略等情况下，其计算结果 X_m 必须在扩散参数系数 γ_1，γ_2 和指数 α_1，α_2 的应用范围之内。

由于此解析式应用范围有限，应用条件较苛刻，实际计算中常用数值法，借助计算机的快速计算，使用分段逼近法求最大落地浓度。该方法算法较简单，无须求函数导数，同时灵活性极强，因为对每一个点求浓度的时候，可以调用任意模式按任意方法计算。因此可用于有风、小风静风、面源体源的点源修正法和非正常排放等所有单源模式的最大浓度求值。

对于较低的排放源，如 $H_e<50$ m 时，一般可直接以上式计算。具体限值由地面粗糙度、混合层高度等因素决定。

d. 混合层反射

对于高架源，当超过一定的下风距离时，需对烟羽在混合层顶的反射进行修正。同考虑地面反射类似，用像源法修正后，污染源下风方任一点小于 24 小时取样时间的污染物浓度 $C(x, y, z)$ 为：

$$\begin{cases} C(x,\ y,\ z)=\dfrac{Q}{2\pi u\sigma_y\sigma_x}\cdot\exp\left(-\dfrac{y^2}{2\sigma_y^2}\right)\cdot F \\ F=\sum\limits_{n=-k}^{k}\left\{\exp\left[-\dfrac{(2nh-H_e-z)^2}{2\sigma_z^2}\right]+\exp\left[-\dfrac{(2nh+H_e-z)^2}{2\sigma_z^2}\right]\right\} \end{cases} \tag{3-9}$$

式中：h 为混合层高度，m；k 为反射次数，对于一、二级项目取 $k=4$ 即可；F 为混合层反射项；z 含义同式(3-3)。

e. 侧面反射

如果盛行风和狭长山谷走向的交角小于 45°，谷内的风向常同山谷走向一致。此时当谷内排出的烟羽边缘接近两侧山体时，其横向扩散将受到两侧谷壁的限制。同混合层反射问题相似，对 y 方向扩散用像源法修正后，下风向浓度公式为：

$$\begin{cases} C(x,\ y,\ z)=\dfrac{Q}{2\pi u\sigma_y\sigma_x}\cdot F_yF_z \\ F_z=\sum\limits_{n=-k}^{k}\left\{\exp\left[-\dfrac{(2nh-H_e-z)^2}{2\sigma_z^2}\right]+\exp\left[-\dfrac{(2nh+H_e-z)^2}{2\sigma_z^2}\right]\right\} \\ F_y=\sum\limits_{n=-k}^{k}\left\{\exp\left[-\dfrac{(2mW-B-D)^2}{2\sigma_y^2}\right]+\exp\left[-\dfrac{(2mW+B-D)^2}{2\sigma_y^2}\right]\right\} \end{cases} \tag{3-10}$$

式中：W 为山谷平均宽度，m；B 为污染源至一侧谷壁的距离，m；D 为预测点到一侧谷壁的距离，m；F_z 为混合层反射项，一般取 k 为 4 即可；F 为混合层反射项；F_y 为在两侧谷壁之间反射项，一般取 k 为 4 即可。

需要注意的是，B 和 D 都是相对同一侧谷壁的距离。如果只有一侧有反射壁，取 k 为 0 即可。

经过一定距离后，横向浓度趋向均匀分布，此时浓度与 y 无关：

$$C(x,\ y,\ z)=\frac{Q}{\sqrt{2\pi}uW\sigma_z}\times F_z \tag{3-11}$$

污染物自排出口排出到烟羽边缘接触到谷壁时的距离 x_W，可由下式推算：

$$\sigma_y(x_W)=\frac{W}{4.3} \tag{3-12}$$

②小风静风模式($u_{10}<1.5$ m/s)

小风(1.5 m/s$>u_{10}\geqslant$0.5 m/s)和静风($u_{10}<$0.5 m/s)时，污染物地面浓度$C(x, y, 0)$为：

$$\begin{cases} C_L(x, y)=\dfrac{2Q}{(2\pi)^{3/2}\gamma_{02}\eta^2}\cdot G \\ \eta^2=x^2+y^2+\dfrac{\gamma_{01}^2}{\gamma_{02}^2}\cdot H_e^2 \\ G=\mathrm{e}^{-\frac{U^2}{2\gamma_{01}^2}}\cdot\left[1+\sqrt{2\pi}s\mathrm{e}^{\frac{s^2}{2}}\cdot\Phi(s)\right] \\ \Phi(s)=\dfrac{1}{\sqrt{2\pi}}\displaystyle\int_{-\infty}^{s}\mathrm{e}^{-\frac{t^2}{2}}\mathrm{d}t \\ S=\dfrac{ux}{\gamma_{01}\eta} \end{cases} \tag{3-13}$$

式中：γ_{01}，γ_{02}分别为横向和铅直向扩散参数的回归系数($\sigma_x=\sigma_y=\gamma_{01}T$，$\sigma_z=\gamma_{02}T$)，$\gamma_{01}$和$\gamma_{02}$的取值见 HJ/T 2.2—93 附录 B3；$T$为扩散时间，s。

上式中H_e是烟筒有效高度相对于预测点的高度。若预测点高度坐标为z，烟筒有效高度处坐标为z_0，则$H_e=z_0-z$。

(2)非正常排放源

非正常排放是指建设项目生产运行阶段的开车、停车、检修、一般性事故和发生泄漏等情况时的污染物的不正常排放，它常发生在有限时间T内。以瞬时单烟团正态扩散式，对t_0在有限时间T内积分，经整理后可得非正常排放模式。

① 有风模式($u_{10}\geqslant1.5$ m/s)

以排气筒地面位置为原点，有效源高为H_e，平均风向轴为x轴，源强为Q，开始非正常排放时的时间为t'，非正常排放持续时间为T，预测时刻的时间为t。以持续排放源基本模式为基础，乘上系数G_1，得t时刻任一点(x, y, z)的浓度：

$$\begin{cases} C(x, y, z)=\dfrac{Q}{2\pi u\sigma_y\sigma_z}\cdot\exp\left(-\dfrac{y^2}{2\sigma_y^2}\right)\cdot F\cdot G_1 \\ F=\displaystyle\sum_{n=-k}^{k}\left\{\exp\left[-\dfrac{(2nh-H_e+z)^2}{2\sigma_z^2}\right]+\exp\left[-\dfrac{(2nh+H_e-z)^2}{2\sigma_z^2}\right]\right\} \\ G_1=\begin{cases}\Phi\left(\dfrac{ut-x}{\sigma_x}\right)+\Phi\left(\dfrac{x}{\sigma_x}\right)-1 & (t\leqslant T) \\ \Phi\left(\dfrac{ut-x}{\sigma_x}\right)-\Phi\left(\dfrac{ut-uT-x}{\sigma_x}\right) & (t>T)\end{cases} \\ \sigma_x=\sigma_y=\gamma_1X^{\alpha_1},\ \sigma_z=\gamma_2X^{\alpha_2} \end{cases} \tag{3-14}$$

式中：F为混合层反射项；G_1为非正常排放项；h为混合层高度；k为反射次数，一、二级项目取$k=4$即可。

② 小风静风模式($u_{10}<1.5$ m/s)

小风和静风时，t 时刻地面任何一点(x，y，0)的浓度为：

$$
\begin{cases}
C_a(x,\ y,\ 0)=\dfrac{QA_3}{(2\pi)^{3/2}\gamma_{01}^2\gamma_{02}}\cdot G_2 \\
G_2=\begin{cases}\dfrac{1}{A_1}B_1+2\sqrt{\dfrac{\pi}{A_1}}A_2(1-B_2) & (t\leqslant T)\\ \dfrac{1}{A_1}(B_1-B_4)+2\sqrt{\dfrac{\pi}{A_1}}A_2(B_3-B_2) & (t>T)\end{cases} \\
A_0=x^2+y^2+\left(\dfrac{\gamma_{01}}{\gamma_{02}}H_e\right)^2 \\
A_1=\dfrac{A_0}{2\gamma_{01}^2} \\
A_2=\dfrac{(ux+vy)}{A_0} \\
A_3=\exp\left\{-\dfrac{1}{2A_0}\left[\left(\dfrac{uy-vx}{\gamma_{01}}\right)^2+(v_2+u_2)\left(\dfrac{H_e}{\gamma_{02}}\right)^2\right]\right\} \\
B_1=\exp\left[-A_1\left(\dfrac{1}{t}-A_2\right)^2\right] \\
B_2=\Phi\left[\sqrt{2A_1}\left(\dfrac{1}{t}-A_2\right)\right] \\
B_3=\Phi\left[\sqrt{2A_1}\left(\dfrac{1}{t-T}-A_2\right)\right] \\
B_4=\exp\left[-A_1\left(\dfrac{1}{t-T}-A_2\right)^2\right]
\end{cases}
\tag{3-15}
$$

式中：u，v 分别为 x，y 方向的风速；γ_{01}，γ_{02} 分别为小风、静风扩散参数的回归系数，按导则 HJ/T 2.2—93 附录 B6 选取。

注意，计算非地面点浓度时，H_e 按 $H_e=H_e-z$ 计算。

③熏烟模式

由于静风条件下地面浓度值不仅与静风时间相关，而且还与地形的复杂程度、污染物是否容易在局部累积有关。因此，在计算不利条件时，简单的静风计算模式不常使用，较多采用的是熏烟模式。

夜间产生贴地逆温，日出后逆温将逐渐自下而上消失，形成一个不断增厚的混合层。原来在逆温层中处于稳定状态的烟羽进入混合层后，由于其本身的下沉和垂直方向的强扩散作用，污染物在垂直方向将接近于均匀分布，出现所谓熏烟现象。

设 $h_f(t)$ 为 t 时刻的混合层高度，H_e 为烟囱有效高度，定义 P 为：

$$P(x,\ t)=\frac{h_f(t)-H_e}{\sigma_z(x)} \tag{3-16}$$

则 $\Phi(P(x, t))$代表在 t 时刻下风向 x 处已进入混合层的烟羽占总烟羽的比例。

在任一时刻 t，混合层高度 $h_f(t)$是固定的，此时混合层上界与烟羽边界的交点处的下风向距离定义为 x_{f0}，即：

$$P(x_{f0}, t)=\frac{h_f(t)-H_e}{\sigma_z(x_{f0})} \tag{3-17}$$

在 t 时刻，当 $P(x_{f0}, t)>0$ 时，下风向各点中 x_{f0} 点的浓度是最大的。$x<x_{f0}$ 时各点未熏烟，可直接计算；$x>x_{f0}$ 时各点则按该时刻下的 $h_f(t)$ 计算出 $P(x, t)$，进而计算其浓度。

当 $x\geqslant x_{f0}$ 时，受熏烟影响的各点，其横向扩散参数 σ_{yf} 可用下式校正。

$$\sigma_{yf}(x, y)=\sigma_y(x, y)+\frac{H_e}{8} \tag{3-18}$$

假定发生熏烟后，污染物浓度在垂直方向为均匀分布，则(x, y)点浓度可用下式计算：

$$C_f(x, y)=\frac{Q}{\sqrt{2\pi}uh_f\sigma_{yf}}\cdot\exp\left(-\frac{y^2}{2\sigma_{yf}^2}\right)\cdot\Phi(P) \tag{3-19}$$

熏烟模式只考虑了高架连续排放点源在有风条件下的计算，且未对有效烟高、源强和扩散参数进行任何修正。

(3)有效源高和源强的修正

大气污染扩散同时受气象因素、地理因素和污染物的特征等的影响。污染扩散浓度计算时，应对流场变化、地形起伏等进行修正以增加预测结果的有效性。

①地形修正

上述的扩散模式都假设地面是完全平整的，即烟囱底部是一个无限大的水平面，高程为 0，因此在扩散过程中烟羽的中心线可保持水平不变。但如果在预测点(x, y, z)处，地面有一定的高程 h_T，则模式计算时应对有效烟羽高度进行修正。

假定烟羽路径始终与起伏的地形保持平行或者假设烟羽轴线保持固定的海拔高度并与高于烟羽的地形相交，都是不正确的，实际情况应该介于二者之间。具体的修正方法如下。

a. 中性和不稳定天气条件(A，B，C)

烟囱有效高度为：

$$H_e=T\cdot h_T \tag{3-20}$$

式中：h_T 为凸出的地形高度；H_e 为烟轴高度(有效高度)；T 为烟轴高度修正系数(或地形系数)，当 $H_e\leqslant h_T$ 时，$T=\frac{1}{2}$，当 $H_e>h_T$ 时，$T=(H_e-h_T/2)/H_e$。

b. 稳定天气条件(D～E，E，F)

稳定天气条件下，烟羽逼近孤立山体时，烟羽以临界高度 H_c 为界分成两部分，临界高度以上的烟羽有足够的动能爬越山体；临界高度以下的烟羽，只能被迫绕着山体过去。临界高度 H_c 可由下式确定：

$$H_c = H_m - u[\theta/(g\mathrm{d}\theta/\mathrm{d}z)]^{1/2} \tag{3-21}$$

式中：H_m 为孤立山体高度，m；H_c 为临界高度，m；θ 为 z 高度处大气位温，K；$\mathrm{d}\theta/\mathrm{d}z$ 为 z 高度处位温梯度，K/m；u 为平均风速，m/s；g 为重力加速度，m/s^2。

对于山体高度 H_m 已定的情况，大气越稳定，则 H_c 越小。所以一般只需计算在 F 稳定度下的 H_c，如果烟羽有效高度 $H_e > H_c(F)$，则可认为烟羽能够爬越山体。

②热浮力修正

高浮力烟羽在 z 方向受风向切变及热浮力的影响，可按下式对 σ_y 和 σ_z 进行修正。

$$\begin{cases} \sigma_{yc}^2 = \sigma_y^2 + (\Delta H/3.5)^2 + (0.03\,\Delta\alpha^2 x^2) \\ \sigma_{zc}^2 = \sigma_z^2 + (\Delta H/3.5)^2 \end{cases} \tag{3-22}$$

式中：σ_{yc}，σ_{zc}分别为修正后 y，z 方向的扩散参数；$(\Delta H/3.5)^2$ 为热浮力修正项；$(0.03\Delta\alpha^2 x^2)$为风向切变修正项。

③干沉积修正

在重力、湍流扩散、分子扩散、静电引力以及其他生物学、化学和物理学等因素的作用下，大气中的颗粒物或某些气体随时会被地表(土壤、植物、水体)滞留或吸收，而从大气向地表作质量转移，导致其在空气中浓度减小。因这个过程与降水作用无关，所以被称为干沉积。对于中距离大气污染物输送，一半以上的质量转移是由干沉积过程引起的。因此对一些物理、化学特性和空气相差较大的大气污染物，如颗粒物，以及对于输送距离比较远的高架源的浓度预测，都应当考虑其干沉积的影响。以下是两种常用的干沉积扩散模式。

a. 源亏损模式

源亏损模式主要用于粒径小于 10 μm 的易产生沉积的颗粒物或气体。假定因各种机理造成的大气污染物向地面的沉积通量为：

$$W = V_d C \tag{3-23}$$

式中：W 为沉积通量，mg/(s·m^2)；V_d 为沉积速度，m/s；C 为大气污染物地面浓度，常取自距地面 1 m 高度处。

大气污染物自烟囱出口排出后，其初始源强 $Q(0)$因沉积作用将随下风距离逐渐减弱。亏损后的源强 $Q(x)$为：

$$Q(x) = Q(0) \cdot \exp\left[-\sqrt{\frac{2}{\pi}}\left(\frac{V_d}{u}\right) \cdot \int_0^x \sigma_z^{-1} \exp\left(-\frac{H_e^2}{2\sigma_z^2}\right)\mathrm{d}x\right] \tag{3-24}$$

一般来说，3 000 m 以内的扩散源亏损小于 1%，可以忽略不计。

b. 部分反射(斜烟羽)模式

部分反射模式主要用于粒径大于 10 μm 的气载颗粒物。由于其明显的沉降作用，烟羽重心逐渐降低。此外，地面只能反射一部分的污染物。

对某一粒径的颗粒污染物，对 H_e 和 Q 进行调整后，再按相应的浓度计算模式计算：

$$\begin{cases} H_e(x)=H_e(0)-\dfrac{V_g x}{u} \\ Q(x)=Q(0)\dfrac{(1+\alpha)}{2} \\ V_g=\dfrac{d^2\rho g}{18\mu} \end{cases} \tag{3-25}$$

式中：α 为颗粒物的地面反射系数；V_g 为颗粒物沉降速度，m/s；d 为颗粒物的直径，m；ρ 为颗粒物的密度，kg/m^3；g 为重力加速度，m/s^2；μ 为空气动力粘性系数，kg/(m·s)。

④湿沉积修正

湿沉积指大气中污染物浓度因降水而降低的过程。严格地讲，湿沉积分云中和云下两种清除机制。在工程应用中，常把这两种机制合起来考虑。假设大气污染物的初始源强 $Q(0)$ 因降水随下风距离 x 成指数衰减，则：

$$Q(x)=Q(0)\cdot\exp\left(-\frac{\Lambda x}{u}\right) \tag{3-26}$$

式中：x 为接受点的下风距离，m；u 为烟囱出口处的风速，m/s；Λ 为清除系数，s^{-1}。

⑤化学迁移修正

化学迁移的修正与湿沉积修正类似，修正后的源强 $Q(x)$ 为：

$$\begin{cases} Q(x)=Q(0)f_c \\ f_c=\exp\left(-\dfrac{x}{uT_c}\right) \end{cases} \tag{3-27}$$

式中：T_c 为大气污染物的时间常数，s；f_c 为化学迁移修正因子。

3. 线源模式

当污染物沿一水平方向连续排放时，可将其视为一线源，如汽车行驶在平坦开阔的公路上的污染物排放。线源在横风向上排放的污染物浓度相等，将点源扩散的高斯模式对变量 y 积分，即可获得线源的高斯扩散模式。由于线源排放路径相对固定、具有方向性，若取平均风向为 x 轴，线源与平均风向未必同向，所以应当考虑线源与风向的夹角以及线源的长度等问题。

(1)风向和线源的夹角 $\theta>45°$

无限长连续线源下风向地面浓度 $C(x, 0, h)$ 为：

$$C(x,\ 0,\ h)=\left(\frac{2}{\pi}\right)^{1/2}\cdot\frac{Q_j}{u\sigma_z\sin\theta}\cdot\exp\left(-\frac{h^2}{2\sigma_z^2}\right) \tag{3-28}$$

式中：Q_j 为第 j 类污染物排放源强，mg/(m·s)；u 为排放源高度的风速，m/s；h 为有效排放高度，m。

注意，当 $\theta<45°$时，此模式不能应用。

(2)风向与线源夹角 $\theta=90°$

无限长连续线源下风向地面浓度 $C(x,\ 0,\ h)$为：

$$C(x,\ 0,\ h)=\left(\frac{2}{\pi}\right)^{1/2}\cdot\frac{Q_j}{u\sigma_z}\cdot\exp\left(-\frac{h^2}{2\sigma_z^2}\right) \tag{3-29}$$

(3)当风向与线源平行

无限长连续线源下风向地面浓度 $C(x,\ 0,\ h)$为：

$$\begin{cases}C(x,\ 0,\ h)=\left(\dfrac{2}{\pi}\right)^{1/2}\cdot\dfrac{Q_j}{u\sigma_z r}\\ r=\left(y^2+\dfrac{z^2}{e^2}\right)^{1/2}\\ e=\dfrac{\sigma_z}{\sigma_y}\end{cases} \tag{3-30}$$

(4)边缘效应

对于有限长的线源，线源末端引起的边缘效应将对污染物的浓度分布有很大影响。因此在估算有限长污染源形成的浓度分布时，边源效应不能忽视。对于横风向的有限长线源，应以污染物接受点的平均风向为 x 轴。若线源的范围是从 y_1 到 y_2 ($y_1<y_2$)，则有限长线源地面浓度分布为：

$$\begin{cases}C(x,0,h)=\dfrac{\sqrt{2}q}{\sqrt{\pi}u\sigma_z}\cdot\exp\left(-\dfrac{H^2}{2\sigma_z^2}\right)\cdot\displaystyle\int_{s_1}^{s_2}\dfrac{1}{\sqrt{2\pi}}\exp\left(-\dfrac{s^2}{2}\right)\mathrm{d}s\\ s_1=\dfrac{y_1}{\sigma_y}\\ s_2=\dfrac{y_2}{\sigma_y}\end{cases} \tag{3-31}$$

4. 面源、体源模式

(1)点源修正算法

可把面源的排放当作一个位于其几何中心的点源的排放，对扩散参数适当修正后，采用点源模式直接近似计算。但该方法仅适用于有风条件($u_{10}\geqslant1.5$ m/s)。在小风静风的条件下，面源扩散如何计算，尚未有定论，这里暂按小风静风的点源方法计算。如果测点位于面源、体源之外，该近似算法较为准确。若测点在面源内部，则计算结果很不理想。此外该算法不能反映面源的形状。

有风条件下，对于面源或体源内部的预测点，可采用下式计算：

$$\begin{cases} C_s=\dfrac{Q}{\sqrt{2\pi}}\cdot\beta_j(\eta,\ \tau) \\ \tau=\dfrac{H^2}{2\gamma^2x^{2\alpha}} \end{cases} \tag{3-32}$$

式中：x 为测点离面源上风边界的距离，m。

①正常排放面源

采用点源直接修正法计算，修正后的 σ_y 和 σ_z 分别为：

$$\begin{cases} \sigma_y=\gamma_1x^{\alpha_1}+\dfrac{\alpha_y}{4.3} \\ \sigma_z=\gamma_2x^{\alpha_2}+\dfrac{H}{2.15} \end{cases} \tag{3-33}$$

式中：x 为自接受点至面源中心点的距离，m；σ_y 为面源在 y 方向的长度，m；H 为面源的平均排放高度，m。

②正常排放体源

采用点源直接修正法计算，修正后的 σ_y 和 σ_z 分别为：

$$\begin{cases} \sigma_y=\gamma_1x^{\alpha_1}+\dfrac{\alpha_y}{4.3} \\ \sigma_z=\gamma_2x^{\alpha_2}+\dfrac{\alpha_z}{4.3} \end{cases} \tag{3-34}$$

式中：x 为自接受点至面源中心点的距离，m；α_y，α_z 分别为体源在 y 和 z 方向的边长，m。

③非正常排放源面源、体源

按上述修正后，采用相应的非正常排放点源模式。但当风速 $u_{10}<1.5$ m/s 时，对于体源，可用在实际的时刻 t 中加一个初始时间 t_0 的方法进行修正：

$$t_0=\frac{1}{4.3}\left(\frac{\alpha_x\alpha_y\alpha_z}{\gamma_{01}^2\gamma_{02}}\right)^{1/3} \tag{3-35}$$

式中：α_x，α_y，α_z 分别为体源在平均风向 x，横向 y，垂直方向 z 的边长，m。

(2)数值积分算法

将面源、体源分成一系列微小面源，分别以点源代替这些微源，再用相应点源模式计算每一个微源对预测点的影响，最后叠加所有微源在测点的浓度，即为面源、体源的数值积分算法。

设面源 Ω 是一封闭的区间，坐标系以风向为正 x 轴，以几何中心为原点，预测测点坐标(X，Y)。对 Ω 内的任意一个点(x，y)，设其代表一个面积为 $dx\times dy$ 的微源，则该微源对预测点的浓度贡献为：

$$C(X,\ Y)(x,\ y)=Q\mathrm{d}x\mathrm{d}y f(X-x,\ Y-y) \tag{3-36}$$

式中：Q 为面源单位面积的源强，mg/(s·m^2)；$Q\mathrm{d}x\mathrm{d}y$ 为微元的源强，mg/s；

$f()$为点源计算公式，与风速、排放是否连续、稳定度等因素有关。

因此整个面源对(X, Y)的浓度等于Ω内所有点对(X, Y)浓度的叠加值：

$$C(X,Y)_{\Omega}=\int_{\Omega} f(X-x,Y-y)Q\mathrm{d}x\mathrm{d}y \tag{3-37}$$

5. 多源叠加模式

如果需要评价的点源多于一个，计算浓度时，应将各个源对接受点浓度的贡献进行叠加。在评价区内选一原点，以平均风的上风方为正x轴，各个源(坐标为x_r，y_r，0)对评价区内任一地面点(x, y)的浓度总贡献C_n可按下式计算：

$$C_n(x,y,0)=\sum C_r(x-x_r,y-y_r) \tag{3-38}$$

式中：C_r为第r个点源对$(x, y, 0)$点的浓度贡献，$\mathrm{mg/m^3}$。

6. 长期平均浓度计算方法

(1)孤立源长期平均浓度公式

当平均时间超过1小时之后，由于风向的摆动，任一风方位内的污染物浓度在横向都将趋于均匀分布。为此，可将连续点源模式对y积分，并除以接受点所在位置的风方位宽度或弧线长度。

对于孤立排放源，以烟囱地面位置为原点，某一稳定度(序号为j)和平均风速(序号为k)下，任意风向方位i的下风方x处的长期平均浓度(季或年均值)$C_{ijk}(x)$为：

$$C_{ijk}=Q\left[(2\pi)^{\frac{3}{2}}\frac{u\sigma_z x}{n}\right]^{-1}\cdot F \tag{3-39}$$

式中：n为风向方位数，一般取16；F的含义同式(3-9)。

在可能出现的稳定度和平均风速条件下，任意风向位i下风方x处的长期平均浓度为：

$$C_i(x)=\sum_i\left(\sum_k C_{ijk}f_{ijk}+\sum_k C_{Lijk}f_{Lijk}\right) \tag{3-40}$$

式中：f_{ijk}为有风时风向方位、稳定度、风速联合频率，%；C_{ijk}为对应于该联合频率在下风方x处有风时的浓度值，$\mathrm{mg/m^3}$；f_{Lijk}为静风或小风时，不同风方位和稳定度的出现频率(下标k只含有静风和小风两个风速段)，%；C_{Lijk}为对应于f_{Lijk}的静风或小风时的地面浓度，$\mathrm{mg/m^3}$。

因为静风或小风时的风脉动角本来就比较大，C_{Lijk}可直接按小风静风模式计算。式中的j和k的加总数取决于所划分的稳定度和风速段数目，j的总数不宜少于3(稳定、中性、不稳定)；有风时k的总数一般也不宜少于3。

在估算每个风速段的平均风速时，由于平均风速出现在公式的分母中，因而平均风速应等于单次风速倒数的平均值倒数。其表达式为：

$$u=\left(\frac{1}{N}\sum_i\frac{1}{u_i}\right)^{-1} \tag{3-41}$$

式中：u_i 为第 i 个风速值，mg/s；N 为总个数。

(2)多源长期平均浓度公式

如果评价区的烟囱多于一个，则任一接受点(x，y)的长期平均浓度为：

$$C(x,y)=\sum_i\sum_j\sum_k\left(\sum_r C_{rijk}f_{ijk}+\sum_r C_{rLijk}f_{Lijk}\right) \tag{3-42}$$

式中：C_{rijk}、C_{Lrijk} 分别为在接受点上风方对应于 f_{ijk} 和 f_{Lijk} 联合频率的第 r 个源对接受点的浓度贡献，mg/m^3。

三、大气扩散模式的参数确定

大气扩散模式参数较多，包括大气稳定度，扩散参数 σ_y，σ_z，σ_x，烟流抬升高度 ΔH，大气混合层高度，源强 Q，平均风速 u 等。高斯扩散公式的应用效果依赖于公式中的各个参数的准确程度，尤其是扩散参数 σ_y，σ_z 及 ΔH 的估算，它们与气象条件和地面状况密切相关，一般依赖经验公式或扩散试验确定。而平均风速 u 一般取多年观测的常规气象数据，源强 Q 则可以通过计算或测定得到。

(一)大气稳定度级别划分

大气稳定度是大气湍流运动强弱的一种标志，是确定扩散参数的重要依据。大气稳定度频率也是计算长期评价浓度分布的重要数据。因此，研究大气稳定度的特征和状况是进行大气环境质量预测与评价的基础之一。

1. 大气稳定度判别原理

一般可以通过比较干绝热垂直递减率 γ_d、当地实际气层的气温递减率 γ 和加速度 a 来分析大气的稳定性。在 $\gamma>0$ 的区域：当 $\gamma>\gamma_d$ 时，$a>0$，气团加速，大气为不稳定；当 $\gamma=\gamma_d$ 时，$a=0$，大气为中性；当 $\gamma<\gamma_d$ 时，$a<0$，气团减速，大气为弱稳定，而出现等温层结与逆温层结时，即 $\gamma\leqslant 0$，则大气处于强稳定状态。

2. 大气稳定度级别的划分

大气稳定度与气象、时空尺度和地理条件密切相关，其级别的准确划分非常困难。目前国内外对大气稳定度的分类方法已多达十余种，按考虑影响因素的侧重点不同，大致可以分为三类：

(1)侧重于热力因子的方法，如帕斯奎尔法、帕斯奎尔—特纳尔法、温度梯度法等；

(2)侧重于动力因子的方法，如斯莱德法、BNL 法等；

(3)同时考虑热力因子和动力因子的方法，如理查逊数法和莫宁—奥布霍夫长度法。

由于一个地区的大气稳定度是热力、动力共同作用的结果，理论上来说第三类方法是比较准确的，但是它需要大量比较精确的风、温梯度资料，并且目前缺乏公认一致的分级标准，所以其应用受到限制，目前前两类方法应用较多。

一般认为，平原地区的大气湍流是热力因子起主导作用，采用第一类方法比较合理；而城市、郊区、山区、丘陵等由于下垫面粗糙度大，动力因子影响较大，第二类方法能反映出粗糙下垫面的湍流状态。因此，在选用大气稳定度分级方法时，应按评价地区的具体情况而定。此外，可以同时采用多种分级方法，作补充或对比。

目前国内应用较广泛的是改进的帕斯奎尔稳定度分级法。它用地面风速(距离地面高度10 m)、白天的太阳辐射状况(分为强、中、弱、阴天等)或夜间云量的大小将稳定度分为A～F六个级别。它首先根据某地、某时的太阳高度角θ_h和云量(全天空为10分制)，确定太阳辐射等级，再由太阳的辐射等级和距地面高度10 m的平均风速确定大气稳定度的级别。我国采用特纳尔方法，太阳高度角θ_h可按下式计算：

$$\theta_h = \arcsin\left[\sin\varphi\sin\delta + \cos\varphi\cos\delta\cos(15t+\lambda-300)\right] \tag{3-43}$$

式中：φ，λ分别为当地地理纬度、经度，deg；t为观测时的北京时间，h；δ为太阳倾角(赤纬)，deg。

我国提出的太阳辐射等级见表3-2，表中总云量和低云量由地方气象观测资料确定。大气稳定度等级见表3-3，表中地面平均风速指离地面10 m高度处10 min的平均风速。

表3-2 太阳辐射等级

总云量/低云量	夜间	太阳高度角			
		$\theta_h\leqslant15°$	$15°<\theta_h\leqslant35°$	$35°<\theta_h\leqslant65°$	$\theta_h>65°$
≤4/≤4	−2	−1	+1	+2	+3
5～7/≤4	−1	0	+1	+2	+3
≥8/≤4	−1	0	0	+1	+1
≥5/5～7	0	0	0	0	+1
≥8/≥8	0	0	0	0	0

表3-3 大气稳定度等级

地面平均风/$m\cdot s^{-1}$	太阳辐射等级					
	+3	+2	+1	0	−1	−2
≤1.9	A	A～B	B	D	E	F
2～2.9	A～B	B	C	D	E	F
3～4.9	B	B～C	C	D	D	E
5～5.9	C	C～D	D	D	D	D
≥6	C	D	D	D	D	D

(二)大气扩散参数的选取与测定

污染物浓度计算中，最重要的问题是确定扩散参数 σ_y，σ_z 的值，即正态分布函数的标准差，它们是表示扩散范围及速率大小的特征量。各种符合实验条件的扩散参数估计方法，一般致力于把浓度场和气象条件结合起来。其中应用较多的是由帕斯奎尔和吉福特提出的扩散参数估算方法，也称为 P－G 扩散曲线。

利用当地常规气象观测资料，在查取帕斯奎尔大气稳定度等级后，即可在 P－G 扩散曲线上确定扩散参数，简单易行。但 P－G 扩散曲线是利用观测资料统计结合理论分析得到的，其应用具有一定的经验性和局限性。其中，σ_y 是利用风向脉动资料和有限的扩散观测资料作出的推测估计；σ_z 在中性层结时是在近距离应用地面源的竖直扩散理论结果、参照一些扩散试验资料后的推算，而稳定和强不稳定两种情况时的数据纯系推测结果。因此 P－G 扩散曲线较适用于近地源的小尺度扩散和开阔平坦的地形。实践表明，σ_y 的近似估计与实际状况比较符合，但要对地面粗糙度和取样时间进行修正；σ_z 的估计值与温度层结的关系很大，适用于近地源的1 km 以内的扩散。可见，大气扩散参数的准确定量描述目前仍是亟待深入研究的课题。

一般地，大气湍流扩散参数应尽量直接使用现有的试验资料或推荐的数据。对于复杂地形地区的一、二级评价项目，必要时可进行大气湍流扩散参数的测量或模式验证。

(三)大气混合层的高度

大气边界层的高度(或厚度)和结构与大气边界层内的温度分布或大气稳定度密切相关。中性或不稳定时，由于动力或热力湍流的作用，边界层内上下层之间产生强烈的动量或热量交换。通常把出现这一现象的层称为大气混合层。混合层向上发展时，常受到位于边界层上边缘的逆温层底部的限制，与此同时会限制混合层内污染物的再向上扩散。观测表明，这一逆温层底即混合层顶的上下两侧的污染物浓度可相差 5～10 倍。混合层厚度越小，差值越大。通常认为中性和不稳定时的混合层高度和大气边界层高度是一致的。如无实测值，可应用以下方法确定。

1．当大气稳定度为 A，B，C 和 D 时：

$$h=\alpha_s \frac{u_{10}}{f} \tag{3-44}$$

式中：h 为混合层厚度，m；u_{10} 为 10 m 高度处平均风速，m/s，大于 6 m/s 时取为 6 m/s；α_s 为混合层系数；f 为地转参数。

2．当大气稳定度为 E 和 F 时：

$$\begin{cases} h=b_s \dfrac{\sqrt{u_{10}}}{f} \\ f=2\Omega\sin\varphi \end{cases} \tag{3-45}$$

式中：h 为近地层厚度，m；b_s 为混合层系数；f 为地转参数；Ω 为地转角速度，取为 7.29×10^{-5} rad/s；φ 为地理纬度，deg。

(四)烟流抬升高度的确定

烟囱排出的烟气常常会继续上升，经过一段距离后逐渐变平，因此烟流最终的高度比烟囱更高，此现象称为烟气抬升。扩散公式中的烟源高度是指烟源的有效高度 H，它为烟囱实体高度 H_s 与抬升高度 ΔH 之和。对于确定烟囱，H_s 为定值，只要计算 ΔH，即可确定有效源高。

烟流抬升公式大多为半经验性的，是在有限的观测资料基础上归纳出来的，《制定地方大气污染物排放标准的技术原则与方法》中规定的烟流抬升公式如下。

1. 有风时，中性和不稳定条件

(1)$Q_h>2\ 100$ kJ/s，$\Delta T>35$ K，即为强热源时：

$$\begin{cases}\Delta H=\dfrac{n_0 Q_h^{n_1} H^{n_2}}{u}\\ Q_h=0.35P_aQ_v\dfrac{\Delta T}{T_s}\\ \Delta T=T_s-T_a\end{cases}\tag{3-46}$$

式中：n_0 为烟气热状况及地表状况系数；n_1 为烟气热释放率指数；n_2 为烟囱高度指数；Q_h 为烟气热释放率，kJ/s；H 为烟囱几何高度，m，若 $H>240$ m，取 $H=240$ m；Q_v 为实际排烟率，m^3/s；T_s 为烟气出口温度，K；T_a 为环境大气温度，K；u 为烟囱出口处平均风速，m/s。n_0，n_1，n_2 的具体取值请参阅参考文献［1］。

(2)1 700 kJ/s$<Q_h<$2 100 kJ/s，即为中等强度热源时：

$$\begin{cases}\Delta H=\Delta H_1+\dfrac{(\Delta H_2-\Delta H_1)(Q_h-1\ 700)}{400}\\ \Delta H_1=\dfrac{2(1.5v_sD+0.01Q_h)}{u}-\dfrac{0.048(Q_h-1\ 700)}{u}\end{cases}\tag{3-47}$$

式中：v_s 为烟囱出口处烟气排出速度，m/s；D 为烟囱出口直径，m。

(3)$Q_h\leqslant1\ 700$ kJ/s 或 $\Delta T<35$ K，即为弱热源时：

$$\Delta H=\frac{2(1.5v_sD+0.01Q_h)}{u}\tag{3-48}$$

2. 有风时，稳定条件

$$\Delta H=Q_h^{1/3}\left(\frac{dT_a}{dz}+0.009\ 8\right)^{-1/3}u^{-1/3}\tag{3-49}$$

式中：dT_a/dz 为烟囱几何高度以上的大气温度梯度，K/m。

3. 静风和小风($u_{10}<1.5$ m/s)时

$$\Delta H=5.50Q_h^{1/4}\left(\frac{dT_a}{dz}+0.009\ 8\right)^{-3/8}\tag{3-50}$$

四、大气环境影响评价[4～5]

大气环境影响评价即选取评价目标值后，通过对一系列评价参数计算值的定性分析、定量类比和经济损益分析，判断并分析建设项目排放的主要气体污染物在项目建设期、使用期和退役期对大气环境带来的环境影响程度和范围，为其选址、大气污染防治措施的制定等提供科学依据，并提出指导性意见，它是环境影响综合评价的基础。

(一)评价目标值

评价目标值主要指环境质量标准。对于环境质量标准中未规定的项目，采用其他方法来确定相当于标准的值。评价目标值是环境评价的基准参数。评价污染因子的环境目标值可按《环境空气质量标准》和《工业企业设计卫生标准》的规定执行，二者不一致之处以《环境空气质量标准》为准。对于标准中未包含的长期平均浓度的允许最大值，其目标值可按累积频率法估算。

(二)评价参数

评价参数的计算值可为进行环境决策和提出大气污染的控制方法提供定量依据。评价参数包括评价指数 I_i，污染分担率 K_{ij}，标准分担率 b_{ij}，允许排放量 Q_{0j} 等。

评价指数 I_i 定义如下：

$$I_i=\frac{C_i}{C_{0i}} \tag{3-51}$$

式中：C_i 为某种污染因子不同取样时间的浓度预测值，mg/m³；C_{0i} 为环境质量标准值，mg/m³。

$I_i \geqslant 1$，说明污染因子超标，否则为未超标。可以根据评价指数 I_i 的预测结果，绘制各污染因子的等浓度值曲线，指示其超标区或 I_i 最大值区(未超标时)的位置和面积，I_i 的变化范围、平均值，超标区的功能特点等。也可采用类似于 I_i 的其他形式的评价指数。一次取样浓度超标时，应估计其季(期)或年的超标小时数或频率值，季(期)、年按其平均浓度值是否超标计算。

污染分担率 K_{ij} 定义如下：

$$K_{ij}=\frac{C_{ij}}{C_i}\times 100\% \tag{3-52}$$

式中：C_i 为第 i 类污染因子在某接受点上所产生的地面浓度，mg/m³；C_{ij} 为第 i 类污染因子的第 j 类(或个)源在同一接受点上所产生的地面浓度，mg/m³。

标准分担率 b_{ij} 定义如下：

$$b_{ij}=\frac{C_{0ij}}{C_{0i}}\times 100\% \qquad (3-53)$$

式中：C_{0ij} 为第 j 类（或个）污染源允许贡献在第 i 个接受点上的最大浓度值，mg/m^3；C_{0i}为第 i 个接受点上的环境质量标准值，mg/m^3。

从标准分担率 b_{ij} 的定义可知，任何一个污染源或建设项目都不能直接用质量标准来判断它是否超标。

（三）评价内容

大气环境影响评价包括对建设项目的厂址和总体布局的评价、污染源评价、超标时的气象条件分析、分担率确定、环境经济损益分析、环境保护对策的提出等。

虽然环境经济损益分析还不是《环境影响评价技术导则　大气环境》中的规定内容，但目前一致认为，完整的大气环境影响报告书应包含环境经济损益分析。环境经济损益分析以定量的货币形式来表示工程对环境资源的损害、环境污染所造成的损失及保护环境设施的社会经济效益，包括环境费用和环境收益两部分。目前，环境经济损益分析方法还不是很成熟，很多环境影响，如环境恶化对人们健康和心理的影响等，不可能用货币表示。即使可用货币表示的环境影响的评价本身也有很大的不确定性。

（四）评价要点

大气环境影响评价主要针对建设项目对区域环境的影响范围和程度。评价时应注意评价区内各环境功能区是否满足相应的空气质量标准的要求，区域环境空气质量是否有容量，建设项目的现有、在建、拟建污染源是否满足达标排放的要求，项目完成后当地的环境空气质量是否满足环境功能区的要求，还应提出污染物总量控制措施、污染削减方案和清洁生产工艺备选方案，论证排气烟囱设计高度的合理性，进行环境经济损益分析，最后在评价基础上提出切实可行的污染防治措施。

五、大气环境质量影响评价结论

根据以上预测、评价和分析结果，结合调查中的各项资料，全面分析建设项目最终选择的设计方案对评价区大气环境的影响，并给出影响的综合性估计和评价结论。一、二级项目应编写结论；三级项目的结论可酌情省略，而只在报告书的结论部分进行叙述。

结论的内容应包括：大气环境现状概要、建设项目工程分析概要，建设项目对大气环境影响预测和评价的结果及环保措施建议等，建设项目对大气环境影响的结论。

对于以下情况，应作出能满足大气环境质量要求的结论：在建设项目实施过程中的不同生产阶段，除很小范围以外，大气环境质量均能达到预定要求；在建设项目实施过程的某个阶段，非主要的个别大气污染物参数在较大范围内不能达到预定的标准要求，但采取一定的环保措施后可以满足要求。

对大气环境现状已经超标、污染削减量大，以至于削减措施在技术、经济上明显不合理的各种情况，应作出不能满足大气环境质量要求的结论。

对于不宜作出明确结论的某些情况，如建设项目对大气环境在某些方面起了恶化作用的同时又改善了其他某些方面，应说明建设项目对大气环境的正影响、负影响及其程度和评价者的意见。需要在评价过程中进行建设项目与大气环境有关部分的方案比较时，应在小结中确定推荐方案，并说明其理由。

第四节　实例研究

一、总则

(一)项目由来

某电子公司主要产品为印刷电路板，建厂投产后，由于市场的需求不断扩大，公司拟对电子线路板生产线进行扩建。扩建所需的新增设备均位于原厂区内的空车间内。

本项目在扩建和运行过程中将向环境排放酸性废气和有机废气，对项目周围的环境空气都有较大影响。根据中华人民共和国国务院 1998 年第 253 号令《建设项目环境保护管理条例》第七条而编制本环境影响报告书。

(二)评价依据

1. 法律依据

(1)《中华人民共和国环境保护法》(1989 年 12 月)；

(2)《中华人民共和国大气污染防治法》(2000 年 4 月修正)；

(3)《中华人民共和国环境影响评价法》(2003 年 9 月)。

2. 行业标准和技术规范

(1)《环境影响评价技术导则　总纲》(HJ/T 2.1—93)；

(2)《环境影响评价技术导则　大气环境》(HJ/T 2.2—93)。

(三)评价标准

本项目位于环境空气质量二类功能区，执行《环境空气质量标准》(GB 3095—1996)(2000 年修正版)中的二级标准。

(四)评价内容

对评价区域内环境空气和污染源状况进行调查与监测，分析评价该区域的环境质量现状，掌握环境保护目标和环境敏感点的基本情况。对项目扩建前后进行工程分析和对污染物排放状况进行分析，确定扩建投产后各类污染物的排放量，预测项目扩建对周围的环境空气的影响程度和范围。针对扩建项目可能带来的环境问题，提出切实可行的污染防治措施和监测管理计划。

(五)评价工作等级

本项目扩建后主要大气污染源为新增生产设备在生产过程中产生的酸碱废气。扩建后，有机废气量维持不变，酸性废气量有所增加，扩建后酸性废气排放量从 2 000 m^3/h增加到 4 000 m^3/h，扩建后硫酸雾最大排放量预计为 0.024 kg/h。按《环境影响评价技术导则》要求，确定大气评价等级为三级。

(六)评价范围

根据项目的特点及其所在地的环境特征，确定厂址周围半径 2 千米区域为评价区域。

(七)评价因子

生产过程产生的有机废气和酸性废气对环境空气有较大的影响，因此选取二甲苯和硫酸雾作为大气评价因子。

二、项目概况及工程分析

(一)自然环境概况

项目所在地属南亚热带海洋性季风气候，冬短夏长，雨量充沛，气候温和，四季常青，夏秋季多台风影响。全年主导风为 NNW 风，频率为 27.7%，次主导风为 SSE 风，频率为 8.6%，静风频率为 16.5%。全年平均风速为 2.5m/s。

(二)扩建前废气排放及治理措施

1. 排放情况

本项目扩建前主要大气污染物来自两个部分：一是单面板生产工艺中的涂松香工序，它会产生自然挥发的有机废气，其中主要污染物为甲苯和二甲苯；二是加工、蚀刻线路板等生产过程中排放的酸性废气，酸性废气中的酸性成分主要为硫酸、盐酸、硝酸等。本项目扩建前主要大气污染物产生情况见表3-4。

表3-4　本项目扩建前主要大气污染物产生和排放情况

污染物	酸性废气	有机废气	
	硫酸雾	甲苯	二甲苯
处理前浓度/mg·m^{-3}	60	60	100
处理前产生量/kg·h^{-1}	0.12	0.6	1.0
排放浓度限值/mg·m^{-3}	35	40	70
排放速率限值/kg·h^{-1}	1.3	2.5	0.84
排气筒高度/m		15	

2. 治理措施

现场调查表明该项目扩建前并没有对生产车间的废气采取有效处理措施而是直接排入环境中。

(三)扩建后废气排放及治理措施

1. 排放情况

扩建后有机废气量维持不变，酸性废气量有所增加，扩建后酸性废气排放量约为4 000 m^3/h，硫酸雾最大排放量预计为0.024 kg/h。

2. 治理措施

扩建后对生产过程中可能产生的酸雾和金属颗粒物拟采取吸风处理，通过水或碱液对污染物进行吸收。有机废气则采用活性炭吸附的方法对其进行处理。

三、大气环境现状调查与评价

(一)环境空气质量现状监测与评价

1. 监测点布置

在评价区内布设3个监测点，分别为厂址1#、管理区2#、厂址下风向3#。

2. 监测项目及监测频率

本项目的大气环境现状监测项目为 SO_2，NO_2，PM_{10}。

连续监测 5 天，SO_2，NO_2 每天各监测 4 次，每次采样 60 分钟，监测时间分别为 8:00，10:00，15:00，17:00；PM_{10} 每天监测 1 次，每天连续采样 12 小时，监测时段为 8:00～20:00。

3. 采样及分析方法

各项目具体选定的分析方法和最低检出限如表 3-5 所示。

表 3-5　环境空气监测项目分析方法、使用仪器和最低检出限

项目	采样设备	采样方法	分析方法	使用仪器	检出限
SO_2	GS-IV 大气采样器	动力采样	甲醛吸收副玫瑰苯胺分光光度法	721 分光光度计	0.007 mg/m^3
NO_2	GS-IV 大气采样器	动力采样	Saltzman 法	721 分光光度计	0.015mg/m^3
PM_{10}	中流量 TSP 采样器	动力采样	重量法	大流量 TSP 采样仪	0.001mg

(二)环境空气质量现状评价

1. 评价标准

SO_2，NO_2，PM_{10} 执行《环境空气质量标准》中的二级标准。

2. 评价方法

评价采用单项大气质量指数法进行。

3. 监测结果

本次 SO_2，NO_2，PM_{10} 的监测及评价结果见表 3-6。

表 3-6　评价区内大气环境监测、评价结果

监测点	污染物	一次监测值范围 $/mg \cdot m^{-3}$	5 日监测均值范围 $/mg \cdot m^{-3}$	5 日监测均值 $/mg \cdot m^{-3}$	大气质量指数 P_i
1#	SO_2	0.012～0.038	0.012～0.022	0.016	0.11
	NO_2	0.008～0.045	0.008～0.024	0.018	0.15
	PM_{10}		0.038～0.084	0.058	0.39
2#	SO_2	0.008～0.045	0.008～0.024	0.018	0.12
	NO_2	0.027～0.044	0.030～0.040	0.036	0.30
	PM_{10}		0.026～0.056	0.042	0.28
3#	SO_2	0.008～0.040	0.008～0.020	0.016	0.11
	NO_2	0.030～0.046	0.034～0.043	0.038	0.32
	PM_{10}		0.026～0.065	0.047	0.31

4. 大气环境现状评价结果

监测结果表明各评价因子的一次监测值和 5 日监测平均值均达到《环境空气质量标准》二级标准的要求，说明项目附近环境空气质量现状较好，具有较大的环境空气容量。

四、大气环境影响预测与评价

(一)气象特征

利用厂区附近气象站的气象资料，对厂址地区进行大气污染气象条件分析。

1. 地面风场：根据气象站最近一年的地面风资料，进行风频统计分析。风玫瑰图表明全年主导风向为 N 风，频率为 24.9%；次主导风向是 SW 风，频率是 15.7%；全年静风频率是 11.5%，平均风速为 2.1 m/s。

2. 逆温层特征：该区冬季和夏季的各逆温层特征值统计结果见表 3-7 和表 3-8。

表 3-7　冬季逆温层特征值

距离/m	底高/m	顶高/m	平均厚度/m	平均强度/10℃·(km)$^{-1}$	出现频率/%
贴地	0	67	67	1.0	34.2
50～500	217	356	139	0.4	53.8
501～1 000	646	806	169	0.7	70.8

表 3-8　夏季逆温层特征值

距离/m	底高/m	顶高/m	平均厚度/m	平均强度/10℃·(km)$^{-1}$	出现频率/%
贴地	0	61	61	0.7	26.1
50～500	249	322	73	0.3	41.6
501～1 000	673	786	113	0.4	39.9

3. 混合层高度：该区冬季混合层高度约为 646 m，夏季为 748 m。

4. 大气稳定度：利用气象站气象资料，确定大气稳定度的频率分布。统计结果表明，大气稳定度以中性(D 类)天气为主，中性稳定度全年平均占 68.8%，不稳定类(A～C 类)占 10.5%，稳定类(E～F 类)占 20.7%。

(二)大气扩散模式

1. 该项目所在地区地势平坦开阔，地面风场均匀，有机废气和酸性废气中的大气污染物从排气筒排放对周围环境影响属小尺度扩散问题，因此采用高斯扩散模式进行预测。

(1)有风时采用简化后的点源扩散模式进行预测。

$$C=\frac{Q}{\pi u\sigma_y\sigma_z}\cdot\exp\frac{-Y^2}{2\sigma_y^2}\cdot\exp\frac{-H_e^2}{2\sigma_z^2} \qquad (3-54)$$

(2)小风和静风的大气污染物的影响预测，按国家环境保护行业标准《环境影响评价技术导则　大气环境》中的 7.5.2 条款规定的模式进行计算。

2. 按照导则(HJ/T 2.2—93)中的有关计算烟气抬升高度的规定，分三种情况计算烟气抬升高度：有风、中性和不稳定条件且烟气热释放率 $Q_h<1\ 700$ kJ/s；有风时，稳定条件；静风和小风。

3. 大气扩散参数根据导则(HJ/T 2.2—93)对大气稳定度的规定进行计算。即城市远郊区 A 类、B 类、C 类不提级，D 类、E 类、F 类向不稳定方向提半级。如静风时的扩散参数计算见表 3-9。

表 3-9　　静风($u_{10}<0.5$ m/s)扩散参数计算

扩散参数表达式	稳定度等级	γ_{01}	γ_{02}
$\sigma_x=\sigma_y=\gamma_{01}T$	不稳定	0.76	0.47
	中性	0.47	0.12
$\sigma_z=\gamma_{02}T$	稳定	0.44	0.05

4. 污染源强包括生产过程中的正常排放(处理达标后排放)和事故性排放(废气治理设施发生故障)，具体数据略。

(三)预测结果及评价

1. 硫酸雾：扩建投产后，生产过程正常排放和事故性排放的硫酸雾废气在静风、小风、常风天气条件下小时地面平均浓度(增量)的部分预测结果见表 3-10，表 3-11。

表 3-10　正常排放静风条件下硫酸雾的小时平均浓度增值预测结果　单位：mg/m^3

与排放源距离	大气稳定度		
	B	D	E
50 m	0.001	0.000	0.000
100 m	0.001	0.000	0.000
150 m	0.001	0.000	0.000
200 m	0.001	0.000	0.000
250 m	0.001	0.001	0.000
300 m	0.001	0.001	0.000
350 m	0.001	0.001	0.000
400 m	0.000	0.001	0.000
450 m	0.000	0.001	0.000
500 m	0.000	0.001	0.000
550 m	0.000	0.001	0.000
600 m	0.000	0.001	0.000
650 m	0.000	0.001	0.000
700 m	0.000	0.001	0.000
750 m	0.000	0.000	0.000
800 m	0.000	0.000	0.000
850 m	0.000	0.000	0.000
900 m	0.000	0.000	0.000
950 m	0.000	0.000	0.000
1 000 m	0.000	0.000	0.000

表 3-11　事故性排放静风条件下硫酸雾的小时平均浓度增值预测结果　单位：mg/m^3

与排放源距离	大气稳定度		
	B	D	E
50 m	0.002	0.000	0.000
100 m	0.002	0.000	0.000
150 m	0.002	0.001	0.000
200 m	0.002	0.001	0.000
250 m	0.002	0.002	0.000
300 m	0.002	0.002	0.000
350 m	0.002	0.002	0.000
400 m	0.001	0.002	0.000
450 m	0.001	0.002	0.000
500 m	0.001	0.002	0.000

续表

与排放源距离	大气稳定度		
	B	D	E
550 m	0.000	0.002	0.000
600 m	0.000	0.002	0.000
650 m	0.000	0.002	0.000
700 m	0.000	0.002	0.000
750 m	0.000	0.001	0.000
800 m	0.000	0.001	0.000
850 m	0.000	0.001	0.000
900 m	0.000	0.000	0.000
950 m	0.000	0.000	0.000
1 000 m	0.000	0.000	0.000

从预测结果来看，扩建投产后，生产过程产生的硫酸雾废气经处理达标排放后，静风条件下硫酸雾小时平均浓度最大增量为 0.001 mg/m^3（出现在距离排放源 50 m 处）；小风条件下硫酸雾小时平均浓度最大增量为 0.004 mg/m^3（出现在距离排放源 150 m 处）；常风条件下硫酸雾小时平均浓度最大增量为 0.006 mg/m^3（出现在距离排放源 350 m 处）。可以认为本项目扩建投产后硫酸雾经处理后达标排放对厂址周围大气环境影响很小。

如果生产过程产生的硫酸雾废气未经处理达标，直接向大气排放，静风条件下硫酸雾小时平均浓度最大增量为 0.002 mg/m^3（出现在距离排放源 50 m 处）；小风条件下硫酸雾小时平均浓度最大增量为 0.010 mg/m^3（出现在距离排放源 100 m 处）；常风条件下硫酸雾小时平均浓度最大增量为 0.014 mg/m^3（出现在距离排放源 350 m 处）。由于本项目生产过程产生的硫酸雾废气在事故性排放情况下，对周围大气环境的影响加大，硫酸雾浓度增值增大近一倍，因此必须杜绝事故性排放的发生。

2. 有机废气中的二甲苯：扩建投产后，生产过程正常排放和事故性排放的有机废气在静风、小风、常风天气条件下小时地面平均浓度（增量）的部分预测结果见表 3－12，表3－13。

表 3－12 正常排放常风条件下二甲苯的小时平均浓度增值预测结果 单位：mg/m^3

与排放源距离	大气稳定度		
	B	D	E
50 m	0.000	0.000	0.000
100 m	0.000	0.000	0.000
200 m	0.008	0.000	0.000
300 m	0.024	0.000	0.000

续表

与排放源距离	大气稳定度		
	B	D	E
400 m	0.024	0.000	0.000
500 m	0.02	0.004	0.000
600 m	0.016	0.008	0.000
700 m	0.012	0.012	0.004
800 m	0.012	0.016	0.004
900 m	0.008	0.016	0.008
1 000 m	0.008	0.02	0.008
1 200 m	0.004	0.016	0.012
1 400 m	0.004	0.016	0.012
1 600 m	0.004	0.016	0.012
1 800 m	0.004	0.016	0.012
2 000 m	0.004	0.012	0.012
2 500 m	0.000	0.008	0.012
3 000 m	0.000	0.004	0.008

表 3-13　事故性排放常风条件下二甲苯的小时平均浓度增值预测结果　　单位：mg/m^3

与排放源距离	大气稳定度		
	B	D	E
50 m	0.000	0.000	0.000
100 m	0.004	0.000	0.000
200 m	0.02	0.000	0.000
300 m	0.056	0.000	0.000
400 m	0.056	0.004	0.000
500 m	0.048	0.008	0.004
600 m	0.04	0.02	0.004
700 m	0.028	0.028	0.008
800 m	0.028	0.04	0.008
900 m	0.02	0.04	0.02
1 000 m	0.02	0.048	0.02
1 200 m	0.008	0.04	0.028
1 400 m	0.008	0.04	0.028
1 600 m	0.008	0.04	0.028
1 800 m	0.008	0.04	0.028
2 000 m	0.008	0.028	0.028
2 500 m	0.004	0.024	0.028
3 000 m	0.004	0.02	0.024

从预测结果来看，扩建投产后，生产过程产生的二甲苯废气经处理达标排放后，静风条件下二甲苯小时平均浓度最大增量为 0.004 mg/m^3（出现在距离排放源

50 m 处)；小风条件下二甲苯小时平均浓度最大增量为 0.016 mg/m^3(出现在距离排放源 150 m 处)；常风条件下二甲苯小时平均浓度最大增量为 0.024 mg/m^3(出现在距离排放源 350 m 处)。可以认为本项目扩建投产后二甲苯经处理达标排放对厂址周围大气环境影响很小。

如果生产过程产生的二甲苯废气未经处理达标，直接向大气排放，静风条件下二甲苯小时平均浓度最大增量为 0.008 mg/m^3(出现在距离排放源 50 m 处)；小风条件下二甲苯小时平均浓度最大增量为 0.04 mg/m^3(出现在距离排放源 100 m 处)；常风条件下二甲苯小时平均浓度最大增量为 0.056 mg/m^3(出现在距离排放源 350 m 处)。由于本项目生产过程产生的二甲苯废气在事故性排放情况下，对周围大气环境的影响加大，二甲苯浓度增值增大近一倍，因此必须杜绝事故性排放的发生。

五、结论

环境质量现状评价结论表明：监测期间项目附近 NO_2，SO_2 和 PM_{10} 的监测结果均符合我国《环境空气质量标准》二级标准，项目所在地附近环境空气质量现状良好。

环境影响评价结论表明：项目扩建投产后生产过程产生的硫酸雾废气、有机废气达标排放对厂址周围大气环境质量影响不大，但考虑到硫酸雾废气、有机废气具有一定的毒害性，因而要确保项目配套的废气治理设施正常运行，将其对环境的影响降低到最低程度。

【习题及思考题】

1. 简述大气环境影响评价中高斯模式的适用条件。
2. 在建设项目大气环境影响预测中，常用的预测方法有哪些？分别阐述各自的特点。
3. 解释逆温现象产生的原因及其对大气环境质量的影响。
4. 思考主要气象要素对大气污染扩散的影响方式及内容。

【参考文献】

[1] 国家环境保护总局. HJ/T 2.2—93，环境影响评价技术导则　大气环境

[2] 田子贵，顾玲. 环境影响评价. 北京：化学工业出版社，2004

[3] 张征，沈珍瑶，韩海荣，等. 环境评价学. 北京：高等教育出版社，2004

[4] 国家环境保护总局监督管理司. 中国环境影响评价培训教材. 北京：化学工业出版社，2000

[5] 国家环境保护总局环境工程评估中心. 环境影响评价技术导则与标准. 北京：中国环境科学出版社，2005

第四章　土壤环境影响评价

【本章导读】

土壤覆盖于地球陆地表面，能够供给植物生长和繁殖所需的养分，它是自然环境的重要组成部分，是人类获得生产和生活资源的重要源泉。要提高土壤环境质量和使用价值，保护土壤环境和土壤资源，必须对可能影响土壤环境质量的拟建项目进行土壤环境质量现状评价和影响评价。本章介绍了土壤环境现状评价及影响预测评价的方法，其中影响预测的内容包括土壤退化趋势的预测、污水灌溉的土壤影响预测、土壤中农药残留量预测和土壤环境容量的预测，最后给出了土壤环境影响评价的实例。

第一节　概　述

一、土壤的污染与净化

土壤污染是指人类活动产生的污染物质进入土壤并积累到一定程度，引起土壤质量恶化的现象。引起土壤质量恶化的污染物质指与人类活动有关的各种对人体和生物有害的物质，如农药、重金属、放射性物质及病原菌等。

土壤净化是指土壤本身通过吸附、分解、迁移、转化而使土壤中污染物浓度得以降低的过程。土壤之所以具有净化功能，主要因为以下三个因素[1]：

(1)土壤中含有的各种各样的微生物和土壤动物，能分解转化外界进入土壤的各种物质。

(2)土壤中存在的复杂的有机胶体和无机胶体体系，可通过吸附、解吸、代换等过程，对外界进入土壤中的各种物质起“蓄积作用”，使污染物形态发生变化。

(3)土壤是绿色植物生长的基地，植物的吸收作用对土壤中的污染物质起着转化和转移作用。

污染物在土壤中的累积和净化是同时进行的，两者在一定时期处于相对平衡状态。当输入土壤的污染物质数量和速率超过土壤的净化数量和速率时，将打破这种平衡，造成土壤污染并引发一系列与之相关的环境问题。当输入土壤的污染物质数量和速率尚未超过土壤的净化能力时，虽然土壤中已含有一定的污染物质，但其对环境的影响一般是可以接受的。

二、土壤环境质量评价的类型

土壤环境质量评价包括土壤资源评价与土壤—农作物的污染评价。

土壤资源评价是判断由于土壤侵蚀、肥力减退、荒漠化与沙漠化造成农用土壤、林业土壤和牧用土壤资源价值退化的程度；通过评价，提出合理利用土壤资源和提高土壤资源价值的途径和措施。

土壤—农作物的污染评价研究污染物在土壤中的迁移转化和累积过程以及污染物对植物的危害或毒性，从而提出防止土壤污染的措施。

三、土壤环境影响评价内容及程序

(一)评价内容

土壤环境影响评价内容应包括如下几个方面：

(1)收集和分析拟建项目工程分析的成果以及与土壤侵蚀和污染有关的地表水、地下水、大气和生物等专题评价资料。

(2)收集拟建项目所在地区土壤环境资料，包括土壤类型、形态，土壤中污染物的背景值和基线值，土壤利用现状以及植物的产量及生长状况。

(3)调查评价区内现有土壤污染源排污情况。

(4)描述土壤环境现状，进行土壤环境现状评价。

(5)根据污染物进入土壤的种类、数量、方式，区域环境特点，土壤理化性质以及污染物在土壤环境中的迁移、转化和累积规律，分析污染物累积趋势，预测土壤环境质量的变化。

(6)评价拟建项目对土壤环境影响的重大性，并提出消除和减轻负面影响的对策措施及监测计划。

(二)评价程序

土壤环境影响评价的技术工作，可分为四个阶段：准备阶段、调查监测现状评价阶段、影响预测评价与对策拟定阶段、报告书编写阶段。

四、评价等级和评价范围的确定

(一)评价等级

我国土壤环境影响评价尚无推荐的行业导则，但可以根据以下条件确定评价等级。

(1)项目占地面积、地形条件和土壤类型，可能被破坏的植被种类、面积以及对当地生态系统影响的程度。

(2)进入土壤的污染物的种类、量级、对土壤和植物的毒性及其在土壤中降解的难易程度，受污染土壤的范围。

(3)土壤容纳拟建项目污染物的能力。

(4)项目所在地土壤环境功能区划要求。

(二)评价范围

评价范围一般比拟建项目占地面积大，确定评价范围应该考虑以下因素。

(1)拟建项目施工期可能破坏原有的植被和地貌的范围。

(2)可能受拟建项目排放的废水污染的区域。

(3)由于拟建项目排放到大气中的气态和颗粒态有毒污染物的沉降而可能受污染较重的区域。

(4)拟建项目排放的固体废物堆放场地及其影响区域。

因此，土壤环境影响评价的范围应该是拟建项目对土壤环境有影响的直接作用区域及间接作用区域。

第二节　土壤环境现状调查与评价

土壤环境现状调查与评价的目的是了解拟建项目所在区域的土壤污染现状水平，为进行拟建项目的土壤环境影响评价提供土壤背景资料，提高土壤环境影响预测的可信度，为提出减少拟建项目对土壤环境污染的措施服务，使拟建项目对土壤的污染控制在评价标准允许的范围内。

一、土壤环境质量现状调查

土壤调查包括资料调查和现场实测。资料调查主要是从有关管理、研究和行业信息中心以及图书馆和情报所收集资料，内容包括：①区域自然环境特征，如气象、地貌、水文和植被等资料；②土壤及其特性，包括成土母质(成土母岩和成土母质类型)，土壤类型、组成、特性；③土地利用及规划设想；④土壤侵蚀类型、面积及分布和侵蚀模数等；⑤土壤元素背景值资料；⑥当地植物种类、分布及生长情况。

现场实测包括布点、采样、确定评价因子等。

(1)布点：要考虑评价区内土壤的类型及分布、土地利用及地形地貌条件，要使各类土壤类型、土地利用类型及地形地貌条件均有一定数量的采样点，还要设置对照点。同时要使土样采集点的布设在空间分布均匀并有一定密度，从而保证土壤环境质量调查的代表性和精度。

(2)采样：可采用网格法、对角线法、梅花形法、蛇形法等方法，多点采样，均匀混合，最后得到代表采样地点的土壤样品。

(3)评价因子确定：评价因子根据监测调查掌握的土壤中现有污染物和拟建项目将要排放的主要污染物，按毒性大小与排放量多少采用等标污染负荷比法确定。

现场调查还应调查评价区植物生长情况、污染源情况及污水灌溉情况。植物监测调查，主要是观察研究自然植被和作物等在评价区内不同土壤环境条件下，各生育期的生长状况及其产量、质量变化。污染源调查，主要是调查现有的各种人为破坏植被和地貌而造成土壤侵蚀的活动，包括工业污染源、农业污染源等情况。

二、土壤环境质量现状评价

(一)评价因子选择

一般根据污染源中主要污染物和评价目的要求选择评价参数，实际评价中主要考虑以下几类参数。

(1)重金属及有毒非金属物质，如汞、镉、铅、铜、铬、镍、砷、氟、氰等。

(2)有机毒物和致病菌，主要有化肥农药，包括有机氯、有机磷，另外还包括洗涤剂、酚类、油类、大肠杆菌等。

(3)其他参数，如酸碱度、全氮、全磷等。

此外，对土壤污染物质积累、迁移和转化有较大影响的土壤理化性质指标也应该选取，同时也可考虑一些附加参数，如有机质、易溶性盐、氧化还原电位、不同价态重金属含量等。

(二)评价标准的确定

应该根据土壤环境评价的目的和要求来确定评价标准。一般情况下，可以《土壤环境质量标准》(GB 15618—1995)为基本标准，该标准未规定的，可采用区域土壤背景值、土壤自然含量、土壤对照点元素含量、土壤和作物中污染物的相关含量等作为评价标准。区域土壤背景值是指一定区域内，远离工矿、城镇和道路，无明显工业“三废”污染影响的土壤中有关评价指标的平均含量。土壤自然含量是指在清水灌区内，与污水灌区的自然条件、耕作栽培措施大致相同的同一类型的土壤中污染物的平均含量。土壤对照点含量是指针对未污染地区，选择与污染地区自然条件、土壤类型和利用方式大致相同的土壤作对照点，以一个对照点(或几个对照点的平均值)的污染物含量作为对照点含量。土壤和作物中污染物的相关含量，是指从农牧业产品和食品的卫生标准及污染分级来推断该种污染物的相关含量和污染分级，将这种相关含量作为评价标准。

(三)现状评价方法

一般可采用指数法进行土壤环境质量现状评价。

1. 单元型污染指数法

可用于确定单个土壤质量参数的污染情况，其计算公式为：

$$P_i=\frac{C_i}{S_i} \tag{4-1}$$

式中：P_i 为土壤中污染物 i 的污染指数；C_i 为土壤中污染物 i 的实测浓度的统计平均值，mg/kg；S_i 为污染物 i 的评价标准，mg/kg。

2. 土壤分级污染指数

按照土壤污染的不同程度，以不同指数描述土壤的污染状况。

(1)土壤显著受污染的起始值：土壤中某污染物的评价标准值，以 X_a 表示；

(2)土壤轻度污染起始值：土壤污染物超过一定限度，使作物体内污染物相应增加，以致作物开始遭受污染，此时的土壤中污染物浓度，以 X_c 表示。

(3)土壤重度污染起始值：在土壤轻度污染基础上，土壤污染物继续积累，作物受害加深，作物中污染物含量超过食品卫生标准，以 X_e 表示。

根据 X_a，X_c，X_e 确定污染等级和污染指数范围：

非污染 $P_i\leqslant 1$

轻污染 $1<P_i<2$

中度污染 $2<P_i<3$

重污染 $P_i>3$

具体污染指数的计算如下。

$$\begin{cases} P_i=\dfrac{C_i}{X_a} & (C_i\leqslant X_a) \\ P_i=1+\dfrac{C_i-X_a}{X_c-X_a} & (X_a<C_i<X_c) \\ P_i=2+\dfrac{C_i-X_c}{X_e-X_c} & (X_c<C_i<X_e) \\ P_i=3+\dfrac{C_i-X_e}{X_e-X_c} & (C_i\geqslant X_e) \end{cases} \tag{4-2}$$

3. 综合污染指数

综合指数有以下形式。

叠加型综合指数：

$$P=\sum_{i=1}^{n}P_i \tag{4-3}$$

内梅罗污染综合指数：

$$P=\sqrt{\left(\frac{C_i}{S_i}\right)_{\text{aver}}^2+\left(\frac{C_i}{S_i}\right)_{\max}^2} \tag{4-4}$$

加权平均型综合指数：

$$P=\sum W_iP_i \tag{4-5}$$

式（4-3）至式（4-5）中：P 为综合污染指数；W_i 为 i 污染物的权重；P_i，C_i，S_i 的含义同式(4-1)。

根据综合污染指数值对土壤污染状况进行分级：$P\leqslant1$，未受污染；$P>1$，已受污染。根据综合污染指数值的变化幅度，结合植物受害程度，再分为轻污染、中度污染、重污染等级别。

第三节　土壤环境影响预测与评价

一、土壤环境影响预测

土壤环境影响预测是根据拟建项目所在地区的土壤环境现状，拟建项目可能造成的土壤侵蚀、退化以及排放的污染物在土壤中的迁移与积累，应用预测模型计算土壤的侵蚀量以及主要污染物在土壤中的累积或残留量，预测未来的土壤环境质量状况和变化趋势。

(一)土壤退化预测

土壤退化包括土壤盐碱化、土壤酸化、土壤侵蚀及沙化等。影响土壤退化的因素比较复杂，土壤退化的预测工作尚处于探索阶段。

目前，土壤侵蚀研究比较成熟，土壤盐碱化、土壤酸化的预测也已开展一定工作，下面介绍这三个方面的预测方法。

1. 土壤侵蚀预测

一般采用《环境影响评价技术导则　地面水环境》(HJ/T2.3—93)中推荐的通用土壤流失方程(USLE)对样方年水土流失量进行预测。通用土壤流失方程表达式如下：

$$A=0.247R_eK_eL_iS_iC_tP \tag{4-6}$$

式中：A 为指侵蚀模数；R_e 为年平均降雨侵蚀因子；K_e 为土壤可蚀性因子；L_i 为坡长因子；S_i 为坡度因子；C_t 为地面的植物覆盖因子；P 为侵蚀控制因子。

此公式适用于土壤侵蚀、面蚀(或片蚀)和细沟侵蚀量的推算，但不适用于流域土壤侵蚀量、切沟侵蚀、河岸侵蚀与农耕地侵蚀。

2. 土壤盐碱化预测

土壤盐碱化指的是次生盐碱化，即人类在农业生产过程中，由于发展灌溉和农业措施不当而引起的土壤盐化与碱化。

灌溉是解决农田干旱、提高农田产量的重要措施。但如果灌溉技术设计不合理，不注重排水问题，将使灌区地下水水位大大提高，当水位高于地下水临界水位时，强烈的蒸腾蒸发作用使得水去盐存，从而有可能发生土壤次生盐碱化。

另外，利用拟建项目产生的污水灌溉，当污水量大，利用量也大，且含有较多盐、碱物质时，土壤也有可能发生次生盐碱化。

灌溉水质是诱发次生盐碱化的一个主要原因，美国盐渍土实验室提出了用钠吸附比(SAR)来评价灌溉水质的方法。钠吸附比可用下式计算：

$$SAR=Na^{+}\sqrt{\frac{Ca^{2+}+Mg^{2+}}{2}} \tag{4-7}$$

式中：Na^{+} 为灌溉水质中钠离子浓度，meq/L；Ca^{2+} 为灌溉水质中钙离子浓度，meq/L；Mg^{2+} 为灌溉水质中镁离子浓度，meq/L。

可以钠吸附比来划分灌溉水质等级：

(1)当土壤溶液的电导率(ES)为 10 mS/m 时：①SAR 值在 0～10 为低钠水，可用于灌溉各种土壤而不会引发盐碱化；②SAR 值在 10～18 为中钠水，对具有高阳离子交换量的细质土壤会造成其盐碱化；③SAR 值在 18～26 为高钠水，对大多数土壤都可产生有害的交换性钠，造成其碱化；④SAR 值在 26～30 为极高钠水，一般不适用于灌溉。

(2)当土壤溶液的电导率大于5 mS/m时：①*SAR*值在0～6为低钠水；②*SAR*值在6～10为中钠水；③*SAR*值在10～18为高钠水；④*SAR*值大于18为极高钠水。

实际上，造成土壤次生盐碱化的因素很多，如降水量、蒸发量、地下水径流条件、地下水含盐量、地下水临界深度、土壤质地等，因此土壤盐碱化评价极为复杂。

3. 土壤酸化预测

土壤酸化有自然酸化和人类活动影响下的酸化两种。

土壤的自然酸化过程，是土壤物质在转化过程中，产生出各种酸性和碱性物质，使得土壤中含有一定数量的H^+和OH^-，两者的浓度比例决定土壤溶液的酸碱性。土壤酸碱性一般用pH表示，可按土壤溶液的pH大小将土壤进行分类。我国土壤的pH，大多数在4.5～8.5范围内，总体上，由南方到北方，土壤pH逐渐增加。

人类活动影响下的土壤酸化过程，是人类将自身产生的酸性物质通过各种途径释放到土壤中，从而造成土壤酸化的过程。人类向大气中排放的酸性物质，经过降水的淋洗作用变成酸雨降落到地面，造成土壤酸化；矿业开发，特别是硫化矿床开发，将产生大量的酸性水污染土壤；开发建设项目排放酸性水，若用于灌溉，也会使土壤酸化。

土壤酸化会造成土壤对K^+，NH_4^+，Ca^{2+}，Mg^{2+}等养分离子的吸附能力显著降低，从而造成这些养分的流失，同时也可能使某些金属离子的活动性增加，从而造成某些有害物质的累积。

土壤酸化预测没有成熟的方法，实际评价过程中要结合拟建项目的污染物排放情况，评价其对土壤的可能影响。如有大量的酸性气体排出，则应该分析其时空分布规律及其在大气中的迁移转化规律；如有酸性水排出用于灌溉，要进行模拟试验来分析酸性水与土壤的相互作用等。

(二)污水灌溉的土壤影响预测

拟建项目的污水用于灌溉，土壤中污染物的累积残留量可用下式计算：

$$W=K(B+R) \tag{4-8}$$

式中：W为污染物在土壤中的年累积量，mg/kg；B为背景值，mg/kg；R为土壤污染物年输入量，mg/kg；K为土壤污染物年残留率，%。

计算n年内土壤污染物累积量，则有：

$$\begin{aligned}W&=K_n(K_{n-1}(\cdots K_2(K_1(B+R_1)+R_2)+\cdots+R_{n-1})+R_n)\\&=BK_1K_2\cdots K_n+R_1K_1K_2\cdots K_n+R_2K_2K_3\cdots K_n+\cdots+R_nK_n\end{aligned} \tag{4-9}$$

当 $K_1=K_2=\cdots=K_n=K$；$R_1=R_2=\cdots=R_n=R$ 时，

$$W=BK^n+RK^n+RK^{n-1}+RK^{n-2}+\cdots+RK=BK^n+RK\frac{1-K^n}{1-K} \tag{4-10}$$

由式(4-10)可知年残留率 K 值对污染物在土壤中年残留量的影响很大，一般可以根据盆栽和小区模拟试验确定其值。

在土壤污染物输入量难以获得又缺乏本地区的盆栽和小区模拟试验的情况下，可用式（4-11）至式（4-13）预测土壤中一定年限内污染物的累积量及土壤可污灌的年限：

$$W=N_w\cdot x+W_0 \tag{4-11}$$

$$n=(S_i-W)/x \tag{4-12}$$

$$x=(W_0-B)/N_0 \tag{4-13}$$

式(4-11)至式(4-13)中：W 为预计年限内土壤中污染物的累积量，mg/kg；N_w 为预计污灌年限；x 为土壤中污染物平均年增量，mg/kg；W_0 为土壤污染物当年累积量，mg/kg；n 为土壤可以污灌的(安全)年限；S_i 为土壤环境标准，mg/kg；B 为土壤环境背景值，mg/kg；N_0 为已污灌的年限。

(三)土壤中农药残留量预测

土壤中农药残留量的计算公式：

$$R=Ce^{-kt} \tag{4-14}$$

式中：R 为农药残留量，mg/kg；C 为农药施用量，mg/kg；e 为自然对数的底；k 为降解常数，1/d；t 为时间，d。

用式(4-14)进行土壤农药残留量预测，关键是 k 值的确定。简化情况下，假定施用农药一次，施药后土壤中农药浓度为 c_0，一年后的残留量为 c，则农药残留率为：

$$f=\frac{c}{c_0} \tag{4-15}$$

如果以每年一次的频率连续施用农药，则农药在土壤中数年后的残留总量为：

$$R_n=(1+f+f^2+f^3+\cdots+f^n)c_0 \tag{4-16}$$

当 $n\to\infty$ 时，R_n 为农药在土壤中达到平衡时的残留量，计算式为：

$$R_n=\frac{c_0}{1-f} \tag{4-17}$$

(四)土壤环境容量确定

某些重金属或难降解污染物在土壤环境中的固定容量由下式计算：

$$Q_i=(c_i-B_i)\times 2\ 250 \tag{4-18}$$

式中：Q_i 为土壤中某污染物的固定环境容量，g/ha；c_i 为土壤中某污染物的容许含量，g/t；B_i 为土壤中某污染物的环境背景值，g/t；2 250 为每公顷表土的计算质量，t/ha。

二、土壤环境影响评价

(一)评价拟建项目对土壤影响的重大性和可接受性

1. 拟建项目重大性的确定

将影响预测结果与法规值和标准值进行比较，确定拟建项目建设及营运过程中造成的土壤侵蚀或水土流失是否可以接受。将土壤环境影响的预测值加上背景值后与土壤环境标准比较，确定影响是否可以接受。用分级型土壤指数对土壤的基线值与预测拟建项目影响后算得的两指数值进行比较，若土质级别降低，则表明该项目的影响是巨大的；若仍维持相同级别，则表示影响不十分显著。

同时，将影响预测结果与当地历史上已有污染源和土壤侵蚀源进行比较，请专家判断拟建项目造成新的污染和增加侵蚀程度的影响的重大性。

2. 拟建项目环境可行性的确定

根据土壤环境影响预测结果和影响重大性的分析，指出工程在建设过程中和投产后可能遭受污染或破坏的土壤面积和可能遭受的直接和间接经济损失状况。通过费用—效益分析，并考虑环境整体性，判断土壤环境影响的可接受性，由此确定拟建项目的环境可行性。

(二)避免、消除和减轻负面影响的对策

1. 提出拟建工程应采用的控制土壤污染源的措施

(1)工业建设项目应该通过清洁生产或采用先进工艺减少“三废”排放量。

(2)城市垃圾卫生填埋场及危险废物安全填埋场应严格按照规定进行设计，注重渗滤液的收集与处理，避免渗滤液污染土壤及地下水。

(3)提出针对可能受污染土壤的监测方案。

2. 提出防止与控制土壤侵蚀的对策

针对拟建项目的情况及当地条件，提出防止与控制土壤侵蚀的对策，可以从以下几个方面进行阐述：

(1)对于一般建设项目，由于植被破坏容易引起水土流失，因此建设期是重点。

(2)在建设期及营运期适时采取水土保持措施。

(3)对水土保持有较大影响的项目，需要请有资质单位作水土保持方案，在建设期及营运期，项目要按照水土保持方案实施。

(4)加强土壤与作物或植被的监测和管理。

3. 对选址方案的确认

从整体布局上，比较多个选址方案，从中选择出对土壤环境负面影响相对较小的方案。

第四节 实例研究

本节以白石坳垃圾填埋场土壤环境影响研究为例[2]，简要介绍土壤环境影响评价的工作思路与主要内容。

一、项目简介

佛山高明苗村白石坳垃圾填埋场是广东省的重点环保项目之一，也是佛山市的重点工程。该工程占地约 1 443 亩[①]，总库容量为 2 398 万立方米，总投资 2.5 亿元，设计日处理能力 2 000 吨。该垃圾填埋场主要处理禅城、高明两区及部分周边区的城市生活垃圾。

拟建的垃圾填埋场位于佛山市高明区杨合县苗村北面。高明位于东经 112°22′34″～112°55′06″，北纬 22°38′46″～23°01′05″，属于亚热带季风气候，日照充足，雨量充沛，年平均气温 23.4℃，年平均降雨量 1 625.9 mm。垃圾填埋场的建设地点地处狭长山谷内，三面为山地环绕，地表植被主要为速生人工林和次生灌草丛，土壤以山地赤红壤为主；中间地势低平，有新开的水塘，土壤主要以赤红壤和沟谷冲积土为主。项目所在地附近 4.5 km 半径内无村庄和饮用水源，地表水无腐蚀性，覆土资源丰富。

二、土壤环境现状评价

(一)监测项目

根据垃圾填埋场排污沟的流向，从垃圾填埋场排污口开始，沿排污沟下游，共布设三个采样点，即垃圾填埋场东侧山坡、填埋区谷地及排污沟下游垃圾填埋场出口处。分析监测项目为 pH、有机质、土壤质地(机械组成)、总氮、总磷、总钾、

① 1 亩＝666.67 m^2，下同

重金属(Pb，Cd，Hg，As，Cr)。具体的监测分析方法见表 4-1。土壤现状评价标准采用《土壤环境质量标准》(GB 15618—1995）中的二级标准。

表 4-1　　土壤现状监测内容与方法

监测项目	pH	有机质	总 N	总 P	K,Cd,Pb,Cr	Hg	As	粒径
分析方法	复合电极法	重铬酸钾法	凯氏氮法	钼锑抗比色法	原子吸收法	冷原子吸收法	二乙基二硫代氨基甲酸银比色法	甲种比重计法

(二)监测结果分析

评价方法采用单因子污染指数法，评价指标为重金属。分析与监测结果见表 4-2，表4-3。从表 4-2 中可看出，三个土壤样品的重金属都未超标，属于清洁土壤。因此该填埋区附近的土壤现状良好。

表 4-2　　项目拟建地点的土壤理化性质

采样点及土壤类型	pH	有机质/%	全 N/%	全 P/%	全 K/%	粒径/%			
						0.001～0.005mm	0.005～0.01mm	0.01～0.05mm	0.05～1mm
1 粉壤土	4.72	2.60	0.364	0.064	0.348	16.4	9	5	42
2 面砂土	4.90	0.99	0.216	0.044	0.531	14	4.5	10	54
3 砂粉土	5.14	0.56	0.348	0.087	0.543	5	8.5	45	29

表 4-3　　土壤重金属含量及标准　　单位:mg/kg

土壤类型	Cu	Cd	Pb	Hg	As	Cr
1 粉壤土	12.75	0.06	13.22	0.086	5.153	42.96
2 面砂土	10.10	0.02	40.42	0.045	2.916	20.94
3 砂粉土	14.86	0.04	24.32	0.076	2.130	23.38
GB15618—1995 二级(≤)	农田等 50 果园 150	0.3	250	0.3	水田 30 旱地 40	水田 250 旱地 150

三、土壤环境影响预测与评价

(一)预测模型

采用污水灌溉的土壤累积残留量模型，估算垃圾填埋区及其附近土壤由于受垃圾渗滤液影响而产生土壤污染物的累积增量值：

$$\begin{cases} W_i = X_i K_i \dfrac{1-K_i^n}{1-K_i} \\ X_i = C_i \dfrac{Q}{M} \end{cases} \tag{4-19}$$

式中：W_i 为土壤中第 i 种污染物的累积增量值，mg/kg；X_i 是单位质量受垃圾渗滤液影响的土壤年接纳第 i 种污染物的量，mg/(kg·a)；K_i 为土壤中第 i 种污染物在受垃圾渗滤液影响的土壤中的年残留量率；n 为土壤受垃圾渗滤液影响的年限；Q 为垃圾渗滤液渗水量，$m^3/(a \cdot hm^2)$；M 为每 hm^2 渗透层土质量，kg/hm^2；C_i 为垃圾渗滤液中第 i 种污染物的浓度，mg/L。

(二)预测因子及结果

从累积性角度重点选取重金属作为预测因子，类比佛山市狮中垃圾填埋场、广州市李坑垃圾填埋场、中山市老虎坑垃圾填埋场等渗滤液中的重金属含量(取最大值)作为预测时渗滤液的浓度，对垃圾填埋场底衬层渗透系数的不同而造成的土壤污染情况进行预测。预测结果见表 4-4。

表 4-4　类比垃圾填埋场垃圾渗滤液中重金属污染物浓度(最大值)

污染因子	Cu	Cd	Pb	Hg	As	Cr
浓度/$mg \cdot L^{-1}$	0.021	0.023	0.26	0.021	0.21	0.132

(三)影响分析

经分析可知，累积增量与渗透系数成正比，Pb，Cr，As 在渗透系数达 1×10^{-4} m/s 不会超标，即对土壤造成污染影响不大，而 Cd，Hg 在渗透系数为 1×10^{-4} m/s，年限仅一年时(叠加现状值)就已经超标，此种情况对土壤影响很大。这与近几年对广东省土壤污染的研究情况相符，这也说明了垃圾填埋场渗滤液是土壤中 Cd，Hg 污染的一个来源。因此，垃圾填埋场的防渗措施非常重要。

四、评价结论

项目所在地周围土壤为赤红壤和面砂土，现状质量良好，属于清洁级水平。采用污水灌溉土壤累积残留量模型，选取重金属作为预测因子，对垃圾填埋区及其附近土壤由于受垃圾渗滤液影响而产生土壤污染物的累积增量值进行了预测评价，结果表明：重金属的累积增量与渗透系数成正比，渗透系数分别为 1×10^{-7} m/s，1×10^{-5} m/s，1×10^{-4} m/s 时，对土壤的污染影响不大，只有 Cd，Hg 在渗透系数为 1×10^{-4} m/s（年限仅一年时），叠加现状值会超标。因此，项目建设必须采用性能可靠的防渗透材料，如高密度聚乙烯膜衬垫，防止土壤受到污染，进而防止地下水污染。

【习题及思考题】

1. 土壤环境质量评价的基本内容有哪些？
2. 土壤环境质量现状调查和土壤污染监测包括哪些主要内容？
3. 土壤环境质量应如何分级？
4. 土壤环境影响预测包括哪些内容？
5. 保护土壤环境主要应采取哪些对策措施？

【参考文献】

［1］刘培桐，主编．环境学概论．北京：高等教育出版社，1995

［2］彭闪江，徐国良，郭文成．白石坳垃圾填埋场土壤环境影响探讨．环境科学动态，2005，4：43－45

第五章　环境噪声影响评价

【本章导读】

噪声就是人们不需要的声音，即凡是妨碍交谈和会议、妨碍学习、妨碍睡眠等有损于人的欲求、愿望目的的声音都可被称为噪声。噪声给人类的健康带来了不可低估的影响。本章主要介绍环境噪声影响评价程序，首先阐述了评价等级的划分及其要求，然后介绍了环境噪声现状评价与预测方法，最后给出一个案例。

第一节　概　述[1,2]

一、环境噪声评价工作等级划分

1. 噪声评价工作等级划分的依据包括：

(1)按投资额划分的建设项目规模（大、中、小型建设项目）；

(2)噪声源种类和数量；

(3)项目建设前后噪声级的变化程度；

(4)拟建项目噪声影响范围内的环境保护目标、环境噪声标准和人口分布。

2. 噪声评价工作等级一般分为三级，划分的基本原则如下。

(1)对于大、中型建设项目，属于规划区内的建设工程，受噪声影响的范围内有适用于《城市区域环境噪声标准》GB 3096—93 规定的 0 类标准及以上的需要特别安静的地区，以及对噪声有限制的保护区等噪声敏感目标，项目建设前后噪声级有显著增高(噪声级增高量达 5～10 dB(A)或以上)或受影响人口显著增多的情况，应按一级评价进行工作。

(2)对于新建、扩建及改建的大、中型建设项目，若其所在功能区属于适用于 GB 3096—93 规定的 1 类、2 类标准的地区，或项目建设前后噪声级有较明显增高(噪声级增高量达 3～5 dB(A))或受影响人口增加较多的情况，应按二级评价进行工作。

(3)对处在适用 GB 3096—93 规定的 3 类标准及以上的地区(指允许的噪声标准值为 65 dB(A)及以上的区域)的中型建设项目以及处在 GB 3096—93 规定的 1 类、

2类标准地区的小型建设项目，或者大、中型建设项目建设前后噪声级增加很小(噪声级增高量在3 dB(A)以内)且受影响人口变化不大的情况，应按三级评价进行工作。

二、环境噪声评价工作深度与工作范围

(一)评价工作深度

1. 一级评价工作的基本要求

(1)环境噪声现状全部实测。

(2)噪声源强逐点测试和统计。

(3)按车间或工段绘制总体噪声暴露图。

(4)评价项目齐全、图表完整、预测计算详细。

(5)预测范围覆盖全部敏感目标，并绘制等声级曲线图。

(6)提出噪声防治对策方案，内容具体实用、能反馈指导环保工程设计。

2. 二级评价工作的基本要求

(1)现状调查以实测为主、利用资料为辅。

(2)噪声源强可利用现有资料进行类比计算。

(3)评价项目较齐全，预测计算较详细。

(4)绘制总体等声级曲线图。

(5)提出防治对策建议，对策建议能反馈指导环保工程设计。

3. 三级评价工作的基本要求

(1)现状调查以利用资料为主进行。

(2)噪声源强统计以资料为主进行。

(3)不作影响评价，只作影响分析。

(4)提出防治对策建议并能付诸实施。

(二)评价工作范围

噪声环境影响的范围一般根据评价工作等级确定。

对于拟建项目包含多个呈点声源性质的情况(如工厂、港口、施工工地、铁路的站场等)，该项目边界往外200 m内的评价范围一般能满足一级评价的要求，相应的二级和三级评价的范围可根据实际情况适当缩小。若拟建项目周围较为空旷而较远处有敏感区域，则评价范围应适当放宽到敏感区附近。

对于拟建项目呈线状声源性质的情况(如铁路、公路)，中心线两侧各200 m的

评价范围一般能满足一级评价的要求，相应的二级和三级评价的范围可根据实际情况适当缩小。这种情况下，可选择典型代表区作为重点评价区，不需沿线全评。

对于拟建项目是机场的情况，主要飞行航迹跑道两端各 15 km，侧向各 2 km 的评价范围一般能满足一级评价的要求，相应的二级和三级评价的范围可根据实际情况适当缩小。

(三)噪声评价标准[3]

我国目前的环境噪声污染防治法规有环境噪声污染防治法，环境噪声标准可以分为产品噪声标准、噪声排放标准和环境质量标准几大类。有关标准如下，其具体内容可查阅标准原文。

GB 16170—1996　汽车定置噪声限值

GB 14892—94　地下铁道电动车组司机室、客室噪声限值

GB 12348—90　工业企业厂界噪声标准

GB/T 12349—90　工业企业厂界噪声测量方法

GB 12523—90　建筑施工场界噪声限值

GB 12524—90　建筑施工场界噪声测量方法

GB 12525—90　铁路边界噪声限值及测量方法

GB 9660—88　机场周围飞机噪声环境标准

GB 9661—88　机场周围飞机噪声测量方法

GBJ 87—85　工业企业噪声控制设计规范

GB 3096—93　城市区域环境噪声标准

GB/T 14623—93　城市区域环境噪声测量方法

三、环境噪声评价工作程序

《环境影响评价技术导则　声环境》(HJ/T 2.4—1995)规定的评价技术工作程序如图 5-1 所示。

环境噪声影响评价工作程序可分为四个阶段。

第一阶段：通过现场踏勘、了解环境法规及标准的规定和工程简要分析，确定评价级别与评价范围，编制环境噪声评价工作大纲。

第二阶段：通过收集资料、环境噪声现场调查监测，分析工程区域环境噪声现。状及存在的主要问题。

第三阶段：通过工程分析确定建设项目噪声源的数量、源强、声源特征及空间分布等，预测噪声影响范围和程度，特别是对敏感点人群的影响，并提出削减噪声

的隔音降噪措施。

第四阶段：编写环境噪声影响的专题报告。

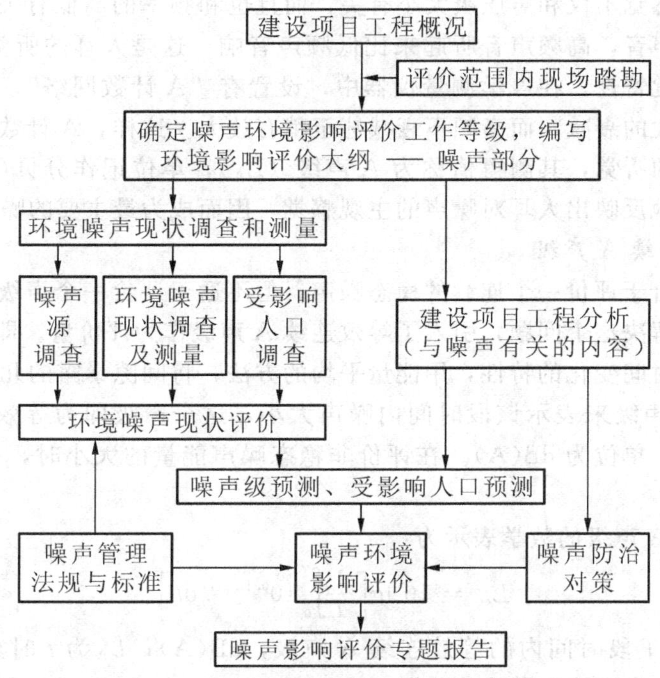

图 5-1 环境噪声影响评价工作程序

第二节 环境噪声现状调查与评价

环境噪声现状调查与评价的内容包括[4]：确定评价范围内现有噪声敏感区、保护目标的分布情况，噪声功能区的划分情况等；采用适当的测量仪器、参照或参考的测量方法、测量标准、测量时段、读数方法等进行环境噪声现状调查和测量；开展评价范围内现有噪声源种类、数量及相应的噪声级、噪声特性、主要噪声源的分析等；评价各功能区的噪声级、超标情况及主要噪声源以及边界噪声级、超标情况及主要噪声源，受噪声影响的人口分布等。

一、环境噪声现状评价量[5,6]

环境噪声现状评价量即是测量量。

1. A声级

环境噪声的度量，不仅与噪声的物理量有关，还与人对声音的主观听觉有关。人耳对声音的感觉不仅和声压级大小有关，而且也和频率的高低有关。声压级相同而频率不同的声音，高频声音听起来比低频声音响，这是人耳的听觉特性所决定。因此，根据听觉特性，在声学测量仪器中，设置有“A计数网络”，使接收到的噪声在低频有较大的衰减，而高频不衰减甚至稍有放大。这样，A计数网络测得的噪声值较接近人的听觉，其测得值称为A声级（L_A），单位记作分贝(A)或dB(A)。A声级能较好地反映出人耳对噪声的主观感觉，因而成为最主要的噪声评价量。

2. 等效连续A声级

A声级适合于评价一个连续的稳态噪声，但不适于评价一个声级起伏或不连续的噪声。为了解决这个问题，引入了等效连续A声级作为评价量。即考虑某一段时间内的噪声随时间变化的特性，用能量平均的方法，将间隙暴露的几个不同的A声级，以一个A声级来表示该段时间内噪声大小，这个声级即为等效连续A声级，简称等效声级，单位为dB(A)。在评价非稳态噪声能量的大小时，等效连续A声级尤为必要。

等效连续A声级的数学表示为：

$$L_{eq} = 10\ \lg\left[\frac{1}{T}\int_0^T 10^{0.1L_A(t)}\,dt\right] \qquad (5-1)$$

式中：L_{eq}为在T段时间内的等效连续A声级，dB(A)；L_A为t时刻的瞬时A声级，dB(A)；T为连续取样的总时间，min。

由上式可以看出，某一段时间的稳态不变噪声，其A声级就是等效连续A声级噪声。实际上，A声级的测量是等间隔取样的，所以等效连续A声级又可按下式计算：

$$L_{eq} = 10\ \lg\left(\frac{1}{N}\sum_{i=1}^{N} 10^{0.1L_i}\right) \qquad (5-2)$$

式中：L_i为第i次读取的A声级，dB(A)；N为取样总数。

如果$N = 100$，则$L_{eq} = 10\ \lg\left(\sum_{i=1}^{100} 10^{0.1L_i}\right) - 20$；$N = 200$，则$L_{eq} = 10\ \lg\left(\sum_{i=1}^{200} 10^{0.1L_i}\right) - 23$。

3. 昼夜等效声级

昼夜等效声级是考虑到噪声在夜间对人影响更为严重，将夜间噪声增加10 dB加权处理后，用能量平均的方法得出24小时A声级的平均值L_{dn}，单位为dB(A)。其计算公式为：

$$L_{dn} = 10\ \lg\left\{\frac{1}{24}\left[\sum_{i=1}^{16} 10^{0.1L_i} + \sum_{j=1}^{8} 10^{0.1(L_j+10)}\right]\right\} \qquad (5-3)$$

式中：L_i 为昼间 16 小时中第 i 小时的等效声级，dB(A)；L_j 为夜间 8 小时中第 j 小时的等效声级，dB(A)。

4. 统计噪声级

统计噪声级是指某点噪声级有较大波动时，用于描述该点噪声随时间变化状况的统计物理量，一般用 L_{10}、L_{50}、L_{90} 表示。

(1)L_{10} 表示在取样时间内 10%的时间超过的噪声级，相当于噪声平均峰值。

(2)L_{50} 表示在取样时间内 50%的时间超过的噪声级，相当于噪声的平均值。

(3)L_{90} 表示在取样时间内 90%的时间超过的噪声级，相当于噪声的背景值。

其计算方法是：将测得的 100 个或 200 个数据按大小顺序排列，100 个的第 10 个数据或 200 个的第 20 个数据即为 L_{10}；100 个的第 50 个数据或 200 个的第 100 个数据即为 L_{50}；100 个的第 90 个数据或 200 个的第 180 个数据即为 L_{90}。

5. 计权等效连续感觉噪声级

计权等效连续感觉噪声级是在有效感觉噪声级基础上发展起来的用于评价航空噪声的方法，其特点在于既考虑了 24 小时的时间内飞机通过某一固定点所产生的总噪声级，同时也考虑了不同时间飞机对周边环境所造成的影响。我国现行的《机场周围飞机噪声标准》即采用此法进行评价。

一日计权有效连续感觉噪声级(WECPNL)的计算公式如式：

$$WECPNL=\overline{EPNL}+10\lg(N_1+3N_2+10N_3)-39.4 \qquad (5-4)$$

式中：$\overline{EPNL}$为 N 次飞行的有效感觉噪声级的能量平均值，dB；N_1 为 07:00～19:00 时的飞行次数；N_2 为 19:00～22:00 时的飞行次数；N_3 为 22:00～07:00时的飞行次数。

计算式中所需参数，如飞机噪声的$\overline{EPNL}$与距离的关系，采用设计数据和飞机制造厂家的实测声学参数或通过类比实测得到。

【参考阅读】分贝的加法与减法

(1)分贝的加法

n 个不同噪声源同时作用在声场中同一点，这点的总声压级 L_{pt} 计算可从声压级的定义得到：

$$L_{pt}=10\lg\left(\frac{P_{pt}^2}{P_0^2}\right)=10\lg\left(\sum_{i=1}^{n}P_i^2/P_0^2\right)=10\lg\sum_{i=1}^{n}\left(\frac{P_i}{P_0}\right)^2 \qquad (5-5)$$

由 $L_{pi}=10\lg\left(\frac{P_i}{P_0}\right)^2$，得 $\left(\frac{P_i}{P_0}\right)^2=10^{0.1L_{pi}}$，代入式(5-5)，得

$$L_{pt}=10\lg\left(\sum_{i=1}^{n}10^{0.1L_{pi}}\right) \qquad (5-6)$$

(2)分贝的减法

若已知两个声源在 M 点的总声压级 L_{pt} 及其中一个声源在该点产生的声压级 L_{p1}，则另一声源在该点产生的声压级 L_{p2} 可按定义得：

$$L_{p2}=10\lg\left[10^{0.1L_{pt}}-10^{0.1L_{p1}}\right]=L_{pt}+10\lg\left[1-10^{-0.1(L_{pt}-L_{p1})}\right] \quad (5-7)$$

令 $\Delta L=10\lg\left[1-10^{-0.1(L_{pt}-L_{p1})}\right]$，得

$$L_{p2}=L_{pt}+\Delta L \quad (5-8)$$

$\Delta L\leqslant 0$，由 $L_{pt}-L_{p1}$ 值查表 5-1 可得 ΔL 值。

表 5-1　($L_{pt}-L_{p1}$) 及 ΔL 对应关系表

$L_{pt}-L_{p1}$	3	4	5	6	7	8	9	10	11
ΔL	−3	−2.2	−1.6	−1.3	−1.0	−0.8	−0.6	−0.5	−0.4

(3)分贝平均值

某一点的环境噪声常常是非稳态噪声，该点不同时间的噪声平均值 $\overline{L_p}$，可通过式(5-9)计算得到。

$$\overline{L_p}=10\lg\left(\frac{1}{n}\sum_{i=1}^{n}10^{0.1L_i}\right)=10\lg\sum_{i=1}^{n}(10^{0.1L_i})-10\lg n \quad (5-9)$$

二、环境噪声现状调查与评价

1. 环境噪声现状调查

环境噪声现状调查可以采用类比项目资料收集法和现场实地监测。一般来说，对改、扩建项目需监测调查现有车间和厂区的噪声现状，对拟建新项目则只监测厂界及评价区的噪声水平。

首先调查污染源现状，其内容包括噪声源、噪声频谱特性、传播途径等，为监测及评价提供必要的基础资料。然后，监测噪声现状，其内容包括监测项目、仪器、方法选择，布点及监测频率的确定。现状监测数据为环境评价提供依据。

2. 环境噪声现状评价

环境噪声现状评价一般采用监测值与评价标准直接比较的方法，即监测值减去评价标准，若差值为正数，表明超标，差值为负数，表明达标。达标情况下一般不给出具体数值，直接写上“达标”两字。在此基础上，应分析造成达标或超标的原因，并评价受到噪声影响的人口分布情况。

第三节　环境噪声预测与评价

一、环境噪声预测的基础资料

环境噪声预测的基础资料包括建设项目的声源资料、建筑布局、室外声波传播条件、气象参数及其他有关资料等。

1. 建设项目的声源资料

建设项目的声源资料主要有噪声源的种类(包括设备型号)和数量、各声源的噪声级与发声持续时间、声源的布局和空间位置、声源的作用时间段。这些资料可以由设计单位提供或从工程设计书中获得。

2. 影响声波传播的各种参量

影响声波传播的各种参量包括：当地常年平均气温和平均湿度；预测范围内声波传播的遮挡物(如建筑物、围墙等，若声源位于室内还包括门或窗)的位置及长、宽、高数据；树林、灌木等分布情况，地面覆盖情况(如草地等)；风向、风速等。这些参量一般通过同类类比或现场调查获得。

噪声源数据的获得可采用类比测量法或引用已有数据(包括国外资料)。评价等级为一级时，必须采用类比测量法；评价等级为二、三级时，可引用已有数据。

二、环境噪声预测范围和预测点布置原则

1. 预测范围

噪声预测范围一般与所确定的评价等级规定的范围相同，也可稍大于规定的评价范围。

2. 预测点布置

(1)所有的环境噪声现状监测点都应作为预测点，以便进行对照。

(2)为了方便绘制等声级曲线图，可用网格法确定预测点。网格大小根据具体情况确定：对于线声源，平行于线声源走向的间距可大些(100～300 m)，垂直直线声源走向的网格间距应小些(20～60 m)，对于点声源网格大小一般在 20 m×20 m～100 m×100 m 范围。

(3)评价范围内需特别考虑的预测点，如环境敏感点，应确定为预测点。

三、噪声预测模型[3,7,8]

1. 噪声衰减计算

噪声从声源传播到受声点的过程中，受传播发散、空气吸收、阻挡物的反射与屏障等因素的影响，会产生衰减。为了保证噪声影响预测和评价的准确性，对于由上述各因素所引起的衰减值需认真考虑，不能任意忽略。实际环境影响评价中，噪声影响预测一般是根据靠近声源某一位置(参考位置)处的已知声级来计算远处预测点的声级，因此更多的是注重两点之间衰减量的计算。

用A声级进行预测时，其预测模式如下式：

$$L_A(r)=L_A(r_0)-(A_{div}+A_{ber}+A_{atm}+A_{exc}) \tag{5-10}$$

式中：$L_A(r)$为距声源r处的A声级；$L_A(r_0)$为参考位置r_0处的A声级；A_{div}为声波几何发散所引起的A声级衰减量；A_{ber}为遮挡物所引起的A声级衰减量；A_{atm}为空气吸收引起的A声级衰减量，一般情况下可忽略不计；A_{exc}为附加A声级衰减量。

2. 噪声随传播距离的衰减

噪声在传播过程中由于距离增加而引起的几何发散衰减与噪声固有的频率无关。

(1)点声源

点声源随传播距离增加而引起的衰减值为：

$$A_{div}=10\lg\frac{1}{4\pi r^2} \tag{5-11}$$

式中：A_{div}为距离增加产生的衰减值，dB；r为点声源至受声点的距离，m。

在距离点声源r_1处至r_2处的衰减值为：

$$A_{div}=20\lg\left(\frac{r_1}{r_2}\right) \tag{5-12}$$

当$r_2=2r_1$时，$A_{div}=-6$ dB，即点声源的声音传播距离增加一倍，衰减值增加6 dB。

(2)线声源

线声源随传播距离增加而引起的衰减值为：

$$A_{div}=10\lg\frac{1}{2\pi rl} \tag{5-13}$$

式中：A_{div}为距离衰减值，dB；r为线声源至受声点的垂直距离，m；l为线声源的长度，m。

当$\frac{r}{l}<\frac{1}{10}$时，可视为无限长线声源，此时在距离线声源r_1处至r_2处的衰减

值为：

$$A_{div}=10\lg\left(\frac{r_1}{r_2}\right) \tag{5-14}$$

当 $r_2=2r_1$ 时，$A_{div}=-3$ dB，即线声源的声音传播距离增加一倍，衰减值增加 3 dB。当 $\frac{r}{l}\geqslant 1$ 时，可视为点声源。

(3)面声源

面声源随传播距离的增加而引起的衰减值与面源形状有关，其计算方法较复杂。由于实际面声源情形在环境影响评价中不常见，故在此不作介绍，感兴趣的读者可参见有关文献。

3. 空气吸收衰减

空气吸收声波而引起的声衰减与声波频率、大气压、温度、湿度有关，被空气吸收的衰减值可由下式计算：

$$A_{atm}=\frac{a(r-r_0)}{100} \tag{5-15}$$

式中：A_{atm} 为空气吸收造成的衰减值，dB；a 为每 100 m 空气的吸声系数，dB，a 为温度、湿度和声波频率的函数，预测计算中一般根据当地常年平均气温和湿度选择相应的空气吸收系数；r_0 为参考位置距声源距离，m；r 为声波传播距离，即预测点距声源的距离，m。

当 $r<200$ m 时，A_{atm} 近似为零。如果声源位于硬平面上，则

$$A_{atm}=6\times 10^{-6}f_r \tag{5-16}$$

式中：f_r 为噪声的倍频带几何平均频率，Hz。

4. 遮挡物引起的衰减

(1)墙壁对室内噪声的屏障效应

墙壁对室内噪声向室外传播的屏障效应引起的总隔声量 TL 为：

$$TL=L_{p1}-L_{p2}+10\lg\left(\frac{1}{4}+\frac{S}{A}\right) \tag{5-17}$$

则受墙壁阻挡的噪声衰减值为：

$$A_{b1}=TL-10\lg\left(\frac{1}{4}+\frac{S}{A}\right)=L_{p1}-L_{p2} \tag{5-18}$$

式中：A_{b1} 为墙壁阻挡产生的衰减值，dB；L_{p1} 为室内混响噪声级，dB；L_{p2} 为室外 1 m处的噪声级，dB；S 为墙壁的阻挡面积，m^2；A 为受声室室内吸声面积，m^2。

若用不同类型的门窗组成组合墙时，则总隔声量应按式（5-19）计算：

$$\begin{cases} TL=10\lg\left(\frac{1}{\bar{\tau}}\right) \\ \bar{\tau}=\frac{1}{S}\sum_{i=1}^{n}\tau_i S_i=\frac{\tau_1 S_1+\tau_2 S_2+\cdots+\tau_n S_n}{S_1+S_2+\cdots+S_n} \end{cases} \tag{5-19}$$

式中：$\bar{\tau}$为组合墙的平均透射系数；τ_i 为第 i 种墙的透射系数，$\tau_{墙}=5\times10^{-5}$，$\tau_{门}=10\times10^{-2}$，$\tau_{窗}=3.7\times10^{-2}$；$S_i$ 为第 i 种墙（包括门、窗、墙等）的表面积，m^2；S 为组合墙的总表面积，m^2。

(2)户外建筑物的声屏障效应

户外建筑物声屏障的隔声效应与声源到接收点的距离、屏障的位置、屏障尺寸及结构性质有关。一般根据它们之间的距离、噪声的频率（一般铁路和公路的屏障用频率 500 Hz）算出菲涅耳数 N，然后从图 5－2 的曲线查出相对应的衰减值，声屏障衰减最大不超过 24 dB。菲涅耳数的计算可用下式：

$$N=\frac{2(A+B-d)}{\lambda} \tag{5-20}$$

式中：A 为声源与屏障顶端的距离，m；B 为接收点与屏障顶端的距离，m；d 为声源与接受点之间的距离，m；λ 为波长。

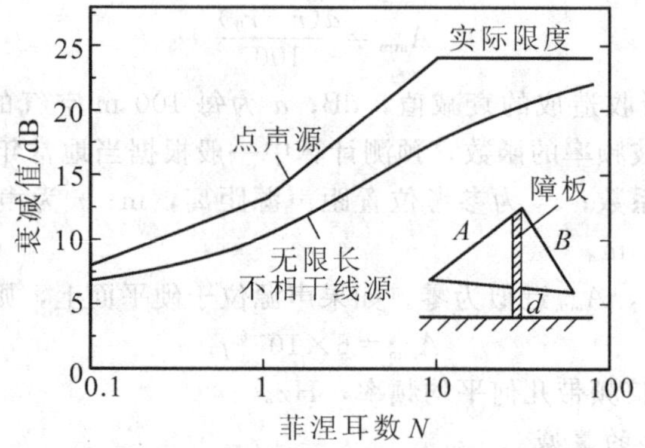

图 5－2　障板及其声衰减曲线

(3)植物的吸收屏障效应

声波通过高于声线 1 m 以上的密集植物丛时，即会因植物阻挡而产生声衰减。在一般情况下，针对频率为 1 000 Hz 的声音，每 10 m 的林带的声衰减量为：松树林带 3 dB，杉树林带 2.8 dB，槐树林带 3.5 dB；高 30 cm 的草地的声衰减量为 0.07 dB/m；阔叶林带对不同频率的声衰减量见表 5－2。

表 5－2　阔叶林地带的声衰减值

频率/IIz	250	500	1 000	2 000	4 000	8 000
衰减值/10^{-1}dB·m	1	2	3	4	4.5	5

(4)噪声从室内向室外传播的声级差(NR)

如图 5－3 所示，声源位于室内。设靠近开口处(或窗户)室内、室外的声级分别为 L_{p1} 和 L_{p2}。若声源所在室内声场近似扩散声场，则

$$NR = L_{p1} - L_{p2} = TL + 6 \tag{5-21}$$

式中：TL 为隔墙(或窗户)的传输损失。

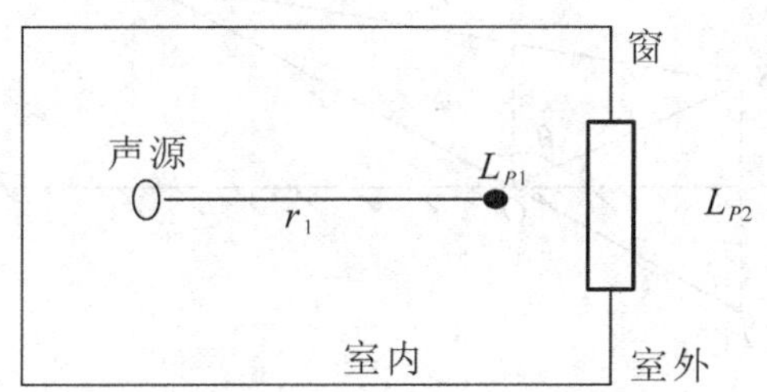

图 5－3　噪声从室内向室外传播

5. 附加衰减

附加衰减包括声波在传播过程中由于云、雾、温度梯度、风引起的声能量衰减，以及声波在地面附近传播时由于地面的反射与吸收和接近地面的气象条件引起的声衰减。在环境影响评价中，一般不考虑云、雾、温度梯度和风引起的附加衰减。但在下列特殊条件下，噪声衰减必须考虑地面效应的影响：(1)预测点距声源 50 m 以上；(2)声源距地面高度和预测点距地面高度的平均值小于 3 m；(3)声源与预测点之间的地面被草地、灌木等覆盖。若不满足上述条件，则不必考虑地面效应。

由上述情况导致的附加衰减量可以用下式计算：

$$A_{\text{exc}} = 5\lg\left(\frac{r}{r_0}\right) \tag{5-22}$$

应当注意到，不管传播距离多远，地面效应引起的附加衰减量一般不超过 10 dB(A),并且只有当距离在 50 m 以上才考虑；在声屏障和地面效应同时存在的条件下，其衰减量之和不超过 25 dB(A)。

6. 阻挡的反射效应

声波在传播过程中，若遇到建筑物、地表面、墙壁、大型设备等阻挡时，会在这些物体表面发生反射而产生反射效应，对某些位置的受声点，其声级是直达声与反射声叠加的结果，从而使其声级增高 ΔL_r。

当满足下列条件时需考虑反射体引起的声级增高：(1)反射体表面是平整、光滑、坚硬的；(2)反射体尺寸远远大于所有声波的波长；(3)入射角 $\theta < 85°$。

阻挡物对声音的反射效应一般粗略的用镜像声源法来处理。如图 5－4 所示。在图 5－4 中，被 O 点反射到达 P 点的声波相当于从虚声源 I 辐射的声波，记$\overline{SP}=$

r_d，$\overline{OP}=r_r$。经验表明，声源辐射的声波一般都是宽频带的，且满足条件 $r_r-r_d\gg\lambda$，反射引起的声级增高量 ΔL_r 可根据比值 $a=r_r/r_d$ 的大小按下述方法确定：当 $a\approx1$时，$\Delta L_r=3$ dB(A)；当 $a\approx1.4$ 时，$\Delta L_r=2$ dB(A)；当 $a\approx2$ 时，$\Delta L_r=1$ dB(A)；当 $a>2.5$ 时，$\Delta L_r=0$ dB(A)。

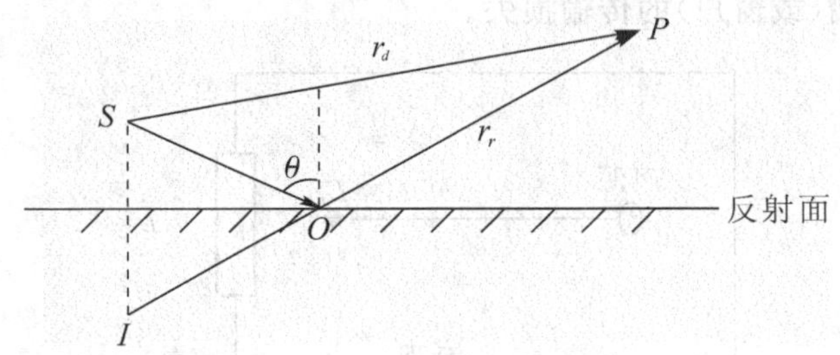

图 5-4　反射体的影响

【参考阅读】机械设备的噪声估算[5]

噪声源有许多种，而各种机械设备的噪声是人们最普遍接触的噪声，最应当引起关注。当对它的声强实测有困难时，可以通过一些经验公式进行估算得到。

1. 电机噪声

电机噪声通常由电磁噪声、机械噪声和冷却气流的噪声所组成。由于电机的声功率与电机的额定转速有关，一般可用下式计算：

$$L_W=K_p\lg W+K_n\lg N \tag{5-23}$$

式中：L_W 为电机的声功率级，dB；W 为电机的额定功率，kW；N 为电机的额定转速，r/min；K_p 为噪声功率系数；K_n 为噪声转速系数。

表 5-3 列出了主要电机系列的 K_p，K_n 值。

有关电机噪声的测定和限值标准可参见 GB 2806—81 和 GB 2807—81。

表 5-3　主要电机系列的 K_p，K_n 值

电机类型	JQ2 系列	Y 系列	Z 系列	110 kW 以上中型直流机	110 kW 以上交流异步机
K_p	18	17	22	15	23
K_n	20.5	19.5	22.5	21.6	14

2. 风机噪声

风机是常见的噪声源，它由空气动力噪声、机械噪声和电磁噪声三部分组成，向外辐射噪声的位置为风机进口、出口、机壳、电机和管道。风机噪声的频谱中，频率成分最突出的是 63～4 000 Hz，其总声功率级按下式计算：

$$L_w = K_w + 10\lg Q + 20\lg P \tag{5-24}$$

式中：L_w 为声功率级，dB；Q 为风量，m^3/min；P 为静风压，Pa；K_w 为比声功率级，dB。

比声功率级即在单位风量(1 m^3/min)、单位风压(1 Pa)工况下运行时，风机所产生的声功率。

3. 压缩机噪声

压缩机是一个多声源发声体，其噪声源主要来自吸气系统、机件传动系统和动力系统。因此，压缩机的频谱很宽，声压级也较高。

功率在 1～100 kW 范围内时，压缩机噪声的估算可用经验公式(5-25)计算：

$$L_A = 9.8\lg P + 77.4 \tag{5-25}$$

式中：L_A 为 A 声级，dB(A)；P 为压缩机输入功率，kW。

此外还可用以下三种经验公式估算。

(1)往复式压缩机的声功率级

$$L_w = 105 + 10\lg W \tag{5-26}$$

式中：W 为压缩机功率，HP(1 HP=735.498 75 W)。

(2)离心式压缩机的声功率级

$$L_w = 20\lg W + 50\lg \frac{U}{244} + 81 \tag{5-27}$$

(3)轴流式压缩机的声功率级

$$L_w = 20\lg W + 76 \tag{5-28}$$

4. 泵类噪声

泵噪声来源于流体湍流和机械摩擦两部分，如气穴、液压波动、机械零件的冲击、不平衡、共振、偏心等。泵的声功率级可用经验式(5-29)估算。

$$L_w = 97 + 10\lg 0.735W\left(1 - \frac{\eta}{2}\right) \tag{5-29}$$

式中：W 为动力功率，kW；η 为泵的效率。

当泵用电机驱动时，电机的声级可用式(5-30)计算

$$L_r = 10\lg\left(N\frac{n^2}{r^2}\right) + (8\sim10) \tag{5-30}$$

式中：L_r 为离电机 r 处的声级，dB；N 为电动机功率，kW；n 为转速，r/min；r 为测点距电机中心距离，一般为 1 m。

5. 发动机噪声

发动机噪声通常用声压级表示，可按以下经验公式计算。

(1)四冲程柴油发动机，无增压

$$L_A = 30\lg n + 50\lg\frac{R}{2.5} - 31.5 \tag{5-31}$$

(2)四冲程柴油发动机，增压

$$L_A = 40\lg n + 50\lg\frac{R}{2.5} - 66.5 \tag{5-32}$$

(3)二冲程柴油发动机

$$L_A = 40\lg n + 50\lg\frac{R}{2.5} - 54.5 \tag{5-33}$$

(4)汽油发动机

$$L_A = 50\lg n + K \tag{5-34}$$

式(5－31)至式(5－34)中：n 为发动机转速，r/min；R 为气缸径，cm；K 为常数。上述声压级的测点距发动机为 0.9 m。

(5)冲程为 100～660 mm，转速为 250～3 000 r/min，测点距发动机表面 1 m 处，其声压级则用式(5－35)估算：

$$L_A = 30\lg v + 5\lg s + 5\lg z + 60 \tag{5-35}$$

式中：v 为活塞平均速度，m/s；s 为冲程，m；z 为汽缸数。

6. 机床噪声

机床噪声可按式(5－36)估算。

$$L_A = 20\lg\left(C_1(mz)_0\sum n_i + C_2(mz)_{30}\cdot n_3\right) - K \tag{5-36}$$

式中：$(mz)_0$ 为除机床主轴外的其余轴齿轮分度圆的直径平均值，mm；$\sum n_i$ 为除主轴外其余各传动轴的实际转速之和，r/min；$(mz)_{30}$ 为主轴上各齿轮分度圆的直径平均值，mm；n_3 为主轴的实际转速，r/min；C_1，C_2，K 为考虑空转载荷及其他传动件的噪声影响系数，一般取 $C_1=3.5$，$C_2=4.5$，$K=54$。

7. 排气放空噪声

(1)排气噪声

排气噪声与排放气体的种类和数量有关，蒸汽排放噪声可按下式计算：

$$L_{A(1)} = 20\lg Q - 20\lg D + 110 \tag{5-37}$$

式中：$L_{A(1)}$ 为距离排放口 1 m 处的 A 声级；Q 为蒸汽排放流量，t/h；D 为排放口直径，mm。

(2)安全阀噪声

安全阀噪声可按下式估算：

$$L_A = 10\lg Q + 20\lg c + 87 \tag{5-38}$$

式中：c 为声速，m/s。

(3)燃烧炉、锅炉的燃烧嘴噪声

工业部门使用油料和煤气为燃料的加热炉和锅炉，通常产生以中高频为主的噪声。经测试统计，其噪声级如下：重油燃烧嘴为 105～110 dB(A)；煤气燃烧嘴为 95～105 dB(A)。

四、预测点噪声级计算和等声级图

1. 预测点噪声级的计算

一般的环境噪声预测计算程序如下：

(1)选择一个坐标系，确定出各噪声源位置和预测点位置，并根据预测点与声源 i 之间的距离将噪声源简化为点声源或线状声源。

(2)根据噪声源的噪声级数据和声波从各声源到预测点 j 的传播条件，计算出噪声从各声源传播到预测点的声衰减量，由此计算各声源单独作用时在预测点产生的 A 声级 L_{Aij}。

(3)确定预测的时段 T，并确定各声源的持续发生时间 t_i。

(4)计算预测点 j 在 T 时段的等效连续 A 声级。

$$L_{eq}(A) = 10\lg\left(\sum_{i=1}^{n} t_i \times 10^{0.1L_{Aij}} \Big/ T\right) \tag{5-39}$$

在噪声环境影响评价中，由于声源较多，预测点数量也大，故常应运用计算机完成预测工作。现在国内外已有不少成熟、定型的预测模型软件可资利用。

2. 绘制等声级图

如果将评价区划分为网格进行计算，可绘制等声级图。首先计算出各网格点上的噪声级，然后采用数学方法(如双三次拟合法、按距离加权平均法、按距离加权最小二乘法)计算并绘制等声级线。

等声级线的间隔不大于 5 dB。对于等效连续 A 声级(L_{eq})，等声级线最低可画到 35 dB、最高可画到 75 dB；对于计权等效连续感觉噪声级($WECPNL$)，一般应有 70 dB，75 dB，80 dB，85 dB，90 dB 的等声级线。

等声级图能直观反映项目的噪声级分布，可以为分析功能区噪声超标状况提供方便，同时为城市规划、城市噪声管理提供依据。

五、环境噪声影响评价[9]

1. 环境噪声影响评价内容

噪声影响评价的内容有七个方面：

(1)根据拟建项目多个方案的噪声预测结果和环境噪声评价标准，评述拟建项目各个方案在施工、运行阶段的噪声影响程度、影响范围和超标情况(以敏感区域或敏感点为主)以及各个方案噪声影响的大小，择优推荐。

(2)分析受噪声影响的人口分布(包括受超标和不超标噪声影响的人口分布)。

可以通过两个途径来估计评价范围内受噪声影响的人口：①城市规划部门提供的某区域规划人口数；②如果没有规划人口数，可以用现有人口和当地人口增长率计算预测年限的人口数。

(3)分析拟建项目的噪声源和引起超标的主要噪声源及其主要原因。

(4)分析拟建项目的选址、设备布置和设备选型的合理性，分析拟建项目设计中已有的噪声防治对策的适用性和效果。

(5)为了使拟建项目的噪声达标，评价必须提出需要增加的、适用于该项目的噪声防治对策，并分析其技术、经济的可行性。

(6)提出针对该拟建项目的有关噪声污染管理、噪声监测和城市规划方面的建议。

(7)其他考虑：拟建项目对野生动物的影响。一般来说，噪声通常会破坏野生动物的正常繁殖形式和使栖息地环境变化。因此，在靠近珍稀和濒危野生生物保护区边界开展开发行动时，应注意评估噪声对其的影响。

2. 噪声防治对策

噪声环境影响评价中，噪声防治对策应该考虑从声源和噪声传播途径两个环节上来降低噪声。

(1)从声源上降低噪声。从声源上降低噪声指将发声大的设备改造成发声小的或者是不发声的设备。其方法有：①改进机械设计，如在设计和制造过程中选用发声小的材料来制造机件，改进设备结构和形状，改进传动装置以及选用已有的低噪声设备，都可以降低声源的噪声；②改革工艺和操作方法，如用压力式打桩机代替柴油打桩机，把铆接改为焊接，液压代替锻压等；③保持设备处于良好的运转状态，因为设备运转不正常时噪声往往增高。

(2)从噪声传播途径上降低噪声。从噪声传播途径上降低噪声是一种常用的噪声防治手段，它以使噪声敏感区达标为目的，具体方法有：①采用闹静分开和合理布局的设计原则，使高噪声设备尽可能远离噪声敏感区；②利用自然地形(如位于噪声源和噪声敏感区之间的山丘、土坡、地堑、围墙等)降低噪声；③合理布置噪声敏感区中的建筑物功能和合理调整建筑物平面布局，即把非噪声敏感建筑或非噪声敏感房间靠近或朝向噪声源；④采取声学控制措施，如对声源采用消声、隔振和减振措施，在传播途径上增设吸声、隔声等措施。

(3)通过评价提出的各项噪声防治对策，必须符合针对性、具体性、经济合理性、技术可行性原则。

3. 评价结论

通过噪声影响预测、噪声影响评价和根据采取一定的防治对策后的环境噪声情况，确定推荐的拟建项目的环境噪声影响是可以接受的、可行的或不可接受的、不可行的。

第四节 实例研究——内蒙古某高速公路项目声环境评价

本项目拟建公路远离城市，沿线以农业为主、没有工业企业，不存在工业噪声污染。

一、声环境现状监测与评价

(一)噪声环境监测

1. 监测点设置：根据拟建公路中心两侧 200 m 内噪声敏感点及功能要求，确定声环境现状监测点 9 个。

2. 监测因子：等效连续 A 声级，即 L_{Aeq}(dB)。

3. 监测时间和频率：连续监测 2 天，分昼间、夜间两个时段进行，昼间 3 次，夜间 1 次。

4. 监测及分析方法：监测及分析方法按《工业企业厂界噪声标准及测量方法》(GB 12349—90)和《城市区域环境噪声测量方法》(GB/T 14623—93)执行。

5. 监测结果：噪声监测结果见表 5-4。

表 5-4　　噪声监测结果

监测点位	距公路中心位置/m	标准值/dB(A)		2005 年 7 月 7 日/dB(A)		超标情况		2005 年 7 月 8 日/dB(A)		超标情况	
		昼间	夜间	昼间	夜间	昼间	夜间	昼间	夜间	昼间	夜间
杨家营	80	60	50	52.3	43.4			50.6	41.5		
张家营	100	60	50	46.7	38.8			45.3	38.2		
六大份	65	60	50	40.7	37.9			40.5	37.3		
西水地	100	60	50	42.0	38.2			42.3	39.6		
红庙子	140	60	50	47.6	41.8			47.3	42.6		
魏家营	60	60	50	45.3	39.6			46.1	38.6		
太平服务区	120	60	50	39.5	38.2			39.9	38.0		
当铺地	60	60	50	40.3	37.7			41.9	37.1		
撒力巴村	60	60	50	49.6	40.7			48.8	39.6		

(二)噪声环境评价

1. 评价标准

噪声参照《城市区域环境噪声标准》(GB 3096—93)执行 2 类标准。具体参数见表 5-5。

表 5-5　　营运期声环境评价标准值

类别或敏感目标	昼间/dB(A)	夜间/dB(A)
GB 3096—93 中 2 类	60	50
学校教室外	60	50
医院病房室外	60	50

2. 现状评价与分析

监测值与标准值的对比结果详见表 5-4，拟建公路沿线声环境现状如下。

(1)居民区环境噪声级：昼间 L_{Aeq} 为 39.7～51.5 dB，夜间 L_{Aeq} 为 37.4～42.5 dB，满足 GB 3096—93 中的 2 类标准。

(2)拟建公路沿线学校的环境噪声级：昼间 L_{Aeq} 为 39.6～45.3 dB，夜间 L_{Aeq} 为 38.6～46.1 dB，满足《城市区域环境噪声标准》中的 2 类标准。

综上所述，拟建公路地区村庄、学校声环境质量良好，无重大声污染源，主要为农村生活噪声，居民生活环境安静，学校教学环境未受干扰。

二、环境噪声影响预测与分析

(一)施工期环境噪声影响预测与分析

1. 施工期噪声源

公路施工期噪声源主要来源于筑路机械与运输车辆发出的噪声。

2. 施工期噪声预测模式

施工噪声可近似视为点声源处理，根据点声源噪声衰减模式，估算出离声源不同距离处的噪声值，预测模式如下：

$$L_A(r)_A = L_{Aref}(r_0) - A_{dir} - A_{bar} - A_{atm} - A_{exc} \tag{5-40}$$

3. 施工噪声预测结果与影响分析

(1)预测结果

运用噪声预测模式对施工期的施工机械噪声影响进行了分析预测，预测结果如表 5-6 所示。

表 5-6　施工机械在不同距离处的噪声预测值

机械名称	噪声预测值/dB(A)									
	5 m	10 m	20 m	40 m	50 m	60 m	80 m	100 m	200 m	300 m
挖掘机	84	78	72	66	64	63	60	58	52	47
打桩机	105	99	93	87	85	83	81	79	73	69
推土机	86	80	74	68	66	65	62	60	54	49
装卸机	90	84	78	72	70	69	66	64	58	54
平地机	90	84	78	72	70	69	66	64	58	54
拌合机	87	81	75	69	67	66	63	61	55	50
压路机	86	80	74	68	66	65	62	60	54	49
摊铺机	85	79	73	67	65	64	61	59	53	48
钻井机	87	81	75	69	70	69	66	64	55	54

(2)影响分析

根据《建筑施工场界噪声限值》(GB 12523—90)的规定，不同施工阶段作业噪声限值为：昼间 70～75 dB(A)，夜间 55 dB(A)。从表 5-6 预测结果可知：施工期昼间施工机械无打桩机运行的施工场地，噪声在距施工场地 60 m 以外可达到标准限值，夜间在 200 m 处基本达到标准限值；施工噪声会对公路建设沿线的环境质量产生一定的影响，昼间主要的影响范围为距施工场地 40 m 以内的区域；夜间主要的影响范围为 200 m 以内的区域。

(二)营运期环境噪声影响预测与分析

1. 营运期噪声预测模式

(1)公路噪声预测模式

公路交通噪声预测采用不连续线源模式进行预测。根据《公路建设项目环境影响评价规范》(试行)确定本次评价采用的交通噪声预测模式如下：

①车辆昼间或夜间行驶于公路上，预测点接受到的小时交通噪声值按下式计算。

$$(L_{\mathrm{Aeq}})_i = L_{\mathrm{w},i} + 10\lg\left(\frac{N_i}{v_i T}\right) - \Delta L_{距离} + \Delta L_{纵坡} + \Delta L_{路面} - 13 \tag{5-41}$$

式中：i 为大、中、小型车；$(L_{\mathrm{Aeq}})_i$ 为 i 型车辆行驶于昼间或夜间，预测点接受到的小时交通噪声值，dB；$L_{\mathrm{w},i}$ 为的 i 型车辆的平均辐射声级，dB；N_i 为 i 型车辆的昼间或夜间的平均小时交通量；veh/h；v_i 为 i 型车辆的平均行驶速度，km/h；T 为 L_{Aeq} 的预测时间，在此为 1 h；$\Delta L_{距离}$ 为 i 型车辆行驶噪声昼间或夜间在距噪声等效行车线距离为 r 的预测点处的距离衰减量，dB；$\Delta L_{纵坡}$ 为公路纵坡引起的交通噪声修正量，dB；$\Delta L_{路面}$ 为公路路面引起的交通噪声修正量，dB。

②预测点接受到的小时交通噪声值计算公式

$$(L_{\mathrm{Aeq}})_{交} = 10\lg\left[10^{0.1(L_{\mathrm{Aeq}})_{大}} + 10^{0.1(L_{\mathrm{Aeq}})_{中}} + 10^{0.1(L_{\mathrm{Aeq}})_{小}}\right] - \Delta L_1 - \Delta L_2 \tag{5-42}$$

式中：$(L_{\mathrm{Aeq}})_{交}$ 为预测点接受到的昼间或夜间的交通噪声值，dB；$(L_{\mathrm{Aeq}})_{大}$ 为预测点接受到的大型车昼间或夜间的交通噪声值，dB；$(L_{\mathrm{Aeq}})_{中}$ 为预测点接受到的中型车昼间或夜间的交通噪声值，dB；$(L_{\mathrm{Aeq}})_{小}$ 为昼间或夜间在预测点接受的小型车交通噪声值，dB；ΔL_1 为公路曲线或有限长路段引起的交通噪声修正量，dB；ΔL_2 为公路与预测点之间的障碍物引起的交通噪声修正量，dB。

(2)复合地区交通噪声预测

公路互通立交及公路与铁路立交周围接受到交通噪声预测值按下式计算：

$$(L_{\mathrm{Aeq}})_{交,立} = 10\lg\left[10^{0.1(L_{\mathrm{Aeq}})_{交,立1}} + 10^{0.1(L_{\mathrm{Aeq}})_{交,立2}} + \cdots + 10^{0.1(L_{\mathrm{Aeq}})_{交,立i}} + 10^{0.1(L_{\mathrm{Aeq}})_{交,铁}}\right] \tag{5-43}$$

式中：$(L_{\mathrm{Aeq}})_{交,立}$ 为立交周围接受到的交通噪声预测值；dB；$(L_{\mathrm{Aeq}})_{交,立1}$ 为预测点接受到的第 1 条公路交通噪声值，dB；$(L_{\mathrm{Aeq}})_{交,立2}$ 为预测点接受到的第 2 条公路交通噪声值，dB；$(L_{\mathrm{Aeq}})_{交,立i}$ 为预测点接受到的第 i 条公路交通噪声值，dB；$(L_{\mathrm{Aeq}})_{交,铁}$ 为预测点接受到的铁路交通噪声值，dB。

(3)预测点的环境噪声预测值

预测点昼间或夜间的环境噪声预测值按下式计算：

$$(L_{\mathrm{Aeq}})_{预}=10\lg\left[10^{0.1(L_{\mathrm{Aeq}})_{交}}+10^{0.1(L_{\mathrm{Aeq}})_{背}}\right] \tag{5-44}$$

式中：$(L_{\mathrm{Aeq}})_{预}$为预测点昼间或夜间的环境噪声预测值，dB；$(L_{\mathrm{Aeq}})_{背}$为预测点预测时的环境噪声背景值，dB。

2. 预测模式中参数确定

(1)车流量

根据某公路《可行性研究报告》中交通量预测及其各评价年车型比数据，得到拟建高速公路各路段评价年小时车流量的预测值，见表 5-7。

表 5-7　拟建高速公路各路段各评价年小时车流量预测值　单位：veh/h

路段	车型	2008 年		2014 年		2022 年	
		昼间	夜间	昼间	夜间	昼间	夜间
起点～赤峰东互通	小型车	144.1	65.9	281.5	128.6	474.4	216.8
	中型车	112.6	51.5	217.2	99.3	360.0	164.5
	大型车	78.4	35.8	143.9	65.8	224.5	102.6
	总计	335.1	153.2	642.6	293.7	1058.9	483.9
赤峰东互通～元宝山互通	小型车	142.1	64.9	260.6	119.1	450.9	206.1
	中型车	111.0	50.7	201.1	91.9	342.2	156.4
	大型车	77.3	35.3	133.3	60.9	213.4	97.5
	总计	330.4	150.9	595.0	271.9	1 006.5	460.0
元宝山互通～撒力巴互通	小型车	139.7	63.8	233.7	106.8	432.3	197.6
	中型车	109.1	49.9	180.4	82.4	328.1	149.9
	大型车	76.0	34.7	119.5	54.6	204.6	93.5
	总计	324.8	148.4	533.6	243.9	965.0	441.0
撒力巴互通～终点	小型车	114.3	52.2	186.5	85.3	334.7	153.0
	中型车	89.3	40.8	145.8	66.6	261.5	119.5
	大型车	62.2	28.4	101.5	46.4	182.1	83.2
	总计	265.7	121.4	433.8	198.3	778.3	355.7

(2)车速与车辆辐射平均噪声级

高速公路上的车辆可以认为是匀速行驶，根据《公路建设项目环境影响评价规范

(试行)》(JTJ 005—96)，车速与车辆辐射平均噪声级的计算模式如表 5-8 所示。

表 5-8 不同车型车辆辐射平均噪声级计算模式

车型	汽车总质量	车速计算公式	平均噪声计算公式
小型车(S)	<3.5 t	$Y_s=237X^{-0.1602}$	$L_{w,L}=77.2+0.18Y_s$
中型车(M)	3.5～12 t	$Y_m=212X^{-0.1747}$	$L_{w,m}=62.6+0.32Y_m$
大型车(L)	>12 t	$Y_L=0.8Y_m$	$L_{w,s}=59.3+0.23Y_L$

(3)附加衰减量的计算

公路交通噪声传播途中的附加衰减量因各路段的路基形式、路面与地面的相对高度、路基两侧的地形和地物等不同而有所差异，在预测计算中根据敏感点及周围状况逐点进行计算。

3. 营运期噪声预测结果与分析

拟建公路两侧村庄、学校是环境噪声敏感点，这些敏感点都是重要的环境保护的对象，对所有这些敏感目标进行环境噪声预测和评价是十分必要的，可为公路两侧的区域的规划与管理提供依据。敏感点的环境噪声预测计算是由公路交通噪声预测值与环境噪声本底值叠加而得到。其中，交通噪声预测值是首先将根据敏感点所处桩号确定其距公路中心线的距离及与路面的高度差，再通过公式计算得到。

依据各路段的预测交通量以及公路噪声的预测模式，按平路堤形式对赤峰到撒力巴高速公路各路段不同评价年的交通噪声值进行了预测，预测结果见表 5-9。在这个预测的基础上，得到了本项目各路段公路两侧交通噪声达标距离统计值(表 5-10)。

表 5-9 拟建高速公路各路段评价年交通噪声预测值(平路堤) 单位：dB

路线	年份	时间	预测点距路中心线距离									
			20 m	40 m	60 m	80 m	100 m	120 m	140 m	160 m	180 m	200 m
起点至赤峰东互通	2008	昼间	68.76	62.81	59.28	56.94	55.07	53.83	52.37	51.3	50.36	49.52
		夜间	64.31	58.15	54.77	52.43	50.63	49.15	47.92	46.85	45.91	45.07
	2014	昼间	70.15	64.00	60.62	58.28	56.47	55.01	53.79	52.75	51.77	50.87
		夜间	65.92	59.76	56.39	54.05	52.23	50.76	49.53	48.46	47.52	46.66
	2022	昼间	71.50	65.48	62.01	59.92	58.14	56.26	54.68	53.29	52.45	51.48
		夜间	67.26	61.09	57.71	55.38	53.58	52.08	50.89	49.84	48.78	48.07

续表

路线	年份	时间	预测点距路中心线距离									
			20 m	40 m	60 m	80 m	100 m	120 m	140 m	160 m	180 m	200 m
赤峰东互通至元宝山互通	2008	昼间	68.73	62.57	59.19	56.84	55.04	53.57	52.34	51.27	50.33	49.49
		夜间	64.28	58.11	54.74	52.39	50.59	49.12	47.89	46.82	45.88	45.04
	2014	昼间	69.96	63.80	60.43	58.09	56.28	54.80	53.59	52.54	51.44	50.77
		夜间	65.70	59.54	56.17	53.82	52.01	50.54	49.31	48.24	47.30	46.46
	2022	昼间	71.35	65.34	61.81	59.77	57.92	56.25	54.88	53.45	52.64	51.84
		夜间	67.10	60.95	57.57	55.22	53.42	51.92	50.72	49.68	48.76	47.84
元宝山互通至撒力巴互通	2008	昼间	68.69	62.53	59.16	56.81	55.00	53.54	52.30	51.23	50.29	49.45
		夜间	64.24	58.06	54.69	52.35	50.55	49.08	47.85	46.78	45.84	45.04
	2014	昼间	69.69	63.54	60.16	57.82	56.02	54.55	53.31	52.26	51.33	50.30
		夜间	65.40	59.24	55.87	53.52	51.71	50.24	49.01	47.94	47.00	46.16
	2022	昼间	71.30	65.22	62.06	59.64	57.73	56.05	54.67	53.37	52.35	51.59
		夜间	66.97	60.81	57.44	55.09	53.29	51.81	50.59	49.54	48.62	47.67
撒力巴互通至终点	2008	昼间	68.31	62.15	58.77	56.42	54.62	53.15	51.92	50.85	49.91	49.07
		夜间	63.77	57.61	54.23	51.89	50.08	48.61	47.38	46.31	45.37	44.53
	2014	昼间	69.31	63.15	59.78	57.43	55.62	54.16	52.92	51.85	50.91	50.07
		夜间	64.96	58.80	55.43	53.08	51.27	49.81	48.57	47.50	46.56	45.72
	2022	昼间	70.75	64.69	61.35	59.02	57.23	55.78	54.55	53.28	52.15	51.30
		夜间	66.59	60.43	57.06	54.71	52.90	51.44	50.20	48.55	48.19	47.27

表 5-10 各路段公路两侧交通噪声达标距离统计表 单位：m

时间	标准	2008 年		2014 年		2022 年	
		昼间	夜间	昼间	夜间	昼间	夜间
起点至赤峰东互通	2 类	60	120	80	140	80	160
赤峰东互通至元宝山互通	2 类	60	120	80	140	80	160
元宝山互通至撒力巴互通	2 类	60	120	80	140	80	160
撒力巴互通至终点	2 类	60	120	60	120	80	160

表 5-11　拟建高速公路营运期环境敏感点噪声预测值

序号	桩号	敏感点	距离/m	高差/m	噪声标准/dB	时间	2008年/dB		2014年/dB		2022年/dB	
							预测值	超标量	预测值	超标量	预测值	超标量
1	K0+900（左侧）	杨家营	40	5	60	昼间	59.95		61.12	1.12	62.38	2.38
					50	夜间	55.02	5.02	56.56	6.56	57.84	7.84
2	K8+700（左侧）	张家营	100	5.5	60	昼间	55.58		56.84		58.4	
					50	夜间	50.89	0.89	52.41	2.41	53.71	3.71
3	K11+400（穿过）	六大份	50	6	60	昼间	59.34		60.66	0.66	62.04	2.04
					50	夜间	54.87	4.87	56.46	6.46	57.76	7.46
4	K12+950（右侧）	西水地	100	5	60	昼间	55.29		56.62		58.24	
					50	夜间	50.88	0.88	52.41	2.41	53.71	3.71
5	K21+526（右侧）	红庙子	140	5	60	昼间	53.57		54.54		55.61	
					50	夜间	48.93		50.08	0.08	51.29	1.29
6	K24+300（右侧）	魏家营	50	4	60	昼间	59.38		60.57	0.57	61.92	1.92
					50	夜间	54.85	4.85	56.25	6.25	57.63	7.43
7	K24+300（右侧）	东南营小学	60	4	60	昼间	59.38		60.57	0.57	61.92	1.92
					50	夜间	54.85	4.85	56.25	6.25	57.63	7.63
8	K35+100（左侧）	新立村	100	5.5	60	昼间	55.51		56.64		58.17	
					50	夜间	50.89	0.89	52.23	2.23	53.58	3.58
9	K54+700（右侧）	太平地	120	1.5	60	昼间	53.72		54.69		56.15	
					50	夜间	49.41		50.5	0.5	51.99	1.99
10	K61+90（右侧）	八台营子	60	4	60	昼间	59.22		60.21	0.21	62.09	2.09
					50	夜间	54.78	4.78	55.94	5.94	57.49	7.49
11	K62+200（左侧）	当铺地	60	4.3	60	昼间	59.23		60.21	0.21	62.09	2.09
					50	夜间	54.77	4.77	55.93	5.93	57.48	7.48
12	K68+900（右侧）	二道湾子	50	6.5	60	昼间	57.17		60.41	0.41	62.45	2.45
					50	夜间	52.76	2.76	56.24	6.24	57.88	7.88
13	K78+200（右侧）	撒力巴村	60	1.5	60	昼间	57.5		58.38		60.02	0.02
					50	夜间	52.61	2.61	53.72	3.72	55.23	5.23

由表 5－11 预测结果可知：

近期(2008 年) 昼间没有超标的村镇，声环境相对较好；夜间超标的村镇较多，包括东南营小学在内共有 11 个噪声敏感点超标。其中杨家营、六大份、魏家营、东南营小学、八台营子和当铺地等噪声敏感点超标量较大，约为 4.77～5.02 dB(A)；张家营、西水地、新立村、二道湾子和撒力巴村少量超标，为 0.88～2.76 dB(A)，其余噪声敏感点不超标。可见高速公路近期对公路两侧一定范围内的村镇等噪声敏感点有一定的影响，需在受影响较大的区域采取隔音设施。

中期(2014 年) 昼间超标的环境敏感点有 7 个，均是轻微超标，超标量为 0.05～1.12 dB(A)。夜间所有的环境敏感点均有一定程度的超标，其中杨家营、六大份、魏家营、东南营小学、八台营子、当铺地、二道湾子和撒力巴村等 8 个敏感点超标量较大，为 3.72～6.56 dB(A)，受噪声的影响较大；张家营、西水地、红庙子、新立村和太平地等 5 个敏感点超标量较小，为 0.05～2.41 dB(A)。

远期(2022 年) 昼间超标的环境敏感点有 8 个，超标量为 0.02～2.45 dB(A)，噪声影响不大。夜间所有的环境敏感点均超标。其中杨家营、六大份、魏家营、东南营小学、八台营子、当铺地、二道湾子和撒力巴村等敏感点超标量均在 7 dB(A)以上，噪声影响比较严重，必须采取一定的隔音措施；张家营、西水地和新立村等敏感点超标量为 3.58～3.71 dB(A)，超标量较大；其余敏感点超标量为 0.02～1.99 dB(A)。

从三个时期噪声超标量来看，交通噪声对公路两侧一定范围内的环境敏感点的影响较大，尤其是中远期影响更是不容忽视，必须采取一定的措施保护沿线的环境敏感点。

4. 营运期噪声防治措施

(1)从前面的分析可知，噪声超标现象主要集中在夜间，因此建议在高速公路接近村庄位置设立限速及禁止鸣笛的标志，从声源的方面对噪声进行控制，从而达到经济、有效地解决问题的目的。另外对超标量较大的村镇应加强监测，以便在声环境质量发生重大改变时采取有效、必要的防护措施。

(2)对于本项目，营运期受噪声影响主要是距离公路较近的环境敏感点，其中噪声超标时期主要是在营运的中期和远期，应视项目以及环境敏感点的特点采取相应的减缓措施。沿线拟采取的噪声防护措施见表 5－12。

(3)考虑到今后城镇、乡村的发展，建议在道路红线范围内不要新建住宅，尤其是不要新建对噪声影响敏感的建筑如医院、学校等。

表 5－12　噪声环境敏感点防护措施一览表

序号	桩号	敏感点	措施建议	
1	K0＋900(左)	杨家营	声屏障	2 m×590 m
2	K8＋700(左)	张家营	绿化带	30 m×600 m
3	K11＋400(穿过)	六大份	声屏障	2 m×340 m
4	K12＋950(右)	西水地	声屏障	2 m×500 m
5	K21＋526(右)	红庙子	绿化带	30 m×300 m
6	K24＋300(右)	魏家营	声屏障	2 m×600 m
7	K24＋300(右)	东南营小学	声屏障，加高围墙，安装隔音玻璃	
8	K35＋100(左)	新立村	声屏障	2 m×250 m
9	K54＋700(右)	太平地	绿化带	30 m×430 m
10	K61＋90(右)	八台营子	声屏障	2 m×350 m
11	K62＋200(左)	当铺地	声屏障	2 m×430 m
12	K68＋900(右)	二道湾子	声屏障	2 m×400 m
13	K78＋200(穿过)	撒力巴村	声屏障	2 m×150 m

【背景材料】预测公式的变化

2006 年 5 月 1 日起，《公路建设项目环境影响评价规范》(JTG B03—2006)正式实施，进行噪声环境影响评价所选用的预测公式应符合该规范要求，具体请参阅该规范。

【习题及思考题】

1. 解释统计噪声级中 L_{10}，L_{50}，L_{90} 的含义。
2. 噪声环境影响评价需要重点说明的问题有哪些？
3. 环境噪声影响评价应得出什么结论？
4. 如何进行噪声环境影响的预测？
5. 试利用所学知识对某一地区交通噪声进行预测和综合评价

【参考文献】

[1] 国家环境保护总局. HJ/T 2.4—1995，环境影响评价技术导则　声环境. 北

京：中国标准出版社，1995

[2] 田子贵，顾玲. 环境影响评价. 北京：化学工业出版社，2004

[3] 洪宗辉，潘仲麟. 环境噪声控制工程. 北京：高等教育出版社，2002

[4] 张征，沈珍瑶，韩海荣，等. 环境评价学. 北京：高等教育出版社，2004

[5] 国家环境保护总局监督管理司. 中国环境影响评价培训教材. 北京：化学工业出版社，2001

[6] 刘加林，秦学玲，王力红，等. 常用噪声评价量的特点及运用. 四川环境，2002，4(21)：83－85

[7] 贾新平. 城市环境噪声评价方法新探. 干旱环境监测，1995，4(9)：236－240

[8] 金腊华，邓家泉，吴小明. 环境评价方法与实践. 北京：化学工业出版社，2005

[9] 李耀中. 噪声控制技术. 北京：化学工业出版社，2001

第六章 生态环境影响评价

【本章导读】

生态影响评价是指对开发建设项目在建设和运行过程中对生态系统造成的非污染性影响进行评价，通常也称为非污染生态影响评价。开发建设项目生态环境影响评价的主要目的是认识区域的生态环境特点与功能，明确开发建设项目对生态环境影响的性质、程度，确定应采取的相应措施以维持区域生态环境功能和自然资源的可持续利用性。通过评价，可明确开发建设者的环境责任，同时为区域生态环境管理提供科学依据，为改善区域生态环境提供建设性意见。开发建设活动对生态环境的影响，无论是项目建设还是区域开发，都具有区域影响性质和影响效应的累积性特点。因此，建设项目的环境影响评价应从区域着眼，认识生态环境的特点与规律，从项目着手实施生态环境保护与建设措施。

第一节 概 述

开发建设项目生态影响评价应遵循生态影响评价的基本原则，并应特别强调其针对性原则。由于生态系统具有较强的地域性特点，相同的开发建设项目在不同地域可能会有完全相同的评价结果[1]。因此，建设项目的生态影响评价应以实地调查为主，评价结论应符合项目建设的环境特点，生态环境保护措施应做到因地制宜、因害设防、重点建设、讲求效益。生态影响评价的范围、内容、标准、等级和评价方法等，需根据开发建设活动的影响性质、影响程度和生态环境条件作具体的分析和确定。

一、生态环境影响评价等级的划分

评价等级的划分是为了确定评价工作的深度和广度，体现对开发建设项目的生态环境影响的关切程度和保护生态环境的要求程度。《环境影响评价技术导则 非污染生态影响》(HJ/T 19—1997)根据评价项目对生态环境影响的性质、程度和影响范围的大小，将生态影响评价工作的级别划分为1，2，3级[2,3]。

经过对工程和项目所在区域进行初步分析，选择1～3个主要生态影响方面按

表 6－1 列出的生态影响及生态因子变化的程度和范围进行工作等级划分。如果选择的生态影响多于 1 个，则依据其中评价等级最高的生态影响确定开发建设项目的工作等级。

根据评价等级划分原则，凡是造成生态环境不可逆变化或影响程度大或影响到敏感目标的开发建设项目，一般需进行一级生态环境影响评价。另外，2 级以上的评价要满足生态完整性的要求，对生态影响是否超越了区域的生态负荷或环境容量进行分析确定；3 级的评价可以从简，但也要对主要生态影响进行分析确定。

生态影响的变化程度应采用定量或半定量方式表述。难以定量的生态影响变化程度应采取专家评估的方式确定，也可通过历史图件的综合比较、采用背景比较分析方法确定。要分析原自然系统或次生系统的生产力是否降低、降低的范围和程度，以此作为判定的根据。

另外，可以根据项目的性质、总投资和产值，项目所在区域生态环境的敏感程度，生态影响的空间分布情况等，对评价的级别作适当调整，但调整幅度上下不应超过一级，调整或从简结果应征得环保主管部门同意。

表 6－1　　生态影响评价工作等级[2]

主要生态影响及其变化程度	工程影响范围		
	＞50 km²	20～50 km²	＜20 km²
生物群落			
生物量减少(＜50％)	2	3	
生物量锐减(≥50％)	1	2	3
异质性程度减低	2	3	
相对同质	1	2	3
物种的多样性减少(＜50％)	2	3	
物种的多样性锐减(≥50％)	1	2	3
珍稀濒危物种消失	1	1	1
区域环境			
绿地数量减少，分布不均，连通程度变差	2	3	
绿地减少 1/2 以上，分布不均，连通程度极差	1	2	3
水和土地			
荒漠化	1	2	3
理化性质改变	2	3	
理化性质恶化	1	2	3
敏感地区	1	1	1

二、生态环境影响评价范围与评价标准

(一)评价范围

生态因子之间互相影响和相互依存的关系是划定评价范围的原则和根据。非污染生态影响评价的范围主要根据评价区域与周边环境的生态完整性确定[4]。而生态系统结构的完整性、运行特点和生态环境功能，都是在较大的时空范围内才能完全和清晰地表现出来，因而生态环境影响评价的时空范围宜大不宜小，一般应大于开发建设活动直接影响所及的范围。确定生态环境影响评价范围主要应考虑的因素是地表水系特征、地形地貌特征、生态系统特征以及开发建设项目特征。

对于 1，2，3 级评价，要以重要评价因子受影响的方向为扩展距离，一般分别不能小于 8～30 km，2～8 km 和 1～2 km。一般应包括：①直接作用区，指生态系统可能受到拟议项目各种活动的直接影响的地区；②间接作用区，指与环境污染物运输、食物链转移及动物的迁移或洄游行为有关的间接影响地区；③对照区，为了对比和提供某些背景资料而选择的与评价区自然生态条件相似的参考地区[5]。

(二)评价标准

现行的环境影响评价以污染控制为宗旨，其评价标准有两类：环境质量标准和污染物排放标准。在进行环境影响评价时，以是否达到标准要求作为项目可行与否的基本度量。在进行生态影响评价时，也需要一定的判别基准。但是，生态系统是一种类型和结构多样性很高、地域性特别强的复杂系统，其影响变化包括生态结构的变化和环境功能的变化，既有数量变化问题，也有质量变化问题，并且存在着由量变到质变的发展变化规律，因而评价的标准体系不仅复杂，而且因地而异[6]。此外，生态环境评价是分层次进行的，评价标准也是根据需要分层次决定的，即系统整体评价有整体评价的标准，单因子评价有单因子评价的标准。

1. 生态环境影响评价的标准来源

(1)国家、行业和地方规定的标准：国家已发布的环境质量标准如《农田灌溉水质标准》(GB 5084—2005)、《保护农作物的大气污染物最高允许浓度》(GB 9137—88)、《农药安全使用标准》(GB 4285—89)以及地表水、海水水质标准等。

(2)地方环境规划：主要是地方政府规划的环境功能区及其目标指标，如河流功能规划、区域绿化指标、水土流失防止要求等。

(3)背景或本底标准：以项目所在区域生态环境的背景值或本底值作为评价标准，如区域植被覆盖率、区域水土流失本底值等。

(4)类比对象：以未受人类严重干扰的相似生态环境或以相似自然条件下的原生自然生态系统作为类比标准；以类似条件下的生态因子和功能作为类比标准，如类似生态环境的生物多样性、植被覆盖率、蓄水功能、防风固沙能力等。

(5)科学研究已阐明的生态影响阈值：通过当地或相似条件下科学研究已判定的保障生态安全的绿化率要求、污染物在生物体内的最高允许量、特别敏感生物的环境质量要求等，亦可作为生态环境影响评价中的参考标准。

2. 标准的应用

建设项目对大气和水环境的污染影响只是增加其中的异物质，引起质量发生变化，对生态环境的影响除了对生态系统输入异物质而影响其质量外，还常常随着土地利用方式的改变而部分或完全改变生态系统的结构，形成新的生态系统。所以，仅从结构上无法定量地说明生态系统的盛衰或变优变劣。但是，任何一个生态系统结构方式都具有相应的生态环境功能，如生产生物资源的功能、储蓄水的功能、改善气候的功能和社会文化功能等[7,8]，这些生态环境功能恰是人类对生态环境的基本需求和关注点。因此，可以通过建设项目实施前后生态系统生态环境功能的变化来衡量生态环境的优劣。在生态影响评价中，所有能反映生态环境功能和表征生态因子状态的标准和其指标值，可以直接用作判别基准；大量反映生态系统结构和运行状态的指标，需按照功能与结构对应性原理，根据生态环境具体性状，借助于一些相关关系，经适当计算而转化为反映环境功能的指标，方可用作判别基准。

三、生态影响识别和评价因子的筛选

环境影响识别是将开发建设活动的作用和环境的反应结合起来作为综合分析的第一步，目的是明确主要影响因素、主要受影响的生态系统和生态因子，从而筛选出评价工作的重点。

(一)影响因素识别

这主要是对作用主体(开发建设项目)的识别。作用主体应包括主要工程和全部辅助工程(如施工辅助、作业场所、居民搬迁安置等)。在项目实施的时间顺序上，包括施工建设期和营运期的影响因素识别，有的项目甚至还包括设计期(如选址和决定施工布局)和服务期满(如矿山闭矿)的影响识别。此外，还应识别不同的作业方式所造成的不同影响，如集中开发建设地区、分散的影响点和永久占地与临时占地等影响因素[9]。

影响因素的识别内容还包括影响的发生方式、作用时间的长短，是直接作用还是间接作用等方面。

(二)影响对象识别

这主要是对影响受体(生态环境)的识别。识别的内容包括：对生态系统组成要素的影响，如组成生态系统的生物因子和非生物因子；对区域主要生态问题的影响，如水土流失、沙漠化和各种自然灾害等；有无影响到敏感生态保护目标，如水源地、风景名胜区、自然保护区、珍稀濒危动植物、脆弱生态系统等；是否影响到地方要求的特别生态保护目标，如文物古迹、自然遗迹等。

(三)影响效应识别

影响效应识别主要是对影响产生的生态效应进行识别。它包括：①影响的性质，是正影响还是负影响，是可逆影响还是不可逆影响，可否恢复或补偿，有无代替，是累积性影响还是非累积性影响；②影响的程度，即影响发生的范围大小，持续时间的长短，影响发生的剧烈程度，受影响生态因子的多少，是否影响到生态系统的主要组成因子等；③影响的可能性，即发生影响的可能性与概率，影响可能性可按极小、可能、很可能来识别。

(四)重要生境识别

有一些生境对生物多样性保护具有重要意义，许多生物从一定的地域内消失，就是因为人类侵占或破坏了它们赖以生存的生境[4]。生态影响识别和生态环境调查中，要认真识别这些重要的生境，并采取有效的措施加以保护。重要的生境有：天然林，如原始森林和森林公园等；天然海岸，尤其是沙滩、海湾等；潮间带滩涂；河口和河口湿地；湿地与沼泽，包括河湖湿地如岸滩或河心洲、淡水或赶潮沼泽等；红树林与珊瑚礁；无污染的天然溪流和河道；自然性较高的草原、草山、草坡等。

(五)关键环境问题识别和评价因子筛选

根据对拟建项目潜在环境问题的分析，以及对项目性质和区域生态环境基本特征的分析，识别关键问题；并用列清单法或矩阵法对主要评价因子进行筛选，在完成现状评价后进一步确认主要的评价因子[8]。在这个识别和筛选过程中，要初步判定评价因子的性质、变化过程，并定性预测变化结果。生态环境的功能是多种多样的，在建设项目生态环境影响评价中，一般不可能对所有的功能变化都作出定量评价，因而一般应根据主要功能的分析和筛选，有选择地进行评价。评价因子主要依据功能区域环境特点、敏感环境、社会经济可持续发展对生态环境功能的需求、主要生态限制因子和主要存在的生态环境问题等筛选确定。

第二节 生态环境现状调查与评价

一、生态环境状况调查

生态环境调查是进行生态环境影响评价的基础性工作。生态系统的地域性特征决定了细致周详的生态环境现场调查是必不可少的工作步骤。生态环境调查也应尽可能了解历史变迁情况。

(一)自然环境状况调查

自然环境状况调查内容包括:评价区内气象气候因素、水资源、土地资源、动植物资源、评价区人类活动历史对生态环境的干扰方式和强度、自然灾害及其对生态环境的干扰破坏情况和生态环境演变的基本特征等。一般陆地生态系统调查的主要内容如表6-2所示。

表6-2 陆地生态系统调查主要内容

调查内容		指标	评价作用
气候与气象调查	降水	降水量及其时间分布	确定生态类型、分析蓄水滞洪功能需求等
	蒸发	蒸发量、土地湿度	分析生态特点、脆弱性或稳定程度
	光、温	年日照时数、年积温等	分析生态类型、生物生产潜力等
	风	风向、风力、风频	分析侵蚀、风灾害、污染影响
	灾害气候	台风、风暴、霜冻、暴雨等	分析系统稳定性、气候灾害、减灾功能要求
地理地质与水土条件调查	地形地貌	类型、分布、比例、相对关系	分析景观特点、生态系统特点、稳定性、主要生态问题、物流等
	土壤	成土母质、演化类型、性状、理化性质、厚度、物质循环速度、肥力、有机质、土壤生物特点和外力影响	分析生产力、生态环境功能(持水性、保肥力、生产潜力)等
	土地资源	类型、面积、分布、生产力、利用情况	分析景观特点、系统相互关系、生产力与生态承载力等
	耕地	面积、肥力、生产力、水利状况、人均量等	生产力、区域人口承载力与可持续发展能力

续表

调查内容		指标	评价作用
地理地质与水土条件调查	地表水	水系径流特点、水资源量、水质、功能、利用等	分析生态类型、水生生态、水源保护目标等
	地下水	流向、资源量、水位、补排、水质、利用等	分析采水的生态影响、确定水源保护范围
	地质	构造结构及其特点	生态类型与稳定性
	地质灾害	方位、面积、历史变迁	分析生态建设需求，确定防护区域
生物因子的调查	植物	植被类型、分布、面积、建群种与优势种、生长情况、生物量、植物资源种类、生产力、覆盖度、利用情况	分析生态结构、类型，计算环境功能，分析生态因子相关关系，明确主要生态问题，计算社会经济损失，明确保护目标与措施
	动物	类型、分布、种群特征、食性与习性、生殖与栖息地等	分析生物多样性影响、明确敏感保护目标、分析资源保护途径与措施

在生态环境调查中，除表 6 - 2 所列的调查内容外，还有两类重要的调查：一是区域生态环境问题调查，二是生态环境特别保护目标调查。

(二)主要生态环境问题调查

生态环境问题主要指水土流失、沙漠化、盐渍化以及环境污染的生态影响(表 6 - 3)。这类问题须重视其动态和发展趋势，许多生态环境问题发展到一定程度就以灾害的形式表现出来，严重的水土流失导致洪灾和泥石流灾害，土地沙漠化导致沙尘暴和土地与城镇的沙埋等。

表 6 - 3　　一般生态环境问题调查主要内容

生态问题	指标	评价作用
水土流失	历史演变、流失面积与分布、侵蚀类型、侵蚀模数、水分肥分流失量、泥沙去向，原因与影响	分析生态系统动态变化、环境功能保护需求，控制措施及其实施地
沙漠化	历史演变、面积与分布、侵蚀类型、侵蚀量、侵蚀原因与影响	分析生态系统动态变化、环境功能需求、改善措施方向
盐渍化	历史演变、面积与分布、程度、原因与影响	分析生态系统敏感性、水土关系，寻求减少危害和改善的途径

续表

生态问题	指标	评价作用
污染影响	污染来源、主要影响对象、影响途径、影响后果	寻求防止污染、恢复生态系统的措施
自然灾害	类型、地区、面积、历史变迁、发生率、危害等	评价规划布局、确定防护区域、编制生态建设方案和管理计划

(三)社会经济状况调查

社会经济调查主要目的是为了解社会经济发展与环境的相互作用。开发建设项目的社会经济调查围绕项目建设与区域经济发展、人民生活、人群健康以及社会文化的相互作用展开。社会经济状况调查主要包括四个方面的内容。

1. 社会结构情况调查，包括：人口密度、人均资源量、人口年龄构成、人口发展状况以及生活水平的历史和现状，科技和文化水平的历史和现状，评价区域生产的主要方式等。

2. 经济结构与经济增长方式主要包括：产业构成的历史、现状及发展，自然资源的利用方式和强度。

3. 移民问题的调查主要包括：迁移规模、迁移方式、预计的产业情况、居住区情况调查以及潜在的生态问题和敏感因素的分析。

4. 自然资源量的调查，包括：农业资源、气候资源、海洋资源、植被资源、矿产资源、土地资源等的储藏情况和开发利用情况。

(四)图件收集和编制

调查中要注意已有图件的收集。根据工作等级不同，对图件的要求也不同。主要收集的图件资料有：①地形图(评价区及其界外区的地形图，其比例尺一般为1/10 000～1/500 000)；②基础图件：包括土地利用现状图、植被图、土地侵蚀图等；③卫星图片：当已有图件不能满足评价要求时，一级评价可应用卫星解译编图以及地面勘查、勘测、采样分析等予以补充。卫星图片要缩放到与地形图匹配的比例，并进行图像处理，突出评价内容，如植被、水文、动物种群等。上述调查内容和编绘的图件目录要在大纲中列出，并报环保部门审批[3]。

此外，在大纲中要给出项目位置图和工程平面布置图。大纲经环保部门审批后，评价单位要严格按批复执行。

二、生态分析

生态分析是在生态调查已获得相当信息的基础上，运用生态学原理进行的由此及彼、由表及里、由局部到整体的综合研究过程[10]。分析的目的是深入认识生态系统的内在本质和外在表征，明确区域主要生态环境问题，认识评价区域不同生态系统之间和各生态因子间的相互关系，分析区域资源优势以及生态环境与社会经济的相互联系等，从而为进一步的评价工作奠定基础。

(一)生态系统分析

在生态调查的基础上进行的生态系统分析，主要是认识系统本身的特点与规律。

首先须认识生态系统的类型，如森林生态系统、农业生态系统、城市生态系统等。区分类型的目的是认识不同类型生态系统的内在规律与特点，考察不同类型生态系统间相生相克的关系，认识区域内居优势的生态系统、各生态系统的主要环境功能和优势资源。

其次是生态系统的整体性分析，其应从区域或流域等较大的空间着眼，依据生态学基本原理进行。整体性分析主要内容包括：生态系统地域分布的连续性、组成层次和结构完整性、组成因子的匹配与协调性以及食物链(网)的完整性等。

而生态系统的运行情况分析主要是考察系统物质的输入、输出及其在系统内的循环特点，系统能量流动特征，系统与系统之间物质和能量的交换与流动的主要途径和特点。

生态系统环境服务功能的分析则主要是分析生态系统的现实功能和区域可持续发展对生态环境功能的需求。

(二)相关性分析

相关性分析，就是将纷繁浩杂的生态关系进行梳理，确定那些相关性特别强的系统或因子，揭示生态系统的本质，进而采取最有效的措施达到保护和改善生态环境的目的[11]。

在实际工作中，相关性分析都是针对具体对象进行的，可列矩阵表达之。生态环境因子相关性分析可采用两两比较的方法进行，对于复杂的生态系统或分析精度要求较高时，还可借助一些数学方法来进行分析。

在相关性分析中，食物链(网)的分析具有特别重要的意义。在海洋、湖泊这类水生态系统中，这种相关关系更为敏感，进行相关性分析也就变得更为必要。

（三）生态约束条件分析

生态约束条件指主要制约或左右生态系统盛衰或发展趋势的因素，它常是造成生态系统脆弱性的主因。生态约束条件分析的目的是认识主导生态系统“安全”的主要因子，或者就是为了判明制约生态系统环境功能发挥或影响生态环境改善的主要障碍因素。

生态约束条件分析是在实地调查的基础上并根据区域生态环境变迁历史来进行识别的，一般陆地生态系统的分析重点包括：水分约束、土地与土壤约束、气候条件约束、地理地质条件约束、生物条件约束和社会经济条件约束。

（四）生态特殊性分析

生态系统的地域特点和特殊地域对生态功能的特殊要求，使进行生态特殊性分析变得十分必要。生态特殊性分析的主要内容包括以下三点。

1. 生态系统特殊性分析。如荒漠生态系统对水分的极端敏感性，使得人类干预这类系统时要对水的运行特点和规律给予特殊的关注。

2. 主导性生态因子分析。在生态结构与功能分析、生态因子相关性分析和生态约束条件分析的基础上，要明确各个生态系统的主导性生态因子，即对生态系统的稳定性或生死存亡具有决定性影响的因子。

3. 敏感生态环境保护目标分析。敏感生态目标是指生物多样性高或需要特别保护的生态系统和生境。

三、生态环境现状评价

生态系统评价方法大致可分为两种类型。一种是作为生态系统的评价方法，主要考虑的是生态系统属性的信息，较少考虑其他方面的意义。例如早期的生态系统评价就是着眼于某些野生生物物种或自然区的保护价值，指出某个地区野生动植物的种类、数量、现状，有哪些外界（自然的、人为的）压力，根据这些信息提出保护措施建议。现在关于自然保护区的选址、管理即属于这种类型。另一种评价方法是从社会—经济角度评价生态系统，即估计人类社会对自然环境的影响，评价人类社会经济活动所引起的生态系统结构、功能的改变及其改变程度，提出保护生态系统和补救生态系统损失的措施。其目的在于保护社会经济持续发展的同时保护生态系统免受或少受有害影响[12]。两类评价方法的基本原理相同，但由于影响因子和评价目的不同，评价的内容和侧重点不同，方法的复杂程度也不尽相同。

目前，生态评价方法尚处于研究和探索阶段，大部分评价采用定性描述和定量分析相结合的方法进行，而且许多定量方法由于不同程度地有人为主观因素的参与而增加了其不确定性[13]。因此，对生态环境影响评价来说，起决定性作用的是对评价的对象(生态系统)有透彻的了解，大量充实的现场调查和资料收集工作，由表及里、由浅入深的分析工作，以及对问题的全面了解和深入认识。目前常用的现状评价方法有图形叠置法、系统分析法、生态机理分析法、质量指标法、景观生态学法和数学评价法等。

生态环境现状评价需要将生态分析得到的重要信息进行量化，定量地或比较精细地描述生态环境的质量状况和存在的问题[13]。生态环境结构的层次性特点，决定着生态环境的评价也具有层次性，生态环境现状评价通常可按以下几个层次进行评价，包括：对生态系统的生物成分(生物种、种群、群落等)和非生物成分(水分、土壤等)的评价，即生态系统因子层次上的状况评价；生态系统整体结构与环境结构的评价；区域生态环境问题以及自然资源的评价等。另外，在开发建设项目的生态环境评价中，一般对可控因子作较详细的评价，以便采取保护或恢复性措施；对人力难以控制的因子，如气候因子等，一般只作为生态系统存在的条件和影响因素看待，只作生态分析和生态影响分析，不作为评价的对象。

(一)生态因子现状评价

大多数开发建设项目的生态环境现状评价是在生态因子的层次上进行的，其评价内容包括以下几个方面。

1. 物种

当拟议项目的作用区内存在某些具有独特意义的物种而要确定其保护价值时要进行物种评价。其最简单的方法是根据普遍公认的准则，在调查的基础上，列出评价区内应该保护的物种清单，并进行优先保护顺序的排序。

Moore 认为以下几类野生生物具有较大保护价值[14]：①已经知道具有经济价值的物种；②对研究人类行为学有意义的物种(如人猿)；③有助于进化科学研究的物种(如化石)；④能给人以某种美的享受的物种；⑤有利于研究种群生态学的物种；⑥已经广泛研究并有文件规定属于保护对象的物种；⑦某些正在把自己从原来的生存范围向其他类型栖息地延伸扩展的物种。

自然资源保护的决策要求，对物种或栖息地的评价即使不能定量化，也要给出一种保护价值的优先排序。

2. 群落

群落评价的目的是确定需要特别保护的种群及其生境，一般采用定性描述的方法。对个别珍稀而有经济价值的物种须进行重点评价。

【参考阅读】群落保护类别划分

对某项工程拟建场址 3 km 半径范围内不同栖息地(水体、废料堆、农田、草原、洼地、森林)的主要哺乳动物按照丰度分为以下四类。

A——丰富类，当人们在适当季节来栖息地观察时，每次看到的数量都很多。

C——普遍类，人们在适当季节来访时，几乎每次都可以看到中等数量。

U——非普遍类，只能偶尔看到。

S——特殊关心类，珍稀的或者可能被管理部门列为濒危类的物种。

对工程场地 3 km 半径范围内的哺乳动物、鸟类、两栖类和爬行动物按其处境的危险程度分为以下几类：

E——濒灭类，有可能成为灭绝物种的。

T——濒危类，物种已经衰退，要求保护以防物种遭受危险。

S——特殊类，局限在极不平常的栖息地上的物种，需要特殊的管理以维持栖息地完整的栖息地上的物种。

B——由特别法律监督控制和保护的毛皮动物。

为了便于计划者、项目的设计者和管理者理解和应用，特别是为了替代方案的比较选择，环境影响评价中可对栖息地、群落评价采用半定量的优化排序的方法。普遍做法是给各个生态特征因子打分，并按其在生态系统结构、功能中的相对重要性确定权重因子，最后计算总分作为评价区生态系统相对价值的判定依据。

3. 土壤

土壤评价包括土壤的成土母质，形成过程，理化性质，土壤类型、性状与质量(有机质含量，全氮、有效磷、有效钾含量，并与选定的标准比较而评定其优劣)，物质循环速度，土壤厚度与容重，受外环境影响(淋溶、侵蚀)状况，土壤生物丰度，保水蓄水性能，土壤碳氮比(保肥能力)以及污染水平等。

4. 水资源

水资源评价包括地表水资源与地下水资源评价两大领域，评价内容主要是水质与水量两个方面。水质评价是污染性环评的主要内容之一。生态环境影响评价中水环境的评价亦有两个方面：一是评价水的资源量；二是与水质和水量都有紧密联系的水生生态评价[15]。

(二)栖息地(生境)评价

栖息地是指生物活动的场所，由生物赖以生存的生物环境和非生物环境构成。

栖息地破坏是导致生物多样性损失的重要原因。栖息地评价主要包括以下几种方法。

1. 分类法

分类法是将评价区的各种生境按自然保护区标准分类方法进行归类，并列表表达。

【参考阅读】英国自然保护委员会按自然保护价值不同，将栖息地分为三类[16]。

第一类　野生生物物种的最主要的栖息地：原生林，高山顶，未施用过肥料和除莠剂的永久性牧场与草原，低地湿地，未污染过的河流、湖泊、运河，永久性堤堰，大型沼泽地与泥炭地，海岸栖息地(峭壁、沙丘、盐沼等)。

第二类　对野生生物有中等意义的栖息地：人造阔叶林、新种植的针叶林、高沼地与粗放放养的农业池塘、公路和铁路路边、具有丰富野草植物区系的可耕地、大型森林、成年人造林、小灌木林、交错区人造林、树篱、砾石堆、小沼泽地和小泥炭地、废采石场、未管理好的果园、高尔夫球场等。

第三类　对野生生物意义不大的栖息地：没有地面覆盖层的人造针叶林、临时水体、改良牧场、机场、租用公地、园艺作物园、商业性果园、城镇无主土地、各种污染水体、暂时牧场的可耕地、球场、小菜园、杂草很少的可耕地、工业和城市土地等。

2. 栖息地评价图法

栖息地评价图法根据栖息地面积、稀有性和植被构造等特征进行客观评价，然后根据结果按块绘制出生境的评价图。

【参考阅读】摩天岭山系大熊猫栖息地环境质量评价

①经野外调查，摩天岭地区的竹类对生物群落结构、生态特征及物质循环起作用，其中灌木层的箭竹起主要作用。

②通过对航片的间接解释，获取竹类分布信息。并判断灌木林地主要分布在海拔 2 350～2 450 m 的中坡度区，坡向为北偏东约 35°。

③进行地面采样和野外验证。采用典型采样与整群抽样相结合的方式，主要在竹类受灾严重和生长较好的地区布设样方，样方要有代表性，并有针对性地选择小斑块调查，以验证航片的判读结果。

④将地面抽样调查实测的单位面积竹类生物量与实测影响生物量的因素进行回归分析，建立回归方程，计算航片每小斑块单位面积的生物量，然后乘以每一小斑块的面积、竹类所占成数。经统计得出竹类生物量。

⑤以单位面积竹类生物量作为判断大熊猫栖息地环境质量的指标，即将航片各小斑块竹类生物量划等级进行评价。

表 6－4　生态环境质量等级划分

等级	Ⅰ	Ⅱ	Ⅲ	Ⅳ	Ⅴ
单位面积生物量 $/10^3\ kg\cdot(hm^2)^{-1}$	＞35	35～27	27～14.9	14.9～11.3	＜11.3
含义	理想生境，最佳栖息地		一般生境，经常出没地		较差生境，很少有大熊猫活动

⑥评价结论：摩天岭山系总面积 2 124 420 hm^2，竹类资源分布面积占 54.9％。竹类生物量 414 300 t，大熊猫最佳栖息环境占 44％。

⑦根据评价结果绘制出大熊猫栖息地等级图。

3. 生态价值评价法

Watt 等[17]对东安哥里亚的 Yare 河谷的评价中，选择珍稀物种、物种多样性、栖息地多样性等生态因子，综合考虑科研价值、教育价值和美学价值等 11 个特征参数进行生态价值评价。其步骤如下：

①按 11 个特征标准(表 6－5)给每个栖息地的保护价值打分。

表 6－5　11 个特征标准及保护价值分

特征标准	最大分值	特征标准	最大分值
存在珍稀物种	10	脊椎动物质量	15
物种多样性	10	无脊椎动物质量	10
存在稀有栖息地	5	研究价值	5
栖息地多样性	10	教育价值	5
高等植物质量	20	美学价值	5
低等植物质量	5	最大总分	100

②计算各个栖息地的保护价值 CV：

$$CV = \sum_{i=1}^{n} C_i \qquad (6-1)$$

式中：C_i 为各特征标准分。

③根据 CV 值，将栖息地分级：Ⅰ级，100～65；Ⅱ级，64～55；Ⅲ级，54～45；Ⅳ级，44～35；Ⅴ级，34～25；Ⅵ级，0～24。

(三)生态系统质量评价

我国学者曹洪法 1995 年提出生态系统质量分析方法，该方法考虑植被覆盖率、群落退化程度、自我恢复能力、土地适应性等特征，按百分制给各特征赋值。生态系统质量 EQ 按下式计算：

$$EQ = \sum_{i=1}^{N} A_i / N \qquad (6-2)$$

式中：EQ 为生态系统质量；A_i 为第 i 个生态特征的赋值；N 为参与评价的特征数。

按 EQ 值将生态系统分为五级：Ⅰ级，100～70；Ⅱ级，69～50；Ⅲ级，49～30；Ⅳ级，29～10；Ⅴ级，9～0。

以上几个半定量评价方法的共同点是按各生态因子的优劣程度分级给分，按其相对重要性确定权重因子，最后以“保护价值”或“生态系统质量”形式给出半定量评价结果。这种方法对开发建设项目替代方案优选或自然资源保护价值判定有简明、直观和易操作的优点。但由于各种方法侧重的因子不同、精度要求不同和对现场实测数据要求不同，在评价参数给分和权重确定方面有不同程度的主观倾向性，造成互相之间缺乏“兼容性”，评价结果难以相互比较。另外，由于评价参数是以生态系统中的生物特征为主，对生态系统中的物理因子考虑较少，这些方法对于以破坏自然资源或生物资源为主的项目的环境影响评价或对自然保护区的评价比较适宜，而对于引起生态系统物理特征剧烈改变并导致生物特征改变的现代工业建设项目的环境影响评价则需要补充或单独进行物理特征影响的评价。

生态环境现状评价方面，评价方法根据评价的主要目的、要求及生态系统的特点而定。物种评价、群落评价和栖息地评价都是以阐明某一问题为主或从阐明某一重点问题入手，同时反映系统的整体情况和其他信息。基于生态系统的整体性，《环境影响评价技术导则　非污染生态影响》特别推荐在生态制图的基础上进行生态现状评价，即通过各种生物和非生物因子在空间的布局和相互关系来反映功能状况，例如通过植被斑块的空间分布、连通情况来分析物种和生物多样性资源的“栖息”和“流动”状况，通过植被自身的异质性来分析自然组分抗御内外干扰的能力，通过周边生物群落与评价区生物群落连通状况来分析周边自然生态对评价区域生境的支撑能力等。

(四)区域生态环境和自然资源现状评价

1. 区域生态环境现状评价

一般区域生态环境问题是指水土流失、沙漠化、自然灾害和污染危害等几大类。这类问题亦可以进行定性与定量相结合的评价，如：通用土壤流失方程计算工程建设导致的水土流失量；用侵蚀模数、水土流失面积和土壤流失量指标可定量地评价区域的水土流失状况；测算流动沙丘、半固定沙丘和固定沙丘的相对比例，辅之以荒漠化指示生物的出现，可以半定量地评价土地沙漠化程度；通过类比，可以定性地评价生态系统防灾减灾(削减洪水，防止海岸侵蚀，防止泥石流，滑坡等地质灾害)功能。

2. 自然资源现状评价

无论是水土资源还是动植物资源，因其巨大的经济学意义，一般都已被人类利用，因此都应有相应的经济学评价指标。例如，评价需对土地资源进行分类，阐明其适宜性与限制性，现状利用情况(需附图表达)以及开发利用潜力；评价需对耕地分等级，并可用历年的粮食产量来衡量其质量，评价中应阐明其肥力、通透性、利用情况、水利设施状况、抗洪涝能力、主要灾害威胁等。一般而言，环境质量高，其资源的生产率亦高，经济价值也高，因而可以将有些经济学评价方法引入到环境评价中来。

生态环境影响评价中，对自然资源的评价应从可持续发展的观点出发，评价其资源现状、发展趋势、受到的主要压力和承受干扰的能力[18]。其中，应特别关注土地资源和水资源等关系人类生存和区域可持续发展的自然资源。自然资源评价还应特别注意景观资源的评价，许多情况下，景观资源可构成敏感保护目标或某些地区的优势资源。

(五)重要评价因子再确定

重要评价因子(预测因子)再确定通常可以采用生态机理分析法或类比分析法，在现状评价的基础上得到再确认，也可以借助数学方法进行要素的重要性分析，得到再确认的评价因子与预测过程。

第三节 生态环境影响预测与评价

一、生态环境影响分析

生态环境影响分析包括影响因素分析和影响效应分析两个方面。由于建设项目的所有活动都有可能对生态环境造成影响，生态环境影响评价首先要注意全面性，应包括从选址选线、勘察设计、施工期、营运期直至服务期满的全部过程[19]。

建设项目对生态环境的影响按作用方式有长期作用与短期作用、集中作用与分散作用、物理作用与化学作用、生物作用(如人为引种)与自然力作用(如干旱、风、沙、霜等)。按影响性质有可逆影响与不可逆影响、正影响与负影响、直接影响与间接影响。有的建设项目中，其间接影响可能比直接影响还要长久和严重。

影响对象的敏感性和重要性是决定影响评价工作深度和广度的重要依据。敏感性高的保护对象包括：①需要特别保护的对象，如水源地、风景名胜区、文物古迹、珍稀濒危动植物及其生境；②法定的保护目标，如自然保护区；③具有较高保护价值的目标，如特产地；④特别脆弱的生态系统，如沙漠地区、水土流失特别严重的地带；⑤稀有或特别的自然资源。

生态系统受到某种作用力后，所发生的变化依据作用方式、强度、范围、时间等不同会有很大的差异。有的生态系统或生态因子受到影响后，其变化是渐进的、累积性的和由量变到质变的，只有达到某一临界状况或直至系统崩溃时，才能发现影响的结果。例如，自然地域或保护区缩小到某一临界面积或生物种群减小到某一临界时，物种就不可避免地会灭绝。

区域和流域性生态环境影响，应从可持续发展的要求出发对生态环境功能变化作出评价，特别是不能加剧区域性自然灾害问题。

二、生态环境影响预测的基本步骤

开发建设项目生态环境影响预测是在生态环境现状调查、生态分析和生态环境影响分析及生态环境现状评价的基础上，有选择、有重点地对某些受影响生态系统作深入研究，对某些主要生态因子的变化和生态环境功能变化作定量或半定量预测计算，以便把握因开发建设活动而导致的生态系统结构变化和环境功能变化的程度以及相关的环境与社会经济后果，由此进一步明确开发建设者应负的环境责任，以及指出为保护生态环境和维持区域生态环境功能不被削弱而应采取的措施及要求。

生态环境影响预测的步骤如下。

①选定影响预测的主要对象和主要预测因子。

②根据预测的影响对象和因子，选择预测方法、模型，确定参数，并进行计算。

③研究确定评价标准，进行主要生态系统和主要环境功能的预测评价。

④进行社会、经济和生态环境相关影响的综合评价与分析。

三、生态环境影响预测的内容与指标

影响预测的内容基本上是从保护生态环境功能出发，结合具体情况进行。实际的预测内容与指标应注意以下几点。

①自然资源开发项目对区域生态环境(主要包括对土地、生物、水资源等生态因子)影响的预测内容包括：是否带来某些新的生态变化，是否使某些生态影响严重化，是否使生态问题发生时间与空间上的变更，是否使某些原来存在的生态问题向有利的方向发展？

②三级评价要对关键评价因子(如绿地、珍稀濒危物种、荒漠等)进行预测；二级评价要对所有重要评价因子进行单项预测；一级评价除进行单项预测外，还要对区域性的、全方位的影响进行预测。

③为便于分析和采取对策，可将生态影响划分为：有利影响和不利影响，可逆影响与不可逆影响，近期影响与长期影响，一次影响与累积影响，明显影响与潜在影响，局部影响与区域影响。

④要根据不同因子受开发建设影响在时间和空间上的表现和累积情况进行预测评估。从时间分布上可以表现为年内(月份)和年际(准备期、施工期、营运期)变化两个方面。从空间分布可以划分为宏观(开发区域及其周边地区)和微观(影响因子分布)两个部分。

四、生态环境综合影响预测

建设项目的生态环境影响预测中，进行综合预测与分析是一个十分重要的步骤，一般应阐明如下问题和内容。

①生态环境所受的主要影响，即阐明开发建设项目主要影响的生态系统、生态因子及其环境功能，影响的性质和程度，是否导致重大变化。

②生态环境变化对区域或流域生态环境功能和生态环境稳定性的影响，还应阐明影响的补偿可能性和生态环境功能的可恢复性。

③对主要敏感目标的影响程度以及保护的可行途径。

④对重要自然资源的影响。

⑤主要生态问题和生态风险，即阐明区域生态环境的主要问题、发展趋势，可能存在的生态风险(如生态灾害和污染风险)及防范措施。

⑥生态环境宏观影响评述，即评述区域生态环境状况及可持续发展对生态环境的需求，阐明开发建设项目生态环境影响与区域社会经济的基本关系。

由于拟议项目的类型、对环境作用的方式、评价等级和目的要求的不同，生态环境影响评价所用的方法、内容和侧重点不尽相同，有的用定性描述评价，有的用定量或半定量的评价方法，有的侧重于生态系统中生态因子的评价，有的侧重于生态系统中物理因子的评价，有的重点评价拟议项目的生态效应，有的重点评价生态系统污染水平。

五、生态环境影响评价方法

(一)图形叠置法(生态图法)

该方法把两个或更多的环境特征重叠表示在同一张图上，构成一份复合图，用以在开发行为影响所及的范围内，指明被影响的环境特性及影响的相对大小。该方法使用简便，但不能作精确的定量评价。其基本意义在于说明、评价或预测某一地区的受影响状态及适合开发程度，提供可选择的地点和路线。目前该方法被用于公路或铁路选线、滩涂开发、水库建设、土地利用等方面的评价，也可将污染影响程度和植被或动物分布叠置成污染物对生物的影响分布图。

(二)生态机理分析法

动物或植物与其生长环境构成有机整体，当开发项目影响生物生长环境时，对动物或植物的个体、种群和群落也产生影响。生态机理分析法按照生态学原理进行影响预测，其步骤如下：

①调查环境背景现状和收集有关资料。

②调查植物和动物分布、动物栖息地和迁徙路线。

③根据调查结果分别对植物或动物按种群、群落和生态系统进行划分，描述其分布特点、结构特征和演化等级。

④识别有无珍稀濒危物种及有无重要经济、历史、景观和科研价值的物种。

⑤观测项目建成后该地区动物、植物生长环境的变化。

⑥根据兴建项目后的环境(水、气、土和生命组分)变化，对照无开发项目条件

下动物、植物或生态系统演替趋势，预测项目对动物和植物个体、种群和群落的影响，并预测生态系统演替方向。

评价过程中有时要根据实际情况进行相应的生物模拟试验，如环境条件与生物习性模拟试验、生物毒理学试验、实地种植或放养试验等；也可进行数学模拟，如种群增长模型的应用，但该方法需要较扎实的生态学知识和翔实的生态学资料，有时还需要与生物学、地理学、水文学、数学及其他学科合作进行评价，才能得出较为客观的结果。

(三)类比分析法

类比法是一种比较常用的定性和半定量评价方法。在生态环境影响评价中，一般有生态环境整体类比、生态因子类比、生态环境问题类比等。

类比分析是根据已有的开发建设活动对生态环境产生的影响，分析或预测拟议项目可能产生的生态环境影响。选择好类比对象是进行类比分析或预测评价的基础，也是运用该法成败的关键。

类比对象的选择条件是：工程性质、工艺和规模基本相当，生态环境条件(地理、地质、气候、生物因素等)基本相似，所产生的影响基本上全部显现。

类比对象确定后，则需选择和确定类比因子及指标，并对类比对象开展调查与评价，再分析拟建项目与类比对象的差异。根据类比对象与拟建项目的比较，作出类比分析结论。

(四)列表清单法

列表清单法是 Little 等人在 1971 年提出的一种定性分析方法。该法的特点是简单明了、针对性强，其在生态环境影响评价中得到了广泛应用。

该法的基本做法是将实施的开发建设活动的影响因素与可能受影响的环境因子分别列在同一张表格的行与列内，逐点进行分析，并以正负符号、数字或其他符号表示影响的性质、强度等，由此分析开发建设活动的生态环境影响。

(五)指数评价法与综合指数法

指数评价法同样可用于生态环境影响评价中。指数法简明扼要且符合人们所熟悉的环境污染影响评价思路，但其困难之处在于需明确建立表征生态环境质量的标准体系，而且难以赋权与准确定量。

指数法的步骤是：

①分析研究评价的生态因子的性质及变化规律。

②建立表征各生态因子特性的指标体系。

③确定评价标准。

④建立评价函数曲线，将评价的环境因子的现状值(开发建设活动前)与预测值(开发建设活动后)转换为统一的无量纲的环境质量指标，用1～0表示优劣(“1”表示最佳的、顶极的、原始的或人类干预甚少的生态环境状况，“0”表示最差的、极度破坏的、几乎非生物性的生态环境状况，如沙漠)。这一划分实际上确定了生态环境质量标准，由此计算出开发建设活动前后环境因子质量的变化值。

⑤根据各评价因子的相对重要性赋予权重。

⑥将各因子的变化值综合，得到综合指数(综合影响评价值)，即

$$\Delta E = \sum_{i=1}^{n}(E_{1i} - E_{2i})W_i \qquad (6-3)$$

式中：ΔE为开发建设活动前后生态环境质量变化值；E_{1i}为开发建设活动前i因子的质量指标；E_{2i}为开发建设活动后i因子的质量指标；W_i为i因子的权值。

该方法的核心问题是建立环境因子的评价函数曲线，通常是先确定环境因子的质量标准，再根据不同标准规定的数值确定曲线的上、下限。对于已有国家标准或地方标准的环境因子，如水、大气等，可以直接用标准值确定曲线的上、下限；对于一些无明确标准的环境因子，需要进行大量工作，选择其相对的质量标准，再用以确定曲线的上、下限。权重的确定大多采用专家咨询法。

(六)景观生态学方法

景观生态学方法从两个方面评价生态环境质量状况：一是空间结构分析；二是功能与稳定性分析。这种评价方法可体现生态系统结构与功能匹配一致的基本原理。

空间结构分析认为：景观是由斑块、模地和廊道组成。其中，模地是区域景观的背景地块，是景观中一种可以控制环境质量的组分。因此，模地的判定是空间结构分析的重点。模地的判定有三个标准：相对面积大、连通程度高和具有动态控制功能。模地的判定多借用传统生态学中计算植被重要值的方法。斑块的表征，一是多样性指数，二是优势度指数。优势度指数(D)由密度R_d、频度R_f和景观比例L_p计算得出。

景观的功能和稳定性分析包括组成因子的生态适宜性分析，生物的恢复能力分析，系统的抗干扰或抗退化能力分析，种群源的持久性和可达性分析(能流是否畅通无阻、物流能否畅通和循环)，景观开放性分析(与周边生态系统的交流渠道是否畅通)等。

上述分析同时反映自然组分在区域生态环境中的数量和分布，因此，能较准确地表示生态环境的整体性。这使景观生态学方法既可以用于生态环境现状评价，也可以用于生态环境变化预测，成为目前国内外生态影响评价学术领域中较先进的方法。

1. 计算方法

①景观多样性指数(H)的计算：

$$H=-\sum_{i=1}^{m}(P_i\times\ln P_i) \tag{6-4}$$

式中：P_i 为 i 类型景观所占百分比面积；m 为景观类型数。

②优势度指数(D)的计算：

$$D=\frac{1}{2}\times\left[\frac{(R_d+R_f)}{2}+L_p\right]\times 100\% \tag{6-5}$$

式中：R_d 为密度，R_d=(斑块 i 的数目/斑块总数)×100%；R_f 为频度，R_f=(斑块 i 出现的样方数/总样方数)×100%；L_p 为景观比例，L_p=(斑块 i 的面积/样地总面积)×100%。

③生态环境质量(EQ)(功能与稳定性)计算(选择四项指标)：

$$EQ=(\sum_{i=1}^{N}A_i)/4 \tag{6-6}$$

式中：A_1 为土地生态适宜性，以土地的生态适宜性大小给分，分阈值 0～100；A_2 为植被覆盖度，以土地的实际覆盖度为权值，值阈按实际覆盖度除以 100 计；A_3 为抗退化能力赋值，群落抗退化能力强时赋值 100，较强者赋值 60，一般水平赋值 40，一般以下赋值 0；A_4 为恢复能力赋值，群落恢复能力强赋值 80，较强赋值 60，一般赋值 40，一般以下赋值 0。

如前所述，EQ 值划分标准及相应生态级别如下：Ⅰ级，100～70；Ⅱ级，69～50；Ⅲ级，49～30；Ⅳ级，29～10；Ⅴ级，9～0。

2. 实施办法

在实施过程中，采用专家评分法对开发建设活动前后分别给分计算。在判断生态问题时，根据下列原则或方法。

①景观镶嵌的稳定性以三种方式增大：在完全没有生物量时，趋于物理系统稳定性；存在低生物量时，受干扰后趋于较快速恢复；当存在高生物量时，通常对干扰有较高抵抗力，但干扰后恢复得相对较慢。

②景观改变的法则：在未受干扰的条件下，水平景观结构倾向于累进地变得均一；中等干扰能迅速地增大异质性；严重的干扰可能增大异质性，也可能减少异质性。

③养分再分布法则：景观要素中的矿物养分再分布速率随着景观要素受干扰强度的增加而增大。

④尺度法则：空间格局和生态过程相互关联；在某一种空间和时间尺度上了解景观问题将受益于在较细和较大尺度上的试验和观察；在不同的空间和时间尺度上，生态过程的影响和重要性是不同的，如生物地理过程在决定区域格局上的重要

性比决定局部格局要大；不同的种和有机体类群在不同的空间尺度上起作用，因此须重视不同尺度上的研究；研究特定的问题应选择合适的尺度。

⑤结构(格局)影响功能：如景观连接度对生物种分布、运动和持久性影响很大，板块的大小、形状和多样性影响生物种的多度格局。

⑥层系性质：一般来说，低层次的事件比较小型和快速，较高层次的行为较大型和较缓慢。研究不同的问题须选择合适的层次，并注意其上部层次可成为其边界约束，而其下部层次可用于解释有关问题。

⑦用于土地规划须遵循的法则：在一给定的区域单元内，占优势的土地利用类型必须不成唯一存在的类型，至少地表的10％～15％必须为其他土地利用类型或生态区元，即在集约农业和城市工业土地利用规划中，至少应有10％的地面保持自然、近自然和半自然生态系统，这被称为“10％急需律”。

(七)系统分析法

系统分析法因其能妥善地解决一些多目标动态性问题，目前已广泛应用于各行各业，尤其在进行区域规划或解决优化方案选择问题时，系统分析法可显示出其他方法所不能达到的效果。

在生态系统质量评价中使用系统分析的具体方法有专家咨询法、层次分析法、模糊综合评判法、综合排序法、系统动力学法、灰色关联法等。这些方法原则上都适用于生态环境影响评价，其具体操作过程可查阅有关书刊。

(八)生产力评价法

绿色植物的生产力是生态系统物流和能流的基础，它是生物与环境之间相互联系最本质的标志。这种方法的评价由下述分指数综合而成。

1. 生物生产力

生物生产力是指生物在单位面积上单位时间内所产生的有机物质的重量，亦即生产的速度，单位为t/(hm^2·a)。目前，全面地测定生物的生产力还有很多困难，因此，多以测定绿色植物的生长量来代表生物的生产力，其公式为：

$$\begin{cases} P_q = P_n + R \\ P_n = B_q + L + G \end{cases} \tag{6-7}$$

式中：P_q 为总生物生产量，t/(hm^2·a)；P_n 为净生物生产量，t/(hm^2·a)；R 为生物呼吸作用消耗量，t/(hm^2·a)；B_q 为活物质生产量，t/(hm^2·a)；L 为枯枝落叶量，t/(hm^2·a)；G 为被动物消耗掉的生物量，t/(hm^2·a)。

由于生物生长量的变化极不稳定，因此生态影响评价中常选用标定生长系数作指数，即取生长量与标定生物量的比值：

$$P_a=\frac{B_q}{B_{mo}} \tag{6-8}$$

式中：P_a 为标定生长系数，P_a 值越大，则生态环境质量越好，$t/(hm^2 \cdot a)$；B_{mo} 为标定生物量，$t/(hm^2 \cdot a)$；B_q 的含义同式（6－7）。

2. 生物量

生物量是指一定地段单位面积内某个时期生存着的活有机体的质量，单位为 t/hm^2，它又称现有量。在生态影响评价中一般选用标定相对生物量的概念，它是指生物量与标定生物量的比值，是生态学评价的另一个分指数，标定相对生物量值愈大，则环境质量愈好。

$$P_b=\frac{B_m}{B_{mo}} \tag{6-9}$$

式中：B_m 为生物量，t/hm^2；B_{mo} 为标定生物量，t/hm^2；P_b 为标定相对生物量。

3. 物种量

从生物与环境对立统一的进化观点看，生物种类成分的多样性及群落的稳定性是一致的，而群落的稳定性与种类成分之间利用环境的合理性也是一致的。进行生态评价时，将群落单位面积内的物种作为标准，称为物种量；物种量与标定物种量的比值，称为标定相对物种量，标定相对物种量越大，则环境质量越好。

$$P_s=\frac{B_s}{B_{so}} \tag{6-10}$$

式中：B_s 为物种量；B_{so} 为标定物种量；P_s 为标定相对物种量。

生长量、生物量、物种量是环境质量生态学评价的三个重要生物学参数，而与这三者密切相关的还有非生物学参数，如土壤中的有机质和有效水分含量等，这些参数分别导出来的标定生长系数、标定相对生物量、标定相对物种量、标定土壤有机质相对贮量 P_m、标定土壤有效水含量 P_w，均是环境质量生态学评价的重要分指数，它们的综合（等权相加）便是生态学评价的综合指数，以 P 表示：

$$P=\sum P_i=P_a+P_b+P_s+P_m+P_w=\frac{B_q}{B_{mo}}+\frac{B_m}{B_{mo}}+\frac{B_s}{B_{so}}+\frac{S_m}{S_{mo}}+\frac{S_w}{S_{wo}} \tag{6-11}$$

（九）数学评价方法

在生态评价中，多元线性回归方程也较常见，其数学表达式为：

$$Y_a=\beta_0+\beta_1X_{a1}+\beta_2X_{a2}+\cdots+\beta_kX_{ak}+\varepsilon_a \tag{6-12}$$

式中：β_0，β_1，…，β_k 为选定参数；ε 为随机变量。

为了估计 β，采用最小二乘法，可得回归模型为：

$$Y=b_0+b_1X_1+b_2X_2+\cdots+b_kX_k \tag{6-13}$$

式中：b_0 为常数项；b_1，b_2，…，b_k 为偏回归系数。

多元线性回归模型要进行显著性试验。在生态环境中，除部分问题属线性关系外，其他大部分问题属于非线性关系，因此，往往应用多元非线性回归模型进行评价和预测。

生态环境最重要的特征之一是它具有区域性。以数学模型模拟(或拟合)生态数据的空间分布及其区域性变化趋势的方法，称为趋势面分析，这也是生态评价的方法之一。用于计算机趋势面的数学表达式是多项式函数和傅里叶级数，其中最常用的是多项式函数。

【参考阅读】 生态完整性评价[20]

生态完整性评价是非污染生态影响评价的基础，开发建设项目的实施会影响到区域生境的生态完整性，通过评价项目建设前后的生态完整性的变化，可以识别建设项目的非污染生态影响程度。

生态完整性评价包括对自然系统生产能力和稳定状况的评价两个部分。

对生产能力的测定可通过对生物生产力的度量来进行。这里生物生产力指的是单位时间生物在单位面积上所产生的有机物质的数量，亦即生产的速度，单位为 t/(hm^2·a)。目前全面测量生物的生产力还有很多困难，可以绿色植被的生长量来代表生物的生产力。

稳定状况的度量通过对生物生产力的测定(恢复稳定性)和植被的异质化程度来测定(阻抗稳定性)，也可通过景观系统内的优势度值来估测。

一、生物生产力的测定

生物生产力可以测定绿色植物的生长量，绿色植物的生长量是指植物体系一定时期内所增加的贮存量。

只有最大的生物量，才能保证最大生长量，因此，现阶段采用测定生物量的方法进行评价。生物量指一定地段面积内某个时期生存着的活有机体的数量。

实际评价中首先应列出本区域生物量背景值(可采用史密斯表[21]或采用蒸散模式估算)，然后用现状调查数据进行生物生产能力和恢复稳定性评价。

表 6-6　地球上生态系统的净生产力和植物生物量(按生产力次序排列)[21]

生态系统	面积 $/10^6\,km^2$	平均净生产力 $/g\cdot(m^2\cdot a)^{-1}$	世界净生产量 $/10^9\,t\cdot a^{-1}$	平均生物量 $/kg\cdot m^{-2}$
热带雨林	17	2 000	34	44
热带季雨林	7.5	1 500	11.3	36
温带常绿林	5	1 300	6.4	36
温带阔叶林	7	1 200	8.4	30
北方针叶林	12	800	9.5	20
热带稀树干草原	15	700	10.4	4.0
农田	14	644	9.1	1.1
疏林和灌丛	8	600	4.9	6.8
温带草原	9	500	4.4	1.6
冻原和高山草甸	8	144	1.1	0.67
荒漠灌丛	18	71	1.3	0.67
岩石、冰和沙漠	24	3.3	0.09	0.02
沼泽	2	2 500	4.9	15
湖泊和河流	2.5	500	1.3	0.02
陆地生态系统总计	149	720	107.3	12.3
藻床和礁石	0.6	2 000	1.1	2
港湾	1.4	1 800	2.4	1
水涌地带	0.4	500	0.22	0.02
大陆架	26.6	300	9.6	0.01
海洋	332	127	42.0	1
海洋生态系统总计	361	153	55.3	0.01
整个地球	510	320	162.1	3.62

现场测试和评价的方法如下：

1. 根据评价范围植被特征、类型及分布，选择代表性样地。

2. 按植被类型确定样地面积，一般森林选用 1 000 m^2，疏林及灌木林选用 500 m^2，草本群落或森林的草本层选用 100 m^2。

3. 依次测定样地全部立木的高度、胸高直径等项目，草本及灌木层各种成分的高度、盖度、频度等，并按不同植被类型确定现状生物量。

4. 计算工程施工和运行后各类植被的面积及相应生物量的变化情况。

5. 预测工程建设对评价范围内生物量的影响，进而得出对区域自然系统生产能力和恢复稳定性的影响。

二、自然系统稳定状况的度量

区域自然系统稳定状况的度量应包括恢复稳定性和阻抗稳定性两部分。恢复是系统被改变后返回原来状态的能力，用返回所需要的时间来衡量；阻抗是系统在环境变化或潜在干扰时反抗或阻止变化的能力，它是偏离值的倒数。

(一)恢复稳定性。以评价范围内生物量在施工期和运行期各时段生物量的变化判定，可采用生物量变化图表示；对生物量变化曲线及波动幅度进行分析。

(二)阻抗稳定性。可根据植被异质性的改变程度来度量。推荐采用航片、遥感图像解译等方法进行生态制图，然后根据生态图，分析工程施工、运行后植被异质程度的改变，预测区域自然系统阻抗干扰能力。

区域自然系统稳定状况的评价还可以通过景观系统内各种斑块的优势度值来判定，判定方法如下。

1. 应用生态制图，统计评价范围内斑块的类型、数目和面积。

2. 计算斑块密度、频率、景观比例，并确定斑块优势度值，其数学表达式如下：

$$\begin{cases} 密度\ R_d = \dfrac{拼块\ i\ 的数目}{拼块总数} \times 100\% \\ 频率\ R_f = \dfrac{拼块\ i\ 出现的样方数}{总样方数} \times 100\% \\ 景观比例\ L_p = \dfrac{拼块\ i\ 的面积}{样地总面积} \times 100\% \\ 优势度值\ D_0 = \left(\dfrac{(R_d + R_f)}{2} + L_p\right)/2 \times 100\% \end{cases} \quad (6-14)$$

3. 根据工程建设前、后各类斑块优势度值的变化，综合分析工程对区域生态体系结构和功能的影响。

第四节 生态环境保护措施与替代方案

建设项目生态环境影响减缓措施和生态环境保护措施是整个生态环评工作成果的集中体现，也是报告书中最精华的部分[22]。开发建设项目的生态环境保护措施应在遵循一些基本原则并满足一些基本要求的前提下提出。

一、生态环境保护措施的主要内容

生态环境保护措施主要包括防止生态环境破坏和防止污染两个方面。

(一)建设项目的环保措施

建设项目一般有勘探、选址(选线)等可行性研究期，规划、设计期，施工建设期，竣工验收和营运期，工程报废的死亡期等不同的阶段。在各个阶段，可采取的环境保护措施都有方案替代措施、工艺技术措施、工程治理措施或生态治理措施、政策与管理措施几个方面。

(二)生态保护措施

从生态环境保护出发，保护措施首先是预防性的保护，然后是受影响生态系统的恢复或受影响环境功能的补偿，以及为防止区域性自然灾害或解决区域性重大环境问题而必须进行的生态建设。

(三)替代方案

在建设项目生态环境影响的减缓措施和生态环境保护措施中，替代方案都有着特殊而重要的意义。替代方案主要是通过影响生态环境的主体——建设项目来实施的，即通过多种方案的比较(以有利于生态环境保护为基点)，寻求最佳的有利于生态环境保护的方案，如公路选线方案比较、工艺技术路线比较、施工方式比较、各种工程措施的比较以及生物措施比较等。从生态环境保护措施方面考虑，亦有许多可供选择的措施，如是预防性的还是重建性的、是就地恢复还是异地补偿等。

(四)生态环境保护措施的编制

从全面考虑生态环境保护措施和筛选重点措施出发，可通过列出生态环境保护措施矩阵进行措施的识别和选择。矩阵的水平方向列出生态环境保护措施，包括保护、恢复、补偿、建设等几个措施选择方向；垂直方向列出拟建项目的各个不同时段所能采取的措施类型，包括技术工艺的、治理工程的、生物的、政策与管理的等几个措施方向，并明确每项措施有无替代方案。在此过程中，须注意如下问题：

①须注意措施的适用范围，即一般可以生态系统为单元编制有关环保措施，不同的生态系统须列不同的矩阵进行识别与筛选。

②可以通过给各种措施赋分值来表明措施的重要程度，从而决定主要须采取的措施。

③矩阵只能给出措施的倾向性，具体措施内容须根据评价工作获取的信息最终决定。

二、生态环境保护措施要点

(一)物种多样性和珍稀、濒危物种的保护

①在评价区的同类地区建立补偿性公园或保护区，弥补或替代拟建项目所造成的不可避免的栖息地破坏。

②异地安置珍稀或濒危生物物种或进行人工哺养。

③设计、建造珍稀或濒危野生动物走廊、鱼类洄游通道和其他物种的特殊栖息环境，消除岛屿生境的不良反应和满足不同生物对栖息地的需求。

④规定不同类型开发建设项目引起的物种多样性指数的下降限值。

⑤加强我国现存珍稀和濒危动植物物种种类、数量、分布和稀有特种栖息地分布的调查，制定相应的保护法规或制度。

⑥加强有关野生生物保护的宣传教育。

⑦在建设项目选址、选线时，注意避绕重要的野生动植物栖息地。

(二)植被的保护与防护

①合理设计，加强施工管理，把拟建项目引起的难以避免的植被破坏减少到最低程度；注意对脆弱植被的保护和对环境条件恶劣(大风、暴雨、陡坡、岩溶等)地区植被的保护。

②禁止对森林的滥砍滥伐，以保护森林资源；注意牲畜载荷量，控制过度放牧，保护草地。

③项目完成后要加强对破坏植被的恢复、再造；森林开发要边开采、边植树。

④规定各类开发建设项目应达到的植被覆盖率。

(三)资源保护和合理利用

①发展农业、畜牧业应注意现代化管理，提倡可持续生产。
②控制放牧量与放牧时间，以利于合理利用植被资源。
③保护湿地资源，控制不合理的围垦造田。
④防止过度捕捞，限制有损资源的捕捞手段。

(四)减少水土流失

①保护植被，采取措施，尽力减少土壤侵蚀。
②加强护岸、护坡、护堤建设。
③正确选址选线，设计防止水土流失工程，尽力减少水土流失。
④加强管理，控制各种形式的地表剥离，尤其在山地丘陵区、高原峡谷区。
⑤项目完成后加强对破坏植被的恢复。

(五)土壤质量保护

①加强对排水系统、灌溉系统的合理设计和管理，防止次生盐渍化。
②最大限度地控制拟建项目施工造成的植被和上层土壤的破坏，防止土壤侵蚀。
③防止工业废物和有害生产原料的任意堆放。
④控制化肥、农药使用量，防止各种途径造成的污染。
⑤采取措施减少各类开发建设项目造成的土壤侵蚀。

(六)控制污染的生态影响

①加强污染型建设项目“三废”管理，按项目所在地区气象、水文条件和环境容量，控制向环境排放的污染物数量和浓度，加强工业废物的堆放管理。
②控制化肥、农药使用量。
③在水库工程蓄水前清除库区的有机物等。

(七)合理选址

拟建项目特别是污染型工业项目的选址应尽可能避开河口、港湾、湿地或其他生态敏感区，以最大限度地减少对当地环境的压力。审定选址方案时，应有资源管理机构和环保部门参与。

(八)合理利用土地

合理开荒，合理设计管道、线路的路线，减少不合理占地，控制各种导致土地资源退化的用地方式。

(九)加强生态系统的监测

制定生态系统监测方案，监测内容应包括污染水平和生态系统功能、结构方面的变化，及时提供信息，以保证在生态系统变化突破允许水平之前，及时采取有效措施。

(十)加强生态意识教育

严格生态环境影响评价制度，加强生态专家在拟建项目计划、管理中的参与，加强有关生态影响评价方法学的研究。

(十一)健全管理体制

生态系统影响往往具有跨部门、跨地区的特点，应当建立职责明确、便于协调的管理体制，以利于生态资源的保护、管理。

(十二)健全有关生态资源保护的法规制度

除上述措施外，还应健全有关生态资源保护的法规制度。

第五节　实例研究——陕甘宁天然气进京项目生态影响评价[23]

一、项目简介

(一)项目建设的意义

根据《北京城市总体规划》，为体现首都的城市性质和功能，北京市确定了建设生态环境一流的国际化城市、环境质量达到国际大都市的生态环境水平的远期环境目标，到 2010 年，全市大气、水体及市区与郊区城镇地区生态环境全面达到国家环境质量标准。北京市引进陕甘宁天然气对加速首都的气化工作、缓解能源紧张、改变能源结构等起了重大的作用，截至 1999 年底，北京市用气量约 $7.6\times10^{8}\ m^{3}/a$。为达到上述环境目标，北京市燃气集团有限责任公司决定加紧建设“北京市引进陕甘宁天然气市内扩建工程”。这是陕甘宁天然气进京一期工程的继续。北京市引进陕甘宁天然气市内扩建工程完成后，在原有陕甘宁天然气进京一期工程供气约 $7.6\times10^{8}\ m^{3}/a$ 的基础上，增加天然气供应约 $10.4\times10^{8}\ m^{3}/a$，从而达到 2002 年天

然气使用量 18×10^8 m^3/a 的能源结构调整目标。其年供应规模为 2000 年 10×10^8 m^3，2001 年 14×10^8 m^3，2002 年 18×10^8 m^3。到 2002 年，天然气供气区内居民用户 160 万户，年用气量 3.01×10^8 m^3，公服年用气量 2.58×10^8 m^3，居民和公服用气量占总供气量 31.28%；工业年用气量 1.4×10^8 m^3，占总供气量 7.81%；采暖(含制冷)年用气量 10.01×10^8 m^3，占总供气量 56.01%；天然气汽车年用气量 0.88×10^8 m^3，占总供气量 4.9%。因此，“北京市引进陕甘宁天然气市内扩建工程”的建设有较好的社会、经济、环境效益。

(二)工程基本情况

北京市引进陕甘宁天然气市内扩建工程，主要包括新建次渠天然气接收站，衙门口接收站改造，新建 3 座超高压调压站、2 座高中压调压站，新建超高压、高压管道 50.5 km，新建中压干管 128.8 km 以及监控系统及生产配套设施等，具体内容见表 6-7 所示。

表 6-7　2000～2002 年市内扩建工程主要工程量

序号	项目	单位	数量	备注
1	新建次渠天然气接收站	座	1	占地 15.72 亩，建筑面积 2 000 m^2
2	衙门口接收站扩建	座	1	
3	超高压管道 $\phi711\times9$	km	15	1.6～2.5 MPa
	$\phi529\times8$	km	14.8	1.6～2.5 MPa
4	高压管道 $\phi529\times8$	km	20.7	1.0 MPa
5	高压干管 $\phi529\times8$	km	101.9	0.2～0.4 MPa
	$\phi426\times8$	km	26.9	0.2～0.4 MPa
6	超高压调压站(圆明园、东南郊、叶家庄)	座	3	占地 6.96 亩，总建筑面积 1 030.5 m^2
7	高中压调压站(丽泽桥、小红门)	座	2	占地 3.48 亩，总建筑面积 383.2 m^2
8	输配调度网自动化系统	套	1	
9	置换人工煤气居民用户	万户	36	
10	发展天然气居民用户	万户	20	
11	公司生产配套设施			占地 11.4 亩，总建筑面积7 600 m^2

(三)工程污染源分析

1. 北京引进陕甘宁天然气市内扩建工程替代能源估算化

北京市各发热燃料的大气污染形式主要以燃煤为主，而采用天然气作为清洁燃料替代燃煤等重污染型燃料，是北京市治理煤烟型污染的主要实施方案。

陕甘宁天然气进京一期工程实施后，1999 年末供气量约 $7.6\times10^{8}\ m^{3}/a$，替代居民生活、公服用煤、工业燃煤约 189×10^{4} t；2002 年，陕甘宁天然气市内扩建工程完成后，增加天然气供应约 $10.4\times10^{8}\ m^{3}/a$，依据表 6－8 的估算，可以替代各种燃煤 197×10^{4} t，两者合计，2002 年供气量约 $18\times10^{8}\ m^{3}/a$ 时，可以替代各种燃煤约 386×10^{4} t。

表 6－8　北京市引进陕甘宁天然气市内扩建工程燃料替代方案

项目	替人工煤气量 /$10^4\ m^3\cdot a^{-1}$	替煤量 /$10^4\ t\cdot a^{-1}$	替汽油量 /$10^4\ t\cdot a^{-1}$	项目	替人工煤气量 /$10^4\ m^3\cdot a^{-1}$	替煤量 /$10^4\ t\cdot a^{-1}$	替汽油量 /$10^4\ t\cdot a^{-1}$
居民	24 651	8.76		采暖		152.54	
公服	17 082	0.90		汽车			8.1
工业	3 510	35.45		合计	45 243	197.65	8.1

由表 6－8 可以看出，该项目实施后主要替煤量来自于工业锅炉与采暖锅炉用煤。而其工业锅炉用煤量的计算依据是城八区 19 个工业局、总公司用煤量大户 124 个单位的用煤量 $177.251\ 6\times10^{4}$ t，乘以可能替代量系数(约 20%，估算法)，从而得出 35.45×10^{4} t；采暖用煤是依据城八区燃煤锅炉供暖面积折合天然气发热量与燃煤发热量得出的。

北京市政府为控制大气污染，拟利用引进的天然气从 2000 年开始对现有规划市区内的 1 950 台锅炉进行改造。

北京市引进陕甘宁天然气市内扩建工程完成后，增加天然气供应约 $10.4\times10^{8}\ m^{3}/a$时，替代人工煤气、煤、汽油后削减污染物排放量见表 6－9。其中，在计算汽车用油的排放量时，按每辆车百千米耗油 10 L 进行计算。

表 6－9　污染物排放量削减表　单位：t

燃料种类	烟尘	二氧化硫	氮氧化物	一氧化碳	总碳氢
人工煤气		－36.2	－361.9	－72.4	
居民用煤	－21.9	－226.9	－82.3	－2 838.2	－157.7
公服用煤	－14.7	－85.3	－21.5	－158.2	－22.3

续表

燃料种类	烟尘	二氧化硫	氮氧化物	一氧化碳	总碳氢
采暖用煤	－4 565.7	－37 486.8	－18 286.83	－19 151.91	－5 550.93
汽油			－5 648.6	－112 647.9	－25 039.0
合计	－4 602.3	－37 835.2	－24 401.13	－134 868.61	－30 769.93

北京市引进陕甘宁天然气市内扩建工程完成后，用天然气替代其他燃料的环境效益非常显著，每年约可减少二氧化硫 3.7×10^4 t，氮氧化物 2.4×10^4 t，一氧化碳 13×10^4 t，总碳氢 3×10^4 t。

上面只是从燃料燃烧方面来考虑污染物的减排量，还可以考虑从减少煤堆、灰堆方面减少因燃煤造成的扬尘污染，这方面的环境效益也是显著的。

2. 风险

天然气管线的风险环境影响是其受人关注的重要原因。它包括系统内风险、系统外风险。系统内风险主要指可能发生的泄漏、爆炸、火灾等事故风险，系统外风险主要指天然气管线作为能源的生命线工程，可能存在的气源风险等。对于以上风险环境影响，需专门论述。

3. 施工期

北京市引进陕甘宁天然气市内扩建工程施工期土方工程量大，施工活动将会不可避免地对环境产生一些不利影响。

(四)项目周边环境现状

本项目因以管线施工为主，有高压管道 50.5 km，中压干管 128.8 km，故项目周边环境变化较大，但归纳起来，主要有：①在郊区，其周边环境多为农田，管道从田中穿过；②在城区，其周边环境多为居民区，管道修在马路下面；③项目周边无重要的文物古迹，也无自然保护区。

二、评价思路

(一)本项目特点

1. 以管道施工为主。
2. 管线线路较长。

(二)评价重点

1. 生态影响评价。

2. 风险影响评价。

3. 引进天然气后对大气环境的影响分析。

本书仅介绍生态影响评价部分的内容。

三、生态环境影响评价

(一)工程概况及管线路径

本次天然气市内扩建工程，新建的次渠门天然气接收站及超高压管线均建在农田之内，高、中压管线则在市区道路下面，详见前文工程概况介绍。

(二)生态环境影响识别

对本项扩建工程可能引起的生态影响，进行列表分析，见表6-10。

表6-10 生态环境影响识别

序号	项目	次渠门站建设	超高压管线	管线施工期	序号	项目	次渠门站建设	超高压管线	管线施工期
1	生物多样性	0	0	0	5	水土流失	0	0	—
2	生态系统结构的整体性和连续性	0	0	0	6	地表水系	0	0	0
3	生态系统的功能和可持续利用	0	0	0	7	植被	—	0	0
					8	景观	+	0	—
4	耕地资源	—	0	0	9	文物	0	—	—

注：表中+表示正影响，—表示负影响；0表示无影响。

(三)生态影响分析

1. 生物多样性及生态系统结构的整体性和连续性

生物多样性保护，简而言之，就是物种多样性保护。这里的生物多样性主要指易于观测和采取行动的动植物的物种多样性保护问题，尤其是物种的濒危和灭绝问题。本项工程中次渠门站的建设及超高压管线的建设都在农田中，经现场调查，其农田中的作物主要为玉米、水稻，此外在一些农田上还建有鱼塘和蚯蚓田。因所在地区为农业生态系统，没有濒危物种，本次工程建设也不会引起物种灭绝，故本项工程对生物多样性没有什么影响。

生态系统的功能是以系统完整的结构和良好的运行为基础的，高效的功能取决于稳定的结构和连续不断的运行过程。要保护生态系统的整体性和运行的连续性，则要做到：①地域的连续性，这是生态系统存在和长久维持的重要条件；②物种的多样性，这也是生态系统趋于稳定的重要因素，物种多样性越低，生态系统也就越脆弱。

本项工程的建设并没有破坏生态系统的地域连续性和物种多样性，因为管线的铺设均在土层下 2 m，当回填土方并恢复植被后，地面上的生态系统仍能连成一片，可以保持生态系统的连续性，并且也没有破坏物种的多样性。

2. 生态系统的功能和可持续利用

本项目超高压线路所在地区为农业生态系统，这个生态系统的生态环境功能主要表现为生产生物资源，其所生产的粮食及其他农产品是生态系统生产生物资源功能的主要体现。生态系统的可持续利用性是人类社会经济可持续发展的重要基础之一。

本地区为农业生态系统，本项目在建设中，没有改变生态系统结构，在埋下超高压管线后，能及时复土恢复植被，没有破坏生态系统的连续性等，由此可见，本地区的生态系统的功能和可持续利用性没有受到影响。

3. 耕地资源

在次渠门站的建设中，将要占用通马路与高碑店灌渠之间的三角地区共 15.72 亩，此地现状为农田，种有玉米等农作物。次渠门站建成后，耕地将会消失，土地使用性质会被改变。

在超高压线路的建设中，在埋下管线后即覆土恢复植被，不会影响地面的农业生产，故没有耕地占用问题。

综上所述，本项目的建设中，仅有少量的耕地被占用，主要为建设次渠门站所占用，对整个区域生态系统的影响不大。

4. 水土流失

在施工期，为埋没管线，将要挖 2 m 深、2.5 m 宽的管道沟，挖出的土方主要堆在沟的两边，根据以前对天然气管道施工的观测，其挖出的土方可在沟两侧堆积 2～3 m 宽、1 m 多高，土层较松散，在雨季时易产生水土流失现象。

根据有关资料，坡度为 3°的玉米田，土壤损失量为 51.8 t/(ha・a)；坡度为 9°的玉米田，土壤损失量为 69.9 t/(ha・a)；与此对照，坡度为 10°的森林，土壤损失量为 0.005 t/(ha・a)。由此可见，本项目施工期若在雨季，其土壤流失量将会是很大的。因此，应尽量避开雨季施工，这样可以避免大规模水土流失；同时要分段施工，每一段施工完成后要尽快回填土方，恢复植被。

5. 地表水系

本项目在施工期间，不改变河流的流向和流量，也不改变地面坡度。由次渠门站沿通惠河排干至东部调压站的超高压管线，是沿河东侧敷设，距河中心 58 m，故本项目施工不会对河流产生影响。因此，本项目不会对地表水系产生影响。

6. 植被

①施工期的影响：超高压管线均采用沟埋敷设，管沟开挖深度为 2 m，宽度为 2.5 m，施工占地范围为两侧各 10 m，在农田进行管道施工时，管沟挖掘以及机械、车辆的辗压，将会使占地范围内的农作物遭到破坏。本项目两条超高压管线，1 条位于路侧 12 m 处，施工时不会对行道树产生影响；另 1 条沿通惠河排干东侧，距河中 58 m，施工时也不会对河边绿化带产生影响。故施工期对植被的影响主要是对农田中农作物的影响，如表 6－11 所示。

表 6－11 施工对植被影响

序号	作 业	影 响 原 因	影响范围
1	人工开挖	直接破坏开挖带的植被	管沟两侧 3 m
2	机械作业	辗压管沟两侧的植被	管沟两侧 10 m
3	下管作业	辗压管沟两侧的植被	管沟两侧 10 m
4	回填土	若违反回填程序，将造成表层土壤严重损失	
5	机械存放的临时工棚	短期局部临时占地，破坏植被	局部

②运行期的影响：类比调查表明，地下是否敷设天然气管道，其地表植物生长状况无明显区别。可以认为正常输气过程中管道对地表植物生长没有负面影响，但若有天然气泄漏，则地表植物会有枯黄现象，这时应及时检修。

综上所述，为了将对植被的影响降至最低，应采用如下措施：管道施工时尽量减少占地范围，最好不超地管沟两侧 10 m(共 20 m)的范围；管沟开挖时，表土与底土分开，而后应分别回填。施工完成后，应尽快恢复地貌，次渠门站建成后，应根据实际占地情况，将绿化率提高到 30%左右。

7. 景观

在次渠门站所在地，现有两个村办企业，一个是米厂，一个是煤厂，它们占据河边绿化带，房子破旧，周围环境脏乱。随着次渠门站的建立，这两个村办企业要迁走，可还原河边绿化带，因此整个景观环境将会有根本的改观。

超高压管线经过农田埋在土地下面，高、中压管线大多都埋在城市街道下面，地面景观将恢复正常，故它们对地面景观无影响。

在施工期，由于挖沟、埋管等作业，将会对局部景观造成一定的不良影响。这时应采用围挡作业、分段施工、尽快恢复，这样就可将景观影响降到最小。

8. 文物

在观音堂路北，超高压站管线经过处有一处文物，为革命烈士陵园，这是1948年解放北平时一次战役后为烈士修的陵园，现仍为青少年教育基地，超高压管线正好从大门前经过，因此大门及传达室可能要拆建。施工中应注意对陵园本身的保护，尽量维护陵园的本来风貌。

9. 高、中压管线

高、中压管线绝大多数都安排在市区内街道之下，地下埋深2 m，其对周围环境的安全间距要求为高压6 m，中压3 m，低压2 m。由于在街道马路上开挖，此要求大多都可达到。另外，由于高、中压管线安排在城市道路之下，故其对自然生态系统，如生物多样性、生态系统的整体性和连续性、生态系统的功能和可持续发展、耕地、水系、植被等均无影响。但需注意施工期间的水土流失和景观影响，故建设最好围挡作业，同时应避开雨季、分段施工、及时恢复，这样就可把影响减至最少。

(四)植被的恢复

当管线建设完毕后，迅速恢复当地的植被，是保护当地生态环境的重要一环。尤其是东郊郊区农田路边的超高压管线建成后恢复植被可以防止水土流失、减少由于刮风引起的浮土扬尘，同时还可以使景观环境有较大的改善，在市区道路下建设管线后，也应立即恢复植被。原路边没有植被的也应规划补种，这对于城市景观的改善有较大的作用，故植被恢复的作用是很大的。

1. 植被选择的原则和要求

由于各种植被对于环境的功能是不同的，因此在植被恢复时，必须对植被的种类和品种进行选择。一般选择环保绿化植物时，首先应考虑抗污染、吸收有害气体、净化空气、隔声、遮荫等不同功能的要求，同时也要考虑植物的观赏价值和经济价值，还应注意绿化植物对当地土壤、气候条件的适应性以及卫生要求等。具体原则和要求如下。

①具有较强的抗污染能力：因为管线的布局多在农田、路边和城市道路下，故植被所接受的主要是交通尘污染及道路交通噪声污染等，故应选择能吸尘及抗噪声的树种。

②速生树种与慢生树种相结合：速生树种可以早日达到保护环境的效果，容易成荫成林，但速生树种寿命短，如不及时更新补充慢生树种，会影响绿化效果，所以应采用速生树种与慢生树种搭配栽植。

③容易繁殖、移栽和管理：应选择容易繁殖、移栽和管理的植物作为环保植物，只有这样，才能更好地发挥保护环境的作用。

④不妨碍环境卫生：环境保护植物不宜有恶臭、异香和多解剖学果实，以免招引蚊、蝇等有害昆虫，在城市居民区附近应少种柳树以防柳絮。

⑤能适应当地条件：选择的植物应适应当地的生存条件，城市里的绿化要种植能适合城市条件、耐粗放式管理的品种。

2. 植被的选择

(1)选择减尘作用大的植物

树林的减尘作用表现在两个方面：树木的枝冠茂密，具有强大的减低风速的作用，随着风速的降低，空气中的大粒灰尘就会下降；树木叶子表面不平，多茸毛，有的还分泌黏性的油脂或汁浆，空气中的尘埃，经过树木便附着于叶面的下凹部分，由此树木便起到了过滤作用，蒙尘的植物经过雨水冲洗，又能恢复其吸尘的能力。树木叶面积总数很大，据统计，是其占地面积的10倍，因此，其吸滞尘的能力也是很大的。根据有关专业部门的测试，绿化树木可使降尘量减少23%～52%，可使飘尘量减少37%～60%，降尘效果是比较明显的。

不同树种的滞尘能力不同，一般认为针叶树的滞尘能力较强，因为针叶的叶面积大，能分泌油脂，吸附较多的尘。有较强滞尘能力的针叶树有侧柏、龙柏、雪松、杉木、罗汉松等。对于阔叶树而言，一般落叶阔叶树比常绿阔叶树的滞尘能力要大，因为后者叶面大多较光滑，而前者叶面粗糙有茸毛，故其滞尘能力要大些。在选择阔叶树防尘树种时，既要考虑其单位叶面积滞尘能力的大小，又要考虑全树的总叶面积。根据这两点，较好的防尘树种有刺楸、榆树、朴树、重阳木、刺槐、臭椿、构树、悬铃木、女贞、泡桐等。落叶阔叶树在冬季落叶，因此其对尘的阻滞作用在不同季节有所不同，并且滞尘能力与叶量成正比，但据科学测定，即使在落叶期间，其枝干也能减少空气中含尘量的18%。

树木滞尘的效果还因林带的高度和密度等条件而不同，一般林带高度与密度越大，减尘的效果则越好。

另外，草地的减尘作用也不容忽视，因为草的茎叶不仅和树叶一样，具有吸附空气中的尘的作用，而且可以固定地面的尘土，使其不飞扬。

(2)选择降噪声作用大的植物

科学实验的结果发现，若路旁只种单一的落叶阔叶树木，因其下部空旷，其隔音降噪的作用不是很大，而用针叶树和落叶阔叶树组成的混合屏障，例如采用雪松、水杉、海桐、珊瑚树等树种组合成混合的绿带，却有很好的隔音降噪的作用。一般是在机动车道两边种植针叶树，如雪松或龙柏等，而在人行道旁种植落叶阔叶树。通过试验可知，交通噪声经过这样的绿带可减少噪声12 dB(A)左右，比单一阔叶树种的隔音降噪作用几乎大了1倍。

(3)选择适合北京当地生存条件的树种

一些树种虽然有很好的环境保护功能，但只适合在南方生长，而不适合在北方生长，应尽量不要选择这样的树种。故在树种搭配上要注意选择适合北京当地条件的树种。

(4)注意选择一些速生植物

这样它可以很好地起到防尘防水土流失的作用，如杨树等。

3. 植被的确定

根据以上分析，考虑它们之间的组合，可分为几种情况，分析如下。

①在农田中，应尽量恢复农田中原有的植被，如原来种玉米，填埋覆土后应仍能种植玉米。

②在郊区路旁，应将侧柏、榆树、杨树、刺槐等混合种植，这样既可防尘又可防噪声，而且杨树长得快，可以很快起到防止水土流失的作用。

③在市区街道旁，可选用雪松、榆树和杨树，辅之以草坪的方式，这样不但防尘防噪声，而且还美化了城市景观。

【习题及思考题】

1. 论述高速公路建设项目生态环境影响评价的主要内容。
2. 试论述南水北调工程的生态环境影响(以东线或中线工程为例说明)。
3. 试论述三峡工程建设的生态环境影响。
4. 生态环境影响评价中，生态系统的完整性评价是关键，请阐述实际工作中应如何进行生态系统完整性评价?
5. 论述流域梯级电站开发的生态环境影响评价要点。
6. 论述生态环境影响预测的方法及其各自的特点。

【参考文献】

[1] 陆书玉，栾胜基，朱坦. 环境影响评价. 北京：高等教育出版社，2001

[2] 国家环境保护总局自然生态保护司. 非污染生态影响评价技术导则培训教材. 北京：中国环境科学出版社，1999

[3] 国家环境保护总局自然生态保护司. HJ/T 19—1997，环境影响评价技术导则 非生态影响

[4] 李博. 生态学. 北京：高等教育出版社，2000

[5] 蔡艳荣. 环境影响评价. 北京：中国环境科学出版社，2004

[6] 程胜高，罗泽娇，曾克峰. 环境生态学. 北京：化学工业出版社，2003

[7] 程水源，崔建升，刘建秋，等. 建设项目与区域环境影响评价. 北京：中国环境科学出版社，2003

[8] 毛文永. 生态环境影响评价概论. 北京：中国环境科学出版社，1998

[9] 徐新阳. 环境评价教程. 北京：化学工业出版社，2004

[10] 周国强. 环境影响评价. 武汉：武汉理工大学出版社，2003

[11] 金腊华，邓家泉，吴小明. 环境评价方法与实践. 北京：化学工业出版社，2005

[12] 陆雍森. 环境评价(第2版). 上海：同济大学出版社，2001

[13] 毛文永. 生态环境影响评价. 北京：国家环境保护总局环境工程评估中心，2001

[14] Moore N W. Experience with wildlife and the theory of conservation. Biological Conservation，1969，(1)：201-207

[15] 刘绮，潘伟斌. 环境质量评价. 广东：华南理工大学出版社，2004

[16] 张征，沈珍瑶，韩海荣，等. 环境评价学. 北京：高等教育出版社，2004

[17] Watts G D，Hornby R，Lambley P W，et al. An ecological review of the Yare Valley near Norwich. Transactions of the Norfolk and Norwich Naturalists' Society，1975

[18] 张从，主编. 环境评价教程. 北京：中国环境科学出版社，2002

[19] 郑铭. 环境影响评价导论. 北京：化学工业出版社，2003

[20] HJ/T 88—2003，环境影响评价技术导则 水利水电工程. 北京：中国环境科学出版社，2003

[21] 史密斯(Smith R L). 生态学原理和野外生态学. 李建东，译. 北京：科学出版社，1988

[22] 国家环境保护总局监督管理司. 中国环境影响评价培训教材. 北京：化学工业出版社，2000

[23] 北京市环境保护科学研究院. 环境影响评价典型实例. 北京：化学工业出版社，2002

第七章　区域环境影响评价

【本章导读】

区域环境影响评价不同于一般建设项目的环境影响评价，区域开发常常带有规划性质，因此广义上应该属于规划环境影响评价范畴。本章介绍了区域环境影响评价的定义、原则、目的与意义；在此基础上着重介绍了区域环境影响评价的工作程序与评价重点；从区域环境承载力和开发区土地利用的生态适宜度两个方面分析了区域开发的环境制约因素；同时研究了区域大气及水环境容量的分析方法以及大气及水污染物排放总量控制技术；结合区域开发项目的实际，论述了规划方案分析及综合论证的相关要求。

第一节　概　述

对于区域性开发项目，为了使区域开发行为在环境上更为合理，应尽量避免或减轻区域开发后可能带来的环境污染和生态破坏，突出区域发展的环境功能，在编制区域发展规划的同时，要进行环境影响评价，协助制定区域开发规划方案，提出区域发展的污染物排放总量控制指标和集中控制措施，并提出限制入区的项目类型清单。

《建设项目环境保护管理条例》(1998 年 11 月国务院第 253 号令)第五章第三十一条规定："流域开发、开发区建设、城市新区建设和旧区改建等区域性开发，编制建设规划时，应当进行环境影响评价。"

一、区域环境影响评价的定义

区域环境影响评价是指在一定区域内，以可持续发展为目标，以区域发展规划为依据，从整体上综合考虑区域内拟开展的各种社会经济活动对环境产生的影响，并据此制定和选择维护区域良性循环、实现可持续发展的最佳行动方案，同时为区域开发规划和管理提供决策依据的过程[1]。

区域环境影响评价同建设项目环境影响评价的区别见表 7-1。

表 7-1　区域环境影响评价同建设项目环境影响评价的区别

	区域环境影响评价	建设项目环境影响评价
评价对象	一个区域内所有的开发行为和开发项目，具有广泛性	一个或几个建设项目，具有单一性
评价范围	地域大、尺度广，具有区域性	地域小、尺度小，具有局部性
评价方法	多样、复杂	成熟、简单
评价重点	规划方案合理性与环境可行性分析、污染物排放总量控制	环境影响预测、环境风险评价
评价水平	必须由甲级单位承担，强调指导性	甲、乙级单位均可承担，强调实用性
评价精度	精度可适当放宽，强调综合性	精度高，强调准确性
介入时间	编制区域建设规划的同时介入，有超前性	在可行性研究阶段完成，有同步性
污染控制	强调总量控制	强调项目环保对策

二、区域环境影响评价的原则

区域环境影响评价是区域规划的重要组成部分，是一项科学性、综合性、规划性和实用性都很强的工作，应遵循以下基本原则。

1. 同一性原则

区域环境影响评价应纳入到区域规划之中，在制定区域环境规划的同时，开展区域环境影响评价工作。

2. 战略性原则

区域环境影响评价不仅要评价区域开发活动对周围环境的污染影响，还应从区域发展战略的高度，对开发规划的合理性及其与当地总体规划的协调性进行评价和分析。

3. 整体性原则

由于整个区域开发过程可能涉及各种环境问题，评价活动应对评价区域内所有开发行为和开发项目的环境影响及其叠加效应进行整体把握和分析，最终提出区域开发的环境污染集中控制对策和区内各建设项目的环境保护措施。

4. 实用性原则

区域环境影响评价应具有实用性，在技术上可行、经济上合理、效果上可靠，能够被区域开发部门和建设单位采纳和使用，尤其是在制定区域环境优化方案和污染防治对策方面。

5. 可持续性原则

区域开发的前提之一是维护区域长期的可持续发展，因而区域环境影响评价工作要从可持续发展的角度对区域发展规划进行分析，同时还要制定相应的环境管理体制，保证区域开发的可持续性。

三、区域环境影响评价的目的和意义

1. 目的

区域环境影响评价是在区域开发规划纲要编制之后、区域开发规划方案确定之前进行的，其对象是区域内所有的拟开发建设行为，目的是从环境角度对区域开发建设方案的合理性进行论证，并提出环保优化措施和污染控制方案，以完善区域开发活动规划，保证区域的可持续发展。

2. 意义

区域环境影响评价具有如下重要意义：

(1)从宏观角度对区域开发活动的选址、规模、性质及其可行性进行论证，可避免决策失误，减少对区域生态环境和资源的破坏。

(2)可以了解区域环境状况和区域开发可能带来的环境问题，有助于制定区域环境污染总量控制规划和建立区域环境管理体系，促进区域可持续发展。

(3)为区域开发各功能区的合理布局、入区项目的筛选提供决策依据。

(4)区域环境影响评价还可以作为单项入区项目的审批依据和区域内单项工程环境评价的基础和依据，使单项工程环境影响评价兼顾区域宏观特征，使其更具科学性、指导性，缩短建设项目的评价工作周期。

第二节　区域环境影响评价工作程序与评价重点

一、区域环境影响评价的工作程序

区域环境影响评价工作大体分为两个阶段：第一阶段为评价实施方案编制阶段，主要工作为研究区域开发规划及与规划相关的文件，进行初步的污染源分析和环境现状调查，筛选评价因子，确定评价范围，编制区域环境影响评价实施方案；第二阶段为报告书编制阶段，主要工作是进一步进行污染源分析、环境现状调查及现场监测，开展环境影响预测与评价、环境容量分析与总量控制方案制订、规划方案合理性分析及综合论证、环境保护基础设施方案合理性分析及优化、制订区域环境管理与监测计划等。

评价工作过程中，评价单位应经常与规划部门、环保部门、开发区管理机构等

进行有效的沟通，尤其应及时将评价成果(含阶段性成果)反馈给规划部门，以便于及时修改、调整规划方案。

以开发区区域环境影响评价为例，区域环境影响评价的工作程序如图 7－1 所示[2]。

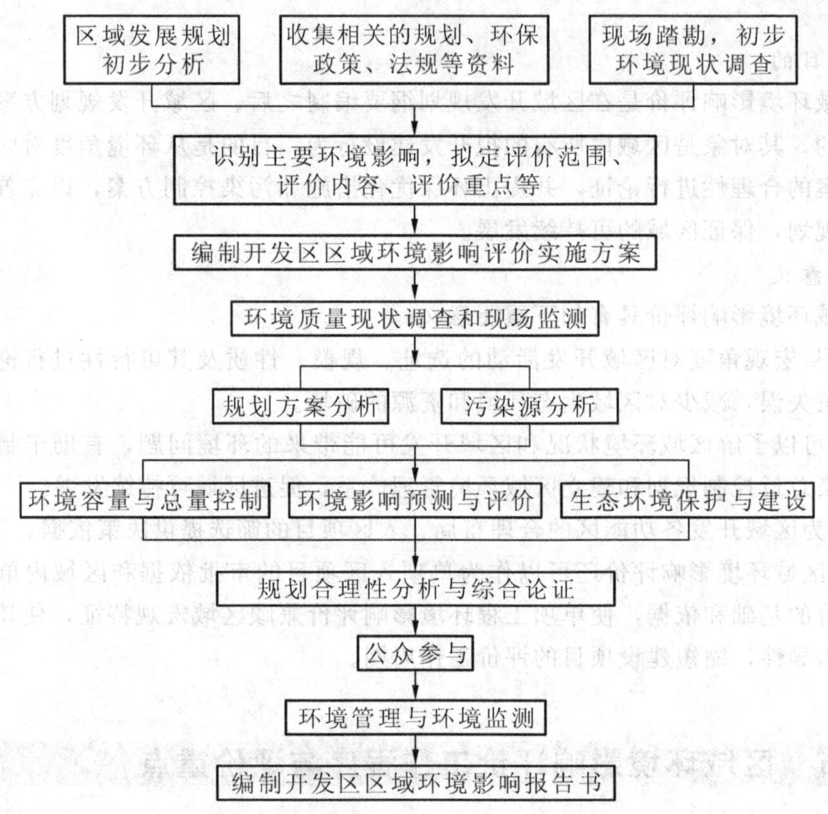

图 7－1　区域环境影响评价工作程序

二、区域环境影响评价的重点内容

在区域开发正式实施之前，待开发的许多项目或者项目的开发特征都是不确定的，因此，区域环境影响评价的重点往往放在区域发展方向或性质规划、区域土地利用功能规划及区域公用设施规划等对环境的影响上，评价重点如下。

(1)环境影响分析与评价：根据区域的社会、经济和环境现状及规划目标，从宏观角度分析区域开发可能带来的环境影响，涵盖空气、地表水、地下水、固体废弃物以及噪声等内容。

(2)环境承载力分析与污染物总量控制：分析区域环境承载能力，使区域开发在环境的可承载能力范围内进行，保证区域的可持续发展。另外，还要根据环境容量确定区域污染物允许排放总量，并将其优化配置到各个污染源。

(3)开发区规划的环境合理性与可行性分析：区域发展规划方案是以合理利用区域土地、协调空间布局与各项建设为前提，对区域开发性质、规模、方式和发展方向所作的综合部署，环境保护与生态建设是其中的重要内容。因此，区域环境影响评价要对区域发展规划方案的合理性和可行性进行分析，特别要突出开发区总体发展目标、布局和环境功能区划的合理性，包括：区域开发总体布局及区内各功能分区的合理性分析、开发区规划与所在区域发展规划的协调性分析、土地利用适宜性与生态适宜度分析、环境功能区划的合理性分析等。

(4)基础设施规划的合理性分析与污染物优化排放：论证开发区环境保护基础设施建设，包括污染集中治理设施的规模、工艺、布局的合理性，以及优化污染物排放口布置及排放方式。

(5)生态保护和生态建设方案：提出并论证开发区生态保护和生态建设方案。

(6)环境监测与管理计划：制定环境监测计划，建立开发区动态环境管理系统。

第三节　区域开发环境制约因素分析

通过区域环境承载力分析和开发区土地利用的生态适宜度分析，可以对区域发展的选址、规模、性质等进行可行性论证，对区域土地利用进行合理规划，从而为区域开发各功能区的合理布局和入区项目的筛选提供决策依据。

一、区域环境承载力分析

1. 概念

环境系统的组成物质在数量上存在一定的比例关系，在空间上有一定的分布规律，因此其对人类活动的支持能力有一定的限度。环境承载力是在某一时期、某种状态和条件下，某地区的环境所能承受的人类活动作用的阈值。

区域环境承载力[1]是指在一定的时期和一定区域范围内，在维持区域环境系统结构不发生质的改变、区域环境功能不朝恶性方向转变的条件下，区域环境系统所能承受的人类各种社会经济活动的能力。

还有一种说法认为，区域环境承载力是指一定区域在某一时期内，以可预见的社会经济发展水平为依据，以可持续发展为前提，在维护生态环境良性循环的基础上，区域环境可支撑的社会经济规模和具有一定生活水平的人口数量。

根据这个定义，区域环境承载力最终表征为区域所能承受的社会经济规模和人口数量。采用一定的分析方法，可以给出区域环境对社会经济和人口的限制，从而为区域开发规划提供决策依据。

2. 指标体系

完整的指标体系是分析研究区域环境承载力的前提和理论基础，环境承载力的指标体系应该从环境系统与社会经济系统的物质、能量和信息的交换上入手，一般可分为三类。

第一类，自然资源供给类指标，如水资源、土地资源、生物资源等。

第二类，社会条件支持类指标，如经济实力、公用设施、交通条件等。

第三类，污染承受能力类指标，如污染物的迁移、扩散和转化能力，区域绿化状况等。

3. 分析方法

指标体系建立之后，下一步工作就是对区域环境承载力的量值进行计算和分析，并提出提高环境承载力的方法措施。一般情况下，由于种种原因，对这些指标进行量化是很难的。由于区域的差异，找到一个普遍适用的方法来计算环境承载力也是十分困难的。下面，以湄洲湾的环境规划中的环境承载力分析①为例来说明区域环境承载力的分析过程。

湄洲湾环境规划是环境承载力理论的一个十分成功的应用实例，在实际工作中，用下式来表示第 j 个地区环境承载力的相对大小。

$$\begin{cases} I_j = \sqrt{\dfrac{1}{n}\sum\limits_{i=1}^{n}\widetilde{E}_{ij}^2} \\ \widetilde{E}_{ij} = E_{ij} \Big/ \sum\limits_{i=1}^{n} E_{ij} \end{cases} \tag{7-1}$$

式中：I_j 为第 j 个地区环境承载力的相对大小；$\widetilde{E}_{ij}$ 为归一化处理后第 j 个地区第 i 个环境因素的环境承载力；E_{ij} 为第 j 个地区第 i 个环境因素的环境承载力。

近年来，人们还探讨了其他的量化研究方法，如专家打分法、模加和法、灰色系统分析法、专家系统方法等，所有这些方法的关键都集中在指标的筛选、指标权重的确定及指标的量化等方面。

二、区域土地利用的生态适宜度分析

土地利用生态适宜度是对开发区土地利用方式和开发强度进行分析，从生态合

①《福建省湄洲湾开发区环境规划综合研究》总课题组．我国沿海新经济开发区环境的综合研究——福建省湄洲湾开发区环境规划综合研究总报告，1991

理性角度论证开发规划的合理程度。这里我们介绍一种土地利用生态适宜度分析的常用方法。

1. 因子选择

当土地开发利用方式确定以后，应选择能够准确描述该种用途的生态因子对其进行评价。

应该注意的是，所选的指标必须是对所确定的土地利用目的影响最大的一组因素。例如，秦皇岛是一个港口城市，在生态适宜度分析中专门增设了港口用地适宜度分析，所选择的生态因子共六个：海拔高度、地表水、气象条件、承压力、距海岸距离及土地利用现状。

2. 因子评分

对所选生态因子进行综合分析前，首先必须进行单因子分级评分。

对于能够量化的数值类评价因子，可以根据上下限采用内插法进行评分；对于不能量化的等级类评价因子，可分为四级：很适宜、适宜、基本适宜、不适宜，评分分值分别为该级指标权重值的100%，75%，50%和25%。进行单因子分级评分可以从对给定土地利用目的的生态作用和影响程度、城市生态的基本特征等方面考虑。单因子分级评分没有完全公认的方法，应做到因地制宜。

3. 分析方法

在各单因子分级评分的基础上，应进行各种土地利用形式的综合适宜度分析。由单因子生态适宜度计算综合适宜度的方法有两种。

(1)等权叠加法

当各生态因子对土地的特定利用方式的影响程度基本接近时，可以用直接叠加法。

$$B_{ij} = \sum_{s=1}^{n} B_{isj} \tag{7-2}$$

式中：B_{ij} 为第 i 个网格的利用方式为 j 时的综合评价值，即 j 种利用方式的生态适宜度；B_{isj} 为第 i 个网格的利用方式为 j 时第 s 个生态因子的适宜度评价值(单因子评价值)；i 为网格号(或地块编号)；j 为土地利用方式编号(或用地类型编号)；s 为影响 j 种土地利用方式的生态因子编号；n 为影响 j 种土地利用方式的生态因子总数。

(2)加权叠加法

各种生态因子对土地的特定利用方式的影响程度差别很明显时，就必须应用加权叠加法。计算公式如下：

$$B_{ij} = \sum_{s=1}^{n} (W_s B_{isj}) \Big/ \sum_{s=1}^{n} W_s \tag{7-3}$$

式中：W_s 为第 i 个网格、利用方式为 j 时第 s 个生态因子的权重值；其他符号意义同式(7－2)。

根据需要，将生态适宜度综合值分级，例如可采用四级指标：不适宜、基本适宜、适宜、很适宜，然后根据综合评分结果，界定其生态适宜度的等级。

第四节　环境容量分析与污染物排放总量控制

《建设项目环境保护管理条例》第一章第三条规定："建设产生污染的建设项目，必须遵守污染物排放的国家标准和地方标准；在实施重点污染物排放总量控制的区域内，还必须符合重点污染物排放总量控制的要求。"

实施区域污染物排放总量控制是维护区域可持续发展的重要保证。区域污染物总量控制是指在一定区域环境范围内，为了达到预期的环境目标、保证区域环境的可持续发展，通过一定的方式，计算或核定区域内主要污染物的环境最大允许负荷，并以此对区域内污染物排放总量进行合理规划和配置，最终确定区域内各污染源允许的污染物排放量的过程。

一、环境容量估算

环境容量分析是进行污染物总量控制的前提。环境容量是指在人类 F 和环境不致受害的情况下，环境所能容纳的污染物的最大负荷，即在确定的环境目标值下，区域环境所能容纳的污染物最大排放量。环境容量的大小与区域的社会功能、环境质量现状、污染源布局、污染物性质以及环境的自净能力等因素有关。

(一)大气环境容量的估算

在给定的区域内，达到环境空气保护目标而允许排放的大气污染物总量，就是该区域大气污染物的环境容量。由于大气污染物排放量及其造成的污染物浓度分布与污染源的位置、排放方式、排放高度、污染物的迁移转化规律等都有密切的关系，因此，在具体项目(污染源清单)尚不确定的情况下，对该区域的大气环境容量进行估算实际上具有相当的不确定性。

大气环境容量的估算主要有模拟法、线性规划法和A－P值法等。

(1)模拟法：模拟法利用环境空气质量模型来模拟区域开发活动所排放的污染物是否会造成大气中污染物浓度超标。如果超标，即可依照贡献率对相关污染源的排放量进行削减，以满足环境质量标准的要求。在满足环境要求这个前提下的污染物排放量之和即为该区域的大气环境容量。模拟法适用于规模较大、具有复杂环境功能的新建开发区或即将进行污染治理与技术改造的现有开发区。应用模拟法需要了解区域大气污染源的布局、排放量和排放方式。

(2)线性规划法：该法是根据线性规划理论来计算大气环境容量，即以区域内不同环境功能区的环境质量标准为约束条件，以区域污染物排放量极大化为目标函数，这种满足各功能区环境标准要求的污染物最大允许排放量即为该区域的大气环境容量。线性优化法适用于污染源布局、排放方式已经明确的开发区。

(3)A－P值法：该法以大气质量标准为控制目标，在大气污染物扩散稀释规律的基础上，使用控制区排放总量允许限值和点源排放允许限值计算大气环境容量。实践中一般采用修正的A－P值法，该方法不需要知道污染源的布局、排放量和排放方式，适用于开发区规划阶段环境条件的分析。但本方法计算出的容量只能是粗略的估计值，不能直接作为总量控制目标。

(二)水环境容量的估算

某种水污染物在某一纳污水域中的水环境容量是指在人类和水环境不致受害的情况下，在此纳污水域中所能容纳的这种水污染物的最大负荷。水环境容量计算要点如下。

(1)调查受纳水体的水质现状，分析其达标情况。

(2)根据水环境功能区划，确定水质标准。

(3)利用水质模型建立污染物排放和受纳水体水质之间的输入响应关系。所选用的水质模型应按要求进行验证。

(4)根据受纳水体的水质达标程度，考虑相关区域排污的叠加影响，应用输入响应关系，确定合理的混合区，以受纳水体的水质功能达标为前提，估算水体对相关污染物的环境容量。

水环境容量的估算过程可用图7－2表示。

二、污染物排放总量控制

污染物排放总量控制方案包含两层意思：一是污染物总量的确定要合理，即所确定的排污总量应充分考虑区域的环境容量、区域内社会经济现状以及污染治理技术水平，确保为区域可持续发展留有充分余地；二是排污分配要合理，即要通过优化，将所确定的排污控制总量合理分配在区域内各个污染源上。只有综合考虑了这两个方面，才能作出客观合理的污染物排放总量控制方案。

一般情况下，总量控制分为容量总量控制、目标总量控制和指令性总量控制三种，在分析区域污染物总量控制时可以采用三种控制相结合的方法。容量总量控制

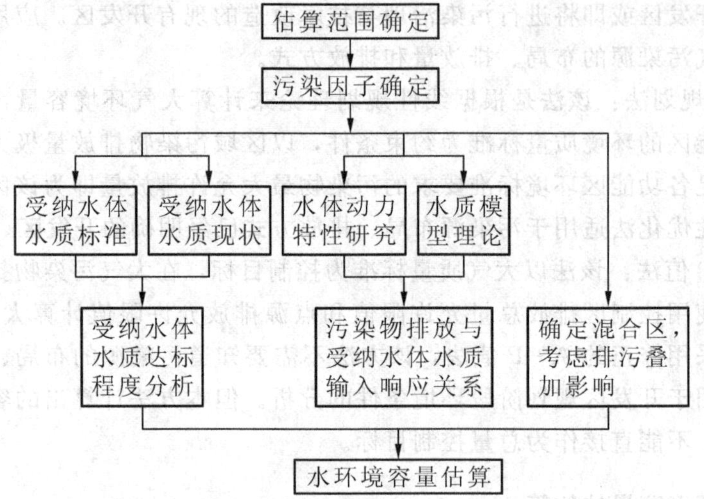

图 7-2 水环境容量估算过程

是指在环境容量约束下的区域排污总量，即在区域环境质量不超出环境目标值的前提下，所允许的区域污染物最大排放量。目标总量控制是依据城市区域污染物排放总量目标，从当前排放水平出发，通过技术和经济可行性分析，优化污染物排放量或削减量，制定排放目标控制方案。指令性总量控制是指国家和地方环保部门按照一定原则在一定时期内所下达的主要污染物排放总量控制指标。

最终的区域污染物排放总量控制计划应当确定总量控制的范围、环境目标及有效年限、区域总量控制指标以及各污染源的控制指标。总量控制分析程序见图 7-3。

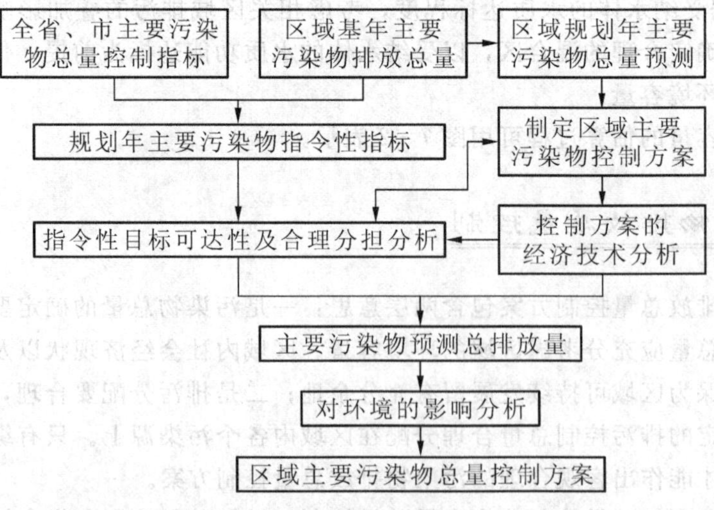

图 7-3 区域主要污染物总量控制技术分析程序[1]

区域污染物总量控制分析应当考虑如下要点：选择合适的总量控制因子，确证污染物达标排放，确证环境质量是否达标，确证是否符合指令性总量控制要求，贯彻“增产不增污，以新带老，集中治理”的原则，考虑经济技术的可行性。

(一)大气污染物排放总量控制

大气污染物排放总量控制的主要内容有：

(1)选择总量控制指标，通常为烟尘、粉尘、SO_2。

(2)对所涉及的区域进行环境功能区划，确定各功能区的环境空气质量目标。

(3)根据环境质量现状，分析不同功能区环境质量达标情况。

(4)结合当地气象和地形条件，选择适当分析方法，确定区域大气环境容量。

(5)结合开发区规划和污染控制措施，提出近期(按五年计划)大气污染物排放总量控制指标和分配方案。

污染物排放总量的常用分配方法有等比例分配法、费用最小分配法和按污染贡献率削减排放量分配法等。

(二)水污染物排放总量控制

水污染物排放总量控制的主要内容有：

(1)选择总量控制指标因子，通常为COD，NH_3-N，TN，TP等以及受纳水体最为敏感的特征因子。

(2)根据环境功能区划所规定的水质标准要求，选用适当的水质模型分析并确定水环境容量或最小初始稀释度。

(3)分析基于环境容量约束的允许排放总量和基于技术经济条件约束的允许排放总量。

(4)对于现状水污染物排放实现达标排放、水体无足够的环境容量可资利用的情形，应在制定基于水环境功能的区域水污染控制计划的基础上确定区域水污染物排放总量。

(5)如预测的各项总量值均低于上述基于技术水平约束下的总量控制和基于水环境容量的总量控制指标，可选择最小的指标提出总量控制方案；如预测总量大于上述二类指标中的某一类指标，则需调整规划，降低污染物总量。

第五节 规划方案分析及综合论证

本书以开发区规划环境影响评价为例介绍规划方案分析及综合论证[2]。

区域规划方案分析是指将规划方案放在区域发展的层次上进行合理性分析，特别要突出区域总体发展目标、布局和环境功能区划的合理性。区域规划方案分析及综合论证的主要内容包括：开发区总体布局及区内功能分区的合理性分析、开发区规划与所在区域发展规划的协调性分析、土地利用生态适宜度分析以及区域规划的环境可行性综合论证等。

一、开发区总体布局及区内功能分区的合理性分析

(一)总体布局分析

总体布局分析主要是分析区域规划确定的区内各功能组团(如工业区、商业区、绿化景观区、物流仓储区、文教区、行政中心等)的性质及其与相邻功能组团的边界和联系。

(二)区内功能分区合理性分析

根据开发区选址合理性分析确定的基本要素，分析开发区内各功能组团的发展目标和各组团间的优势与限制因子，分析各组团间的功能配合以及组团现有的基础设施及周边组团的设施对该组团功能的支持。可采用列表的方式说明开发区规划发展目标和各功能组团间的相容性。

开发区选址合理性分析的基本要素有开发区性质、发展目标和生产力配置等。开发区生产力配置一般有 12 个基本要素，即土地、水资源、矿产或原材料资源、能源、人力资源、运输条件、市场需求、气候条件、大气环境容量、水环境容量、固体废物处理处置能力、启动资金。

二、开发区规划与所在区域发展规划的协调性分析

开发区规划与所在区域发展规划的协调性分析将开发区所在区域的总体规划、布局规划、环境功能区划与开发区规划作详细对比，分析开发区规划是否与所在区域的总体规划具有相容性。它包括分析：区域总体规划中该开发区的定位、发展规模、布局要求，对开发区产业结构及主导行业的规定；开发区的能源类型，污水处理、固体废物处置、给排水、园林绿化等基础设施建设与所在区域总体规划中各专项规划的关系；开发区规划中制定的环境功能区划是否符合所在区域环境保护目标和环境功能区划要求等。

可采用列表的方式说明开发区规划发展目标及环境目标与所在区域规划目标及环境保护目标的协调性。

三、开发区规划土地利用生态适宜度分析

土地利用生态适宜度分析基本步骤如下。

(1)构建指标体系：生态适宜度评价采用三级指标体系，选择对所确定的土地利用目标影响最大的一组因素作为生态适宜度的评价指标。

(2)指标加权：根据不同指标对同一土地利用方式的影响作用大小，进行指标加权。

(3)指标评分：进行单项指标(三级指标)分级评分，单项指标评分可分为很适宜、适宜、基本适宜、不适宜四级。

(4)综合评价：在各单项指标评分的基础上，进行各种土地利用方式的综合评价。

土地利用生态适宜度分析的具体方法见本章第三节。

四、开发区规划的环境可行性综合论证

根据环境容量和环境影响评价结果，结合地区的环境状况，从开发区的选址、发展规模、产业结构、行业构成、布局、功能区划、开发速度和强度以及环保基础设施建设(污水集中处理、固体废物集中处理处置、集中供热、集中供气等)等方面对开发区规划的环境可行性进行综合论证。

开发区规划的环境可行性综合论证包括两大部分，即开发区环境功能区划的合理性分析与环境保护目标的可达性分析。

(一)环境功能区划的合理性分析

首先，将开发区规划和开发区所在区域总体规划中对开发区内各分区或地块的环境功能要求进行对比，分析开发区环境功能区划和开发区所在区域总体环境功能区划的异同点。然后根据分析结果，对开发区规划中不合理的环境功能分区提出改进建议。

(二)环境保护目标的可达性分析

1. 环境目标

环境目标是在一定条件下，决策者期望区域环境质量所要达到的程度或标准，一般情况下，包括环境质量目标和污染物总量控制目标两部分。

2. 环境保护目标的确定原则

环境保护目标的确定要考虑规划区环境特征、性质和功能，要有利于环境质量

的改善，要考虑人们生存发展的基本要求，环境目标和经济发展目标要同步协调。

3. 目标可达性分析

可以从三个方面来论证区域环境保护目标的可达性：从投资角度分析环境目标的可达性、从提高环境管理技术水平和污染防治技术水平角度论述目标的可达性、从污染负荷削减可行性的角度论述目标的可达性。

第六节 实例研究

本节以北京经济技术开发区环境影响评价为例[3]，简要说明区域环境影响评价的工作思路与主要内容。

为了增强北京工业发展后劲，加快产业结构调整，20 世纪 90 年代初北京市政府决定在大兴红星区亦庄乡建设“北京经济技术开发区”。开发区鼓励发展高新技术产业、出口创汇企业和三资企业以及经济效益和环境效益均佳的项目，特别鼓励重点发展适合首都特点和与首都地位相称的高档名牌产品。

一、项目简介

(一)地理位置与建设规模

开发区位于大兴区、通州区和朝阳区交界处，大部分在大兴区红星区境内，地处北京市东南方向五环路外、京津塘高速公路西侧，距离天安门 16.5 km，距离方庄小区 7 km。

开发区总规划面积 30 km^2，起步区面积 3 km^2，近期开发 15 km^2。

(二)开发区规划

1. 总体布局

开发区中轴线为贯穿南北的荣华路，路宽 65 m，路中有 12 m 的绿化带，绿化带两侧有 10.5 m 宽的机动车道，道路两侧为各种公共建筑。荣华路中段两侧为限高 150 m 的金融中心、国际贸易中心、科研中心、行政管理中心以及繁华的商业城，为开发区的主中心。荣华路南北两端分别为限高 100 m 的体育文化中心和酒店，为两个副中心。主中心和副中心之间的建筑物限高 60 m 左右。主中心两侧为两个公园。公共建筑区规划用地 158.8 hm^2，建筑容积率平均为 3.5 左右。公共建筑区东侧为工业区，规划总用地约 570 hm^2，建筑物控制高度为 30 m，容积率平均为1.0，低限为0.6。西侧为生活区及学校、医院等设施，规划用地约310 hm^2，建筑物控制高度为50 m，容积率一般为1.0～2.0，高档公寓、职工宿舍和别墅等可以安排于此。近期开发区规划用地平衡状况见表7－2。

表7－2 近期开发区规划用地平衡表[3]

用地性质	面积/hm^2	百分比/%
工业用地	567.2	38.18
公建用地	158.8	10.69
居住用地	310.2	20.88
市政交通场站	60.4	4.07
公共绿地	116.3	7.82
道路用地	272.7	18.36
合计	1 485.6	100.00

2. 公用工程及环境规划

(1)供热：拟采用锅炉房集中供热。起步区建设1座锅炉房，装设10台35 t/h的锅炉；近期开发区建设13座锅炉房，各装5台35 t/h的锅炉。

对锅炉房产生的灰尘，拟采用文丘里麻石水膜除尘器进行处理。对运煤系统产生的煤尘，拟采取密封措施和设置布袋除尘器进行捕集。锅炉房产生的灰渣拟用水力除渣进行处理。除灰和冲渣水经沉淀净化后循环使用，固态灰渣拟用于铺路或烧砖。

(2)供水：由于开发区属于贫水区，地下水补给量较小，开发区用水拟由北京市自来水公司修1条DN 1 000 mm×10 km的输水干管供给。

(3)雨污水排除规划：雨水基本上均汇入凉水河而得到排除。对于污水，开发区拟在西南部紧靠凉水河地段建污水处理厂1座，污水经处理后排入凉水河。污水处理厂近期建设规模为$2.0\times10^4\ m^3/d$，远期为$8.0\times10^4\ m^3/d$。

(4)绿地及道路规划：拟建四周绿化隔离带。在高速公路两侧、凉水河两岸、道路两旁、居住区中心、工业区与生活区之间均设立绿化带或防护林隔离带。

(5)供气：开发区拟采用天然气作为主要燃料，气由华北油田引入，在潘家庙设储气站，从储气站引出高压线沿通久路往东到成寿寺路，往南设高中压调压站1座。

(三)开发区环境概况

1. 自然条件

开发区地处华北平原北部，位于永定河冲洪积平原二期洪积扇上，属于冲积平原地貌类型。区内地形平坦，由北向南倾斜，地势略低于市中心区。地面水体主要为凉水河和大羊坊沟。凉水河从开发区西南边缘由西北向东南流过，大羊坊沟穿越开发区的东部由北向南汇入凉水河。两条河流受人为干扰，均已失去天然河道的功能。

2. 社会经济条件

拟建开发区内有村庄 7 个，人口 3 595 人，耕地 5 268 亩，果园 874 亩，鱼塘 577 亩。开发区及其周边共有企业 174 个，职工人数 8 232 人，产值 3 855 万元，利润 2 562 万元。

3. 环境质量现状

大气方面：现共有锅炉房 11 座，烟囱高度 25 m 左右，用煤 24 000 t/a。大气质量监测结果表明，TSP 污染较重，SO_2 有一定污染，大气环境质量总体较好。

地表水方面：地表水 9 个监测断面监测显示，区内地表水受到严重污染，所有监测点中，COD，BOD 和石油类都严重超标，标准指数分别为 5～9.7，3.4～13.4 和 1～7。

地下水方面：地下水 8 个监测点监测表明，评价区地下水已受到不同程度的污染，水质超过或接近饮用水水质标准，主要超标项目是石油类和硬度。造成地下水污染的主要原因是河水和灌渠渗漏与污灌下渗以及固体废弃物堆积物受雨水淋浸产生的淋滤液下渗等。

二、评价思路

本环评属于典型的开发区区域环境影响评价，重点是解决规划布局的合理性和确定入区项目的筛选条件。规划布局合理性评价拟从生态适宜性和生态满意度两个方面进行评价，以论证开发区选址和开发区空间布局的合理性。然后根据区域环境容量计算和总量控制方案分析结果，提出入区项目的污染物排放限量，从而确定入区项目的筛选条件。

三、规划布局合理性评价

规划布局的合理性评价是区域环境影响评价中的一个综合性的重要问题。在建设过程中，开发区将由农业生态系统向城市生态系统转变，作为开发区环境影响评价的规划布局合理性分析，应当重点从城市生态结构合理性人手进行讨论和分析。

(一)生态适宜性分析

1. 布局合理性

开发区规划基本保证了主导风向与建筑功能布局的一致性，并将工业与居住顺势分为东西两大功能群体，适应了当地自然气候条件；开发区拟建的工业区、商业区以及居住区等均按合理比例分配，为人们生活、工作环境创造了足够空间；居住区污染少，居民工作生活便利，有充足绿色空间和游憩条件。

2. 生态适宜性

从环境保护至污染控制，即按本区特有的生态位势的排序关系，划分为以下五个生态位排序类别。其中Ⅴ类仅作为相互干扰类别之间的间隔地类型。

Ⅰ. 适宜人群生活、办公、交往、娱乐的类别。

Ⅱ. 适宜人群劳动维持一般生活的类别。

Ⅲ. 适宜人群在有劳动保护条件下工作的类别。

Ⅳ. 产生一定的污染但可以控防的类别。

Ⅴ. 可以隔离、保护环境的类别。

评价过程中，首先按生态优先规律建立了生态适宜性指标体系，编制了开发区生态适宜性本底条件图，然后在此基础上，根据评价区周边环境和自身规划布局编制了生态适宜度区位分析图。

经分析认为，北京经济技术开发区开发后凉水河及沿岸绿地和北部宽阔的绿地，在适宜性安排时作为Ⅴ类，起到对本区外增长源、工业污染源等的抑制和隔离作用。开发区生态位由东向西位势递增，排序依次为强噪声源的高速公路、工业区、工业缓冲地带、绿带、居住及公共设施缓冲带、中轴线、生活工作区、绿带清洁水体。

(二)生态满意度分析

如果说环境生态适宜性分析解决了开发区各类土地使用相对位置安排问题的话，那么生态满意度分析则要解决各类土地使用及相应建筑量的比例分配。

采用 Delphi 法确定本次评价生态满意度指标，从开发区规划方案和建设用地平衡表中得出指标体系的预测值，并通过向专家咨询来确定各项指标的权重系数。根据专家打分和有关统计资料确定各项指标的完全满意标准和完全不满意标准，最后用分段函数方法计算生态满意度。分析结果见表 7-3。

表 7-3　　开发区单项生态满意度评价[3]

分类	生态满意度指标	完全满意	完全不满意	预测值	权重系数	生态满意度
经济	人均产值/万元·人$^{-1}$	1.8	0.2	1.4	0.208	0.75
环境	人均第三产业占地面积/m^2·人$^{-1}$	6	2	7.22	0.103	1
社会环境	人口密度/万人·$(km^2)^{-1}$	2	5	1.47	0.108	1
	道路密度/%	20	10	18.1	0.077	0.81
	每条公共汽车路线负担旅客数/万人·条$^{-1}$	1	7	3	0.056	0.67
自然环境	采暖期 SO_2 超标率/%	0	30	0	0.072	1
	小区噪声超标区域比/%	0	30	5	0.051	0.83
	区域集中供热/%	100	0	100	0.082	1
	人均绿地/m^2	10	1	5.92	0.133	0.48
	地表水水质超标率/%	0	30	90	0.113	0

表中结果是单项指标的生态满意度，为了全面评价，应作进一步计算。即根据权重系数计算出开发区生态满意度的综合得分，公式如下：

$$S=\sum_{i=1}^{10}(S_i\times 100\times W_i) \tag{7-4}$$

式中：S 为开发区生态满意度；S_i 为第 i 项分指标的生态满意度；W_i 为第 i 项分指标的权重。

根据公式可得，开发后小区综合生态满意度为 72.841 分，而满分为 100 分，开发区处于良好水平。又对开发区的现状生态满意度进行了计算，得分为 37.61，说明开发区建设对本区生态满意度有极大提高作用。

四、入区工业项目大气污染物排放量控制

采用反推法，根据开发区附近地区目前大气环境污染水平，按一定的分担率，对入区工业大气污染物排放的限制量进行计算。大气污染物总量控制分析结果见表 7-4，表中 q_n 指某小区域的源强，C_m 指某小区域所造成的一次污染浓度值，Q 为评价区污染物控制总量。

表 7-4　　评价区污染物控制总量[3]　　单位：mg·m^{-3}

评价点	C_m				q_n			
	TSP	SO_2	NO_x	总烃	TSP	SO_2	NO_x	总烃
碱庄			0.029	2.19			677	82 286
亦庄中学	0.236		0.010	3.25	5 419		556	74 788
胜利	0.282		0.040	3.21	4 853		677	55 126

续表

评价点	C_{rn}				q_n			
	TSP	SO_2	NO_x	总烃	TSP	SO_2	NO_x	总烃
隆盛场	0.259		0.023	3.24	4 113		411	51 832
大粮台	0.279		0.037	3.21	1 976		260	22 680
马道村	0.338	0.031	0.042	3.06	56 478	5 010	6 832	510 581
老君堂	0.362			3.10	84 735			728 091
崔庄子	0.276		0.028	3.24	2 092		349	24 755
马村	0.292	0.012	0.043	3.16	25 207	1 681	3 361	278 463
最大 q_n					84 735	5 010	6 832	728 091
推荐 q_n					5 419		677	82 286
$Q/kg \cdot h^{-1}$					507		63	7 702

由表 7－4 可知，开发区 15 km^2 范围内 TSP 和总烃略高，SO_2 基本没有容量，因此燃料燃烧型等粉尘大的工业不适宜入区，如冶金、水泥、铸造工业等。

【习题及思考题】

1. 试解释区域环境影响评价的概念。
2. 说明区域环境影响评价与建设项目环境影响评价的异同点。
3. 阐述区域环境影响评价的原则、目的和意义。
4. 阐述区域环境影响评价的工作程序和评价重点。
5. 如何进行区域开发的环境制约因素分析？
6. 如何进行区域环境容量估算？
7. 试给出区域污染物总量控制程序，并阐述大气和水污染物总量控制的主要内容。
8. 区域开发规划方案分析主要内容有哪些？
9. 如何进行区域规划的环境可行性综合论证？

【参考文献】

[1] 国家环境保护总局监督管理司编. 中国环境影响评价培训教材. 北京：化学工业出版社，2000

[2] 国家环境保护总局. HJ/T 131—2003，开发区区域环境影响评价技术导则.

[3] 北京市环境保护科学研究院编. 环境影响评价典型实例. 北京：化学工业出版社，2002

第八章 规划环境影响评价

【本章导读】

本章介绍了规划环境影响评价的基本概念，比较了其与其他类型环境影响评价的差异。从规划的筛选、规划环评的介入时机、规划环评的工作程序、规划环评的基本内容以及规划环评文件的编写等五个方面系统地介绍了规划环评的相关内容。最后阐述了规划环评的技术方法，较为详尽地介绍了规划环评的方法体系。

与建设项目相比，政府制定和实施的有关产业发展、区域开发和资源开发等方面的规划将对环境产生更为重大而深远的影响。为了从源头上保护环境，对规划进行环境影响评价是十分必要的。规划的大范围性与高水平性使规划环境影响评价能够较好地解决长期的、区域性的环境问题，规划环境影响评价有助于解决在项目层次上不能解决的冲突，能够分析项目的累积环境影响。进行规划环境影响评价有助于将环境保护的思想尽早地纳入到决策的过程当中，使环境因素与社会、经济因素一样，在规划形成之时即得到重视，综合地考虑局部利益和整体利益，从而使规划更加符合可持续发展的要求。

在《中华人民共和国环境影响评价法》(以下简称《环境影响评价法》)实施前，我国的环境影响评价只针对建设项目，没有把对环境有重大影响的规划纳入环境影响评价的范围。在建设项目环境影响审批中，规定了“符合规划”的原则，但对规划本身却没有进行过环境影响的论证。预防因政府规划的实施而对环境产生不良影响，是《环境影响评价法》的一大突破，该法规定在规划草案上报审批前，要对规划实施后可能对环境造成的影响进行分析和预测，提出预防不良环境影响的对策和措施。

第一节 概 述

一、规划环境影响评价的相关概念

规划环境影响评价(environmental impact assessment for plan/program, PEIA，以下简称规划环评)，指在规划编制阶段，对规划实施可能造成的环境影响进行分析、预测和评价，并提出预防或者减轻不良环境影响的对策和措施的过程。规划应有多个可替代的方案；通过评价将结论融入拟制定的规划中或提出单独的报告，并将成果体现在决策中，保障可持续发展战略落实在规划中。

《环境影响评价法》第二章对规划环评作了明确规定，其中第七条、第八条明确规定："国务院有关部门、设区的市级以上地方人民政府及其有关部门，对其组织编制的土地利用的有关规划，区域、流域、海域的建设、开发利用规划，应当在规划编制过程中组织进行环境影响评价，编写该规划有关环境影响的篇章或者说明。""国务院有关部门、设区的市级以上地方人民政府及其有关部门，对其组织编制的工业、农业、畜牧业、林业、能源、水利、交通、城市建设、旅游、自然资源开发的有关专项规划(以下简称专项规划)，应当在该专项规划草案上报审批前，组织进行环境影响评价，并向审批该专项规划的机关提交环境影响报告书。"

战略—政策—规划—计划—项目组成一个完整的决策链。战略指的是带有全局性、长期性、规律性和决策性特点的谋划。在国外的战略环境影响评价研究中，战略范畴通常包括政策(policy)、规划(plan)和计划(program)。其中，政策处于整个战略范畴的核心位置，是行为的准则及指南，政策是指国家、政党为实现一定时期的路线和任务而规定的行为准则；规划是政策在时间和空间范围的具体化和细化，是较为全面的中长期计划(5 年以上)，也指人类活动在地域空间上的布局和安排，比如城市规划、生态(环境)规划等比较全面、长远的发展计划；计划是为落实某一规划而在某一区域、某一时期内(一般不超过 5 年)具体实施的一系列行为、项目或工程，如中国各级政府每 5 年制定一次的国民经济与社会发展计划等。

其他相关概念还包括：

(1)规划方案 指符合规划目标的、供比较和选择的方案的集合，包括推荐方案、替代方案。

(2)环境可行的推荐方案 符合规划目标和环境目标、建议采纳的规划方案。

(3)替代方案 通过多方案比较后确认的符合规划目标和环境目标的规划方案。

(4)减缓措施 用来预防、降低、修复或补偿规划实施可能导致的不良环境影响的对策和措施。

(5)跟踪评价 对规划实施产生的环境影响进行监测、分析、评价，用以验证规划环评的准确性和判定减缓措施的有效性，并提出改进措施的过程。

二、规划环评与其他类型环境影响评价的关系

理论上来说，在环境影响评价体系中政策战略环境影响评价应先行，区域与行业的规划环评次之，建设项目的环境影响评价则再次之，但由于实际情况的限制，

我国环评法中只规定了规划环评，目前还没有要求对政策进行环评，现阶段规划环评是战略环评与综合决策的落脚点。

(一)与战略环境评价的关系

战略环境评价是环境影响评价在政策、计划和规划层次上的应用[1]。欧美国家将战略环境评价称为规划环境影响评价或政策、计划和规划环境影响评价(PPPs EIA)。在我国，人们对战略范畴的理解与国外有所不同，战略在层次上应包括法律、政策、规划、计划四个不同类型，甚至有时还包括重大的工程项目，诸如三峡水利枢纽工程、南水北调工程等。目前，规划环评是战略环境影响评价在我国的主要体现形式。

(二)与区域环境评价的关系

区域环境评价基本上都是围绕区域，这一区域可以是行政区域、资源分布区域、流域开发或者其他区域。现行的区域环境评价管理模式基本依照建设项目环境影响评价。区域环境评价具有评价因子复杂、管理层次较多、不确定因素多、环境影响范围大等特征，它属于规划或计划层次的战略环境评价。目前的区域性开发更加强调规划先行，应在规划编制过程中启动战略环境评价工作。《环境影响评价法》也明确规定实施环境影响评价的规划包括区域、流域、海域的建设、开发利用规划，因此区域环境评价应纳入规划环评之列。

(三)与项目环境影响评价的关系

规划必须具体地落实到一系列的建设项目上，规划甚至已大致规定了建设项目的目的、位置、性质以及环境保护的基本要求等内容。规划环评不仅汇集了很多与项目有关的信息，而且可能已对项目进行了初步评价，实际工作中不应重复，应避免多次审批。企业制定的自身中长期发展规划不属于《环境影响评价法》规划环评的管理对象，其中涉及的建设项目按照建设项目环境影响评价的有关规定进行。

在我国现行计划和投资管理体制下，一些涉及能源、交通、水利、区域开发等领域并且投资预算比较明确的政府规划，通常是按照重大建设项目来立项和审批的。法律规定："凡是整体上作为建设项目来立项和审批的规划，不论其性质上是否是规划，都视为建设项目，并按建设项目环境影响评价的管理规定进行评价，不再进行规划的环境影响评价。"在审批程序上，建设项目环境影响评价必须由环保部门审批，规划环评则因规划而异：政府审批的专项规划，由政府指定的环保部门或其他部门召集有关人员组成审查小组对其规划环评报告进行审查；由省以上有关部门编制并审批的专项规划，其环境影响评价报告的审查办法由国家环境保护总局会同有关部门另行制定。

第二节　规划环评的工作程序和基本内容

一、规划的筛选

需要作环境影响评价的规划是综合规划和专项规划中的一部分。综合规划只包括了规划实施后对环境比较容易产生不良影响的土地利用的有关规划，以及区域、流域、海域的建设、开发利用规划。专项规划是与综合规划相对应的，一般是指规划的范围或者领域相对较窄、内容比较专门的规划。《环境影响评价法》将专项规划区分为指导性规划和非指导性规划两类，目的是根据不同规划的特点，提出适用于不同规划的环境影响评价方法，从而有针对地做好专项规划草案的环境影响评价工作。指导性的专项规划指在专项规划中，主要提出预测性、参考性指标的一类规划(一般是指长期规划，有宏观性)；而非指导性的专项规划，是指在专项规划中指标和要求比较具体的一类规划(一般是中期规划，相对微观)。《环境影响评价法》涉及的专项规划共 10 个方面，包括国务院有关部门、设区的市级以上地方人民政府及其有关部门组织编制的工业、农业、畜牧业、林业、能源、水利、交通、城市建设、旅游、自然资源开发的有关专项规划。

二、规划环评的介入时机[2]

规划环评应在规划编制过程中进行，理论上来讲具体的介入时机越早越好，这样才能真正实现从决策的源头保护环境，避免因规划失误而导致在计划或项目层次上难以挽回的错误。考虑我国的实际情况，规划环评的自我评价可以在开展规划方案时介入，使规划环评一直融合于规划的编制过程中，直至最终产生推荐方案；也可以在优化规划方案时介入，通过多方案比较或重组，最终形成符合经济发展与环境保护协调发展的最佳方案。

第三方评价介入的时机，由于其身份的特殊性，一般是在完成了规划草案(包括推荐方案和替代方案)后，由于介入时间较晚，其只能在已有的推荐方案和替代方案之间选择，并提出相应的环境保护建议或意见。

三、规划环评的工作程序[3,4]

规划环评的工作程序见图 8－1。

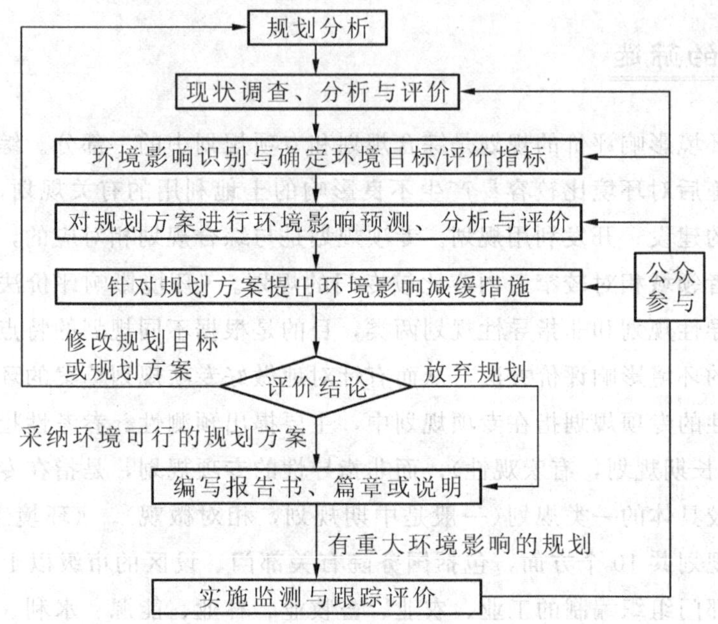

图 8－1　规划环境影响评价的工作程序

四、规划环评的基本内容

规划环评基本内容如下：

(1)规划分析，包括分析拟议的规划目标、指标、规划方案与相关的其他发展规划、环境保护规划的关系。

(2)环境现状与分析，包括调查、分析环境现状和历史演变情况，识别敏感的环境问题以及制约拟议规划的主要因素。

(3)环境影响识别与确定环境目标和评价指标，包括识别规划目标、指标、方案(包括替代方案)的主要环境问题和环境影响，按照有关的环境保护政策、法规和标准拟定或确定环境目标，选择量化和非量化的评价指标。

(4)环境影响分析与评价，包括预测和评价不同规划方案(包括替代方案)对环境保护目标、环境质量与可持续性的影响。

(5)针对各规划方案(包括替代方案)，拟定环境保护对策和措施，确定环境可行的推荐规划方案。

(6)开展公众参与。

(7)拟定监测、跟踪评价计划。

(8)编写规划环评文件(报告书、篇章或说明)。

(一)规划分析

1. 规划的描述

规划环评应在充分理解规划的基础上进行，应阐明并简要分析规划的编制背景、规划的目标、规划对象、规划内容、实施方案及其与相关法律、法规和其他规划的关系。

2. 规划目标的协调性分析

按拟定的规划目标，逐项比较分析规划与所在区域/行业其他规划(包括环境保护规划)的协调性。

3. 规划方案的初步筛选

(1)识别该规划所包含的主要经济活动，包括直接或间接影响到的经济活动，分析可能受到这些经济活动影响的环境要素，简要分析规划方案对实现环境保护目标的影响，进行方案筛选以初步确定环境可行的规划方案。

(2)应当依照国家的环境保护政策、法规及其他有关规定，对所有的规划方案进行筛选。

(3)初步筛选的方法主要有：专家咨询法、类比分析法、矩阵法、核查表法等。

4. 确定规划环评的评价内容和评价范围

(1)根据规划对环境要素的影响方式、程度以及其他客观条件，确定规划环评的工作内容。每个规划环评的工作内容，随规划的类型、特性、层次、地点及实施主体而异，应根据环境影响识别的结果确定环境影响评价的具体内容。

(2)确定评价范围时不仅要考虑地域因素，还要考虑法律、行政权限、减缓或补偿要求、公众和相关团体意见等限制因素。

(3)确定规划环评的地域范围通常考虑以下两个因素：一是地域的现有地理属性(流域、盆地、山脉等)，自然资源特征(如森林、草原、渔场等)和人为的边界(如公路、铁路或运河等)；二是已有的管理边界，如行政区等。

(二)现状调查、分析与评价

1. 现状调查

现状调查应针对规划对象的特点，按照全面性、针对性、可行性和效用性的原则，有重点地进行。调查内容应包括环境、社会和经济三个方面。

2. 现状分析与评价

(1)主要工作内容：

①社会经济背景分析及相关的社会、经济与环境问题分析，确定当前主要环境问题及其产生原因；

②生态敏感区(点)分析，如特殊生境及特有物种、自然保护区、湿地、生态退化区、特有人文和自然景观以及其他自然生态敏感点等，确定评价范围内对被评价规划反应敏感的地域及环境脆弱带；

③环境保护和资源管理分析，确定受到规划影响后明显加重并且可能达到、接近或超过地域环境承载力的环境因子。

(2)可以从下列几个方面分析对规划目标和规划方案实施的环境限制因素：

①跨界环境因素分析。

②经济因素与环境问题的关系分析。

③社会因素与生态压力。

④环境污染与生态破坏对社会、经济及自然环境的影响。

⑤评价社会、经济、环境对评价区域可持续发展的支撑能力。

3. 环境发展趋势分析

环境发展趋势分析即分析在没有拟议规划的情况下，区域环境状况/行业涉及的环境问题的主要发展趋势(“零方案”影响分析)。

4. 现状调查与分析方法

现状调查与分析的常用方法包括资料收集与分析、现场调查与监测等。

(三)环境影响识别与确定环境目标和评价指标

1. 环境影响识别

识别环境可行的规划方案实施后可能导致的主要环境影响及其性质，编制规划的环境影响识别表，并结合环境目标选择评价指标。规划的环境影响识别与确定评价指标的基本程序见图 8-2。

2. 拟定或确认环境目标

针对规划可能涉及的环境主题、敏感环境要素以及主要制约因素，按照有关的环境保护政策、法规和标准拟定或确认规划环评的环境目标，包括规划涉及的区域和/或行业的环境保护目标，以及规划设定的环境目标。环境目标的确定可参考《规划环境影响评价技术导则(试行)》(HJ/T 130—2003)中的规划环评指标体系。

3. 规划涉及的环境问题的表述

规划涉及的环境问题可按当地环境(包括自然景观、文化遗产、人群健康、社会/经济、噪声、交通)、自然资源(包括水、空气、土壤、动植物、矿产、能源、

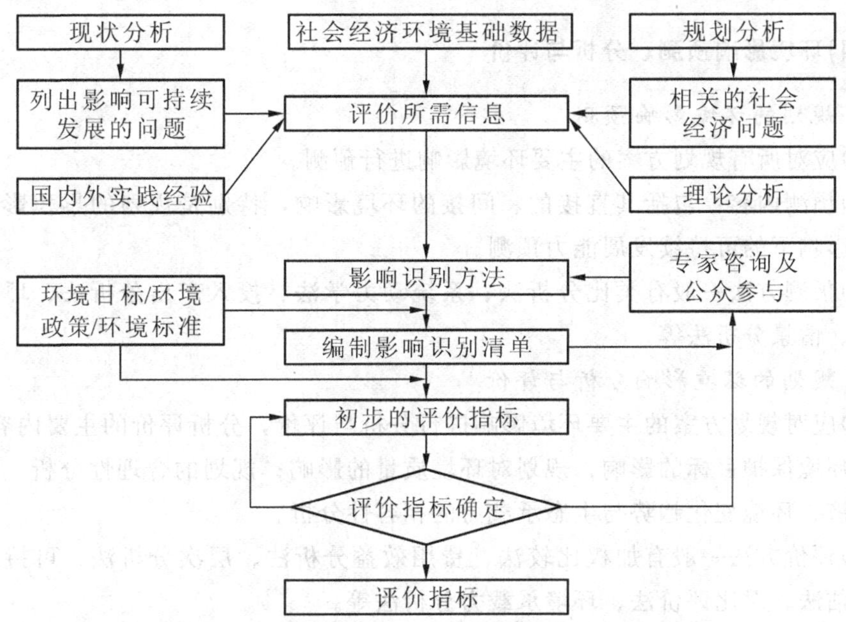

图 8-2 规划的环境影响识别与确定评价指标的基本程序

固体废物)、全球环境(包括气候、生物多样性)三大类分别表述。

4. 环境影响识别的内容与方法

(1)在对规划的目标、指标、总体方案进行分析的基础上，识别规划目标、发展指标和规划方案实施可能对自然环境(介质)和社会环境产生的影响。

(2)环境影响识别的内容包括对规划方案的影响因子识别、影响范围识别、时间跨度识别、影响性质识别。

(3)环境影响识别一般有核查表法、矩阵法、网络法、GIS 支持下的叠加图法、系统流图法、层次分析法、情景分析法等。

5. 确定环境影响评价指标

以环境影响识别为基础，结合规划及环境背景调查情况、规划所涉及部门或区域环境保护目标，并借鉴国内外的研究成果，通过理论分析、专家咨询、公众参与初步确立评价指标，并在评价工作中补充、调整、完善。各类规划的环境影响评价指标可参见《规划环境影响评价技术导则(试行)》中的规划环评指标体系。

6. 评价标准的选取

(1)评价标准可采用已有的国家、地方、行业或国际标准。

(2)如缺少相应的法定标准时，可参考国内外同类评价时通常采用的标准，采用时应经过专家论证。

(四)环境影响预测、分析与评价

1. 规划的环境影响预测

(1)应对所有规划方案的主要环境影响进行预测。

(2)预测内容：包括其直接的、间接的环境影响，特别是规划的累积影响；规划方案影响下的可持续发展能力预测。

(3)预测方法一般有类比分析法、系统动力学法、投入产出分析法、环境数学模型法、情景分析法等。

2. 规划的环境影响分析与评价

(1)应对规划方案的主要环境影响进行分析与评价，分析评价的主要内容包括：规划对环境保护目标的影响；规划对环境质量的影响；规划的合理性分析，包括社会、经济、环境变化趋势与生态承载力的相容性分析。

(2)评价方法一般有加权比较法、费用效益分析法、层次分析法、可持续发展能力评估法、对比评价法、环境承载力分析法等。

3. 累积影响分析

(1)累积影响分析应当从时间、空间两个方面进行。

(2)常用的方法有专家咨询法、核查表法、矩阵法、网络法、系统流图法、环境数学模型法、承载力分析、叠图法/GIS、情景分析法等。

(五)确定供决策的环境可行规划方案，提出环境影响减缓措施

1. 环境可行的规划方案

根据环境影响预测与评价的结果，对符合规划目标和环境目标要求的规划方案进行排序，并概述各方案的主要环境影响以及环境保护对策和措施。

2. 环境可行的推荐方案

对环境可行的规划方案进行综合评述，提出供有关部门决策的环境可行推荐规划方案以及替代方案。

3. 环境保护对策与减缓措施

在拟定环境保护对策与措施时，应遵循“预防为主”的原则和下列优先顺序。

(1)预防措施：用以消除拟议规划的环境缺陷。

(2)最小化措施：限制和约束行为的规模、强度或范围，使环境影响最小化。

(3)减量化措施：通过行政措施、经济手段、技术方法等降低不良环境影响。

(4)修复补救措施：对已经受到影响的环境进行修复或补救。

(5)重建措施：对于无法恢复的环境，通过重建的方式替代原有的环境。

(六)关于拟议规划的结论性意见与建议

通过上述各项工作，应对拟议规划方案得出下列评价结论中的一种：

(1)建议采纳环境可行的推荐方案。

(2)修改规划目标或规划方案。

(3)放弃规划。

通过规划环评，如果认为已有的规划方案在环境上均不可行，则应当考虑修改规划目标或规划方案，并重新进行规划环评，如果认为所提出的规划方案在环境上均不可行，则应当放弃规划。

修改规划方案应遵循的原则如下：

(1)目标约束性原则：新的规划方案不应偏离规划基本目标或者偏重于规划目标的某些方面而忽视了其他方面。

(2)充分性原则：应从不同角度设计新的规划方案，为决策提供更为广泛的选择空间。

(3)现实性原则：新的规划方案应在技术、资源等方面可行。

(4)广泛参与的原则：应在广泛公众参与的基础上形成新的规划方案。

(七)监测与跟踪评价

对于可能产生重大环境影响的规划，在编制规划环评文件时，应拟定环境监测和跟踪评价计划及其实施方案。

环境监测与跟踪评价计划的基本内容：

(1)列出需要进行监测的环境因子或指标。

(2)环境监测方案与监测方案的实施。

(3)对下一层次规划或推荐的规划方案所含具体项目环境影响评价的要求。

利用现有的环境标准和监测系统，监测规划实施后的环境影响，以及通过专家咨询和公众参与等，监督规划实施后的环境影响。

跟踪评价包括：

(1)评价规划实施后的实际环境影响。

(2)确定规划环评及其建议的减缓措施是否得到了有效的贯彻实施。

(3)确定为进一步提高规划的环境效益所需的改进措施。

(4)确定该规划环评的经验和教训。

(八)规划环评的公众参与

公众参与的主要内容包括：

(1)环境背景调查。通过公众参与掌握重要的、为公众关心的环境问题。

(2)环境资源价值估算。

(3)减缓措施。

(4)跟踪评价及监督。

五、规划环评文件的编写

规划环评可以由具体编制规划的单位自己进行(自我评价)，也可以由规划编制部门委托具体编制规划的单位以外的单位进行(第三方评价)。评价的资质“环境影响评价法”未作明确要求，为了使规划编制机构更好地开展规划环评工作，国家环境保护总局遴选了部分单位作为可编制规划环评报告书的推荐单位，这些单位分别为持有“区域开发”类工作范围的甲级建设项目环境影响评价资格证书并且有良好的相关业绩的单位，或具有规划环评相关的工作基础(包括科研成果、课题经验、专门著作、论文)的独立法人单位。

一般综合性规划和专项规划中的指导性规划在进行环境影响评价中，只编写该规划有关环境影响的篇章或者说明即可；专项规划中的非指导性规划应在完成环境影响评价后，向审批该专项规划的机关提交环境影响报告书。规划环境影响篇章至少应包括四个方面的内容：前言、环境现状描述、环境影响分析与评价、环境影响减缓措施。规划环境影响报告书至少包括九个方面的内容：总则、拟议规划的概述、环境现状描述、环境影响分析与评价、推荐方案与减缓措施、专家咨询与公众参与、监测与跟踪评价、困难和不确定性、执行总结。执行总结要求采用非技术性文字简要说明规划背景、规划的主要目标、评价过程、环境资源现状、预计的环境影响、推荐的规划方案与减缓措施、公众参与的主要发现和处理结果、总体评价结论。

根据国家环境保护总局文件环发(2004)98 号文件《关于印发〈编制环境影响报告书的规划的具体范围(试行)〉和〈编制环境影响篇章或说明的规划的具体范围(试行)〉的通知》，需要编制规划环评报告书、篇章或说明的规划分别见表8－1和表8－2。

表 8-1　　编制环境影响评价报告书的具体范围

工业的有关专项规划	省级及设区的市级工业各行业规划
农业的有关专项规划	1. 设区的市级以上种植业发展规划 2. 省级及设区的市级渔业发展规划 3. 省级及设区的市级乡镇企业发展规划
畜牧业的有关专项规划	1. 省级及设区的市级畜牧业发展规划 2. 省级及设区的市级草原建设、利用规划
能源的有关专项规划	1. 油(气)田总体开发方案 2. 设区的市级以上流域水电规划
水利的有关专项规划	1. 流域、区域涉及江河、湖泊开发利用的水资源开发利用综合规划和供水、水力发电等专业规划 2. 设区的市级以上跨流域调水规划 3. 设区的市级以上地下水资源开发利用规划
交通的有关专项规划	1. 流域(区域)、省级内河航运规划 2. 国道网、省道网及设区的市级交通规划 3. 主要港口和地区性重要港口总体规划 4. 城际铁路网建设规划 5. 集装箱中心站布点规划 6. 地方铁路建设规划
城市建设的有关专项规划	直辖市及设区的市级城市专项规划
旅游的有关专项规划	省及设区的市级旅游区的发展总体规划
自然资源开发的有关专项规划	1. 矿产资源：设区的市级以上矿产资源开发利用规划 2. 土地资源：设区的市级以上土地开发整理规划 3. 海洋资源：设区的市级以上海洋自然资源开发利用规划 4. 气候资源：气候资源开发利用规划

表 8-2　　编制环境影响评价篇章的具体范围

土地利用的有关规划	设区的市级以上土地利用总体规划
区域的建设、开发利用规划	国家经济区规划
流域的建设、开发利用规划	1. 全国水资源战略规划 2. 全国防洪规划 3. 设区的市级以上防洪、治涝、灌溉规划
海域的建设、开发利用规划	设区的市级以上海域建设、开发利用规划
工业指导性专项规划	全国工业有关行业发展规划
农业指导性专项规划	1. 设区的市级以上农业发展规划 2. 全国乡镇企业发展规划 3. 全国渔业发展规划

续表

土地利用的有关规划	设区的市级以上土地利用总体规划
畜牧业指导性专项规划	1. 全国畜牧业发展规划 2. 全国草原建设、利用规划
林业指导性专项规划	1. 设区的市级以上商品林造林规划(暂行) 2. 设区的市级以上森林公园开发建设规划
能源指导性专项规划	1. 设区的市级以上能源重点专项规划 2. 设区的市级以上电力发展规划(流域水电规划除外) 3. 设区的市级以上煤炭发展规划 4. 油(气)发展规划
交通指导性专项规划	1. 全国铁路建设规划 2. 港口布局规划 3. 民用机场总体规划
城市建设指导性专项规划	1. 直辖市及设区的市级城市总体规划(暂行) 2. 设区的市级以上城镇体系规划 3. 设区的市级以上风景名胜区总体规划
旅游指导性专项规划	全国旅游区的总体发展规划
自然资源开发指导性专项规划	设区的市级以上矿产资源勘查规划

六、规划环评的审查程序

规划的环境影响评价是强制性的，未编写有关环境影响评价篇章或说明的指导性规划和未编写环境影响评价报告书的专项规划，审批机关一律不予批准。规划的环境影响评价由国务院有关部门(国土资源部、国家发展改革委、水利部、国家海洋局等)、设区的市级以上地方人民政府及其有关部门组织编制(由组织编制规划的机关来组织对该规划进行环境影响评价)。地方县级政府组织编制的规划是否进行环境影响评价，各省可根据自身条件自行规定；县以下乡、镇政府编制的规划，主要属于执行上级政府有关规划的具体安排，《环境影响评价法》不要求对其进行环境影响评价，由组织编制规划的机关来对该规划进行环境影响评价。

设区的市级以上人民政府在审查专项规划草案、作出决策前，先指定环保行政主管部门或者其他部门代表和专家组成审查小组，对环境影响报告书进行审查，审查小组应出具书面审查意见。需要注意的是：①只有设区的市级以上人民政府负责审批的非指导性专项规划草案，其同时报送的环境影响评价报告书才有审查程序，而政府负责编制的规划则不需要成立审查小组，其他编制篇章的可直接与规划同时上报。②由各方代表和专家组成的审查小组进行咨询和技术层次的审查(不是审批)，审查小组由环保、有关部门的代表和专家三个方面的人员共同组成，审查小组不是决策机构，也不是政府的一个常设组织或机构。③建议审查工作的召集单位由人民政府指定的环保部门或者其他部门担任。④《环境影响评价法》对省级人民政府有关部门和国务院有关部门负责审批的专项规划草案的环境影响报告书的审查办法未作具体规定，授权国家环保总局会同有关部门制定。专项规划的环境影响报告书的审查，目的是为了防止有关部门自行其是、随意降低标准而使环境影响报告书的审查流于形式，审查过程应当按照国家环保总局会同有关部门制定的审查办法进行，审查依据的规则是统一的。

跟踪评价是环境影响评价制度的一个重大突破。这里所指跟踪评价是指对环境有重大影响的规划实施后，该规划的组织编制单位应当组织力量，对该规划的环境影响进行检查、分析、评估，并采取相应对策。组织进行跟踪评价的主体是规划的组织编制单位，而不是规划的审批机关或其他机关，也不是环境影响评价机构。跟踪评价的对象是《环境影响评价法》适用范围内所有对环境有重大影响的规划，既包括综合性规划和各类专项规划，也就是说只要是对环境有重大影响的规划，无论做的是环境影响报告书还是环境影响篇章或说明，都可以进行跟踪评价。

第三节 规划环评的技术方法[4,5]

一、规划环评的目的与原则

规划环评的目的是实施可持续发展战略，在规划编制和决策过程中，应充分考虑拟议规划可能涉及的环境问题，预防规划实施后可能造成的不良环境影响，协调经济增长、社会进步与环境保护的关系。进行规划的环境影响评价，需遵循以下原则。

1. 科学、客观、公正原则：规划环评必须科学、客观、公正，综合考虑规划实施后对各种环境要素及其所构成的生态系统可能造成的影响，为决策提供科学依据。

2. 早期介入原则：规划环评应尽可能在规划编制的初期介入，并将对环境的考虑充分融入到规划中。

3. 整体原则：一项规划的环境影响评价应当把与该规划相关的政策、规划、计划以及相应的项目联系起来，作整体性考虑。

4. 公众参与原则：在规划环评过程中鼓励和支持公众参与，充分考虑社会各方面利益和主张。

5. 一致性原则：规划环评的工作深度应当与规划的层次、详尽程度一致。

6. 可操作性原则：规划环评应当尽可能选择简单、实用且经过实践检验可行评价方法，评价结论应具有可操作性。

二、规划分析

规划分析应从区域可持续发展战略的要求出发辨识规划是否与区域可持续发展的一般原则相符，侧重在该规划对环境保护的影响与合理性分析方面。因此，进行规划与相关规划分析应着重分析拟议规划与环境保护规划、环境功能区划、自然资源保护规划及其他有关环境保护、生态建设、资源保护等相关规划的相容性；分析拟定的规划与上一轮规划(城市总体规划、土地利用规划、经济与社会发展规划等综合规划及相关专项规划)、相关建设项目的关系，旨在确定本轮规划环评中的领域与重点问题。规划分析包括以下几个方面。

1. 规划的相容性分析：相容性分析的目的是从总体上明确一项规划的合理性与限制性，同时对该规划与城市总体规划、土地利用规划、经济与社会发展规划等综合规划及相关专项规划的相容性和协调性进行分析，并着重分析该规划与实现区域社会、经济与环境的可持续发展的相容性与一致性。

2. 规划内容分析：包括拟定规划分析和相关规划分析。拟定规划分析包括规划目标分析、规划作用对象分析和规划方案分析。规划目标分析主要分析总目标、具体目标和分阶段目标等不同层次目标的明确性、可行性、规范性，不同层次目标在时间、空间上的逻辑关系以及各目标间的协调性。规划作用对象分析是指对经由规划调节的利益关系及其分布范围的分析，要同时注意分析规划的直接作用对象和间接作用对象。规划方案分析应注意把所有各种可能备选的措施都列举出来，分析各措施之间是否具有相互的排他性，着重分析各措施间的协调性，特别应注意规划行动计划在时间上的明确性、不同阶段的延续性、递进性以及整个行动计划的可达性、合理性。相关规划一般包括影响拟定规划的制定与实施的规划、将受其影响的规划以及即将被取代的规划。

3. 规划过程分析：包括规划制定过程分析和规划实施过程分析。规划制定过程分析应注意规划问题出现的背景，规划信息的占有情况，规划制定程序是否合理、科学、严密。规划实施过程分析结合规划效率周期分析规划的实施过程，包括规划的早期失效、偶然失效和耗损失效三个阶段。

4. 规划组织分析：包括规划组织的层次结构分析(决策管理层、智囊咨询层、实际操作层、资源安排层)和规划组织效能分析。规划组织效能体现为规划所涉及机构的独立性、适应外界变化能力、成员之间的凝聚力和畅达性。

5. 规划缺陷分析：目的是找到因规划缺陷包括规划内容失误、执行失真和组织失效可能会导致不良环境影响的规划因素。规划内容失误主要表现为规划目标含糊、目标（尤其是环境目标）被掩饰、规划方案不是最优、不同规划间缺乏协调而产生规划间的抵触和干扰。规划失真分析考虑规划表面化、规划扩大化、规划缺损、规划替代等的可能影响。规划组织失效有四种类型：认识上的缺陷、不同规划主体间的利益差别、集体决策中的"表决悖论"、资源安排过剩或不足。

三、规划环境影响识别

在分析调查和收集资料后掌握规划区域的背景情况的基础上，识别规划拟在未来开展的各种行动对区域社会、经济和环境可能产生的重大影响。环境影响识别依据环境效应强度及其发生背景进行，规划的环境效应强度包括环境因素改变的大小、可逆性、影响范围与持续时间，发生背景以环境影响的发生地点及受影响者的敏感性来表征。主要识别目标如下。

1. 可能受重大影响的各种因子

① 确定所有可能受规划重大影响的社会、经济和环境因子及其与拟定规划的关系。

② 将重大的环境影响作为识别重点。

2. 受影响范围

受影响范围不仅包括规划的实施区域，还包括该区域以外的其他受影响区域。

3. 时间跨度

时间跨度应考虑该规划的层次性、有效期限、社会文化背景及人们的认可程度来确定，包括规划期和规划终止后的一段时间（受规划影响而形成的思想观念、经济结构与生产力布局等将受原有规划的惯性影响而持续一段时间）。

四、规划环评的指标体系

规划环评指标体系根据规划环评中的环境目标（规划涉及的区域和/或行业的环境保护目标以及规划设定的环境目标）确定，从功能上看规划环评的指标体系是为了分析和解释规划对环境、社会和经济的影响，而将各种相关指标按一定结构形式组织起来的系统。评价指标是对环境目标的具体描述，可以是定性的或定量的，也是可以进行监测、检查的。规划的环境目标和评价指标需要根据规划类型、规划层次以及涉及的区域和/或行业的发展状况和环境状况来确定。各类环境目标和评价指标可参见《规划环境影响评价技术导则(试行)》中的规划环评指标体系。

五、规划环评的方法体系

规划环评的方法体系是指在评价各个阶段可选用的一系列方法的集合。目前在规划环评中采用的技术方法大致分为两大类别，一类是建设项目环境影响评价中采用的适用于规划环评的方法，如识别影响的各种方法(清单法、矩阵法、网络分析法)、描述基本现状的方法、环境影响预测模型方法等；另一类是在经济部门、规划研究中使用的可用于规划环评的方法，如各种形式的情景和模拟分析方法、区域预测方法、投入产出方法、地理信息系统方法、投资—效益分析方法、环境承载力分析方法等。

(一)方法概述

物流分析方法、能值分析技术、绿色 GDP 核算方法、生态效率计算方法、土地生态服务功能价值分析方法等是较新的可用于规划环评的方法，但这些方法仍处于发展中，应用也受到统计信息、基础数据缺乏等困难的限制。表 8－3 列出的仅是各个评价阶段常采用的评价方法。

表 8－3　专项规划环评的方法体系

评价环节	方法名称
评价规划的筛选	1. 定义法；2. 核查表法；3. 阈值法；4. 敏感区域分析法；5. 矩阵法；6. 对比、类比、相容性分析法；7. 专家咨询法
环境背景调查分析	1. 收集资料、现场调查和监测法；2. 地理信息系统(GIS)、遥感(RS)、全球定位系统(GPS)，即“3S”技术；3. 提问表、访谈和专门座谈会等
规划环境影响的识别	1. 核查表法；2. 矩阵法；3. 网络法；4. 叠图法加 GIS 技术；5. 系统流图法；6. 相关分析法；7. 层次分析法；8. 情景分析法；9. 头脑风暴法和德尔斐法
规划环境影响的预测	1. 主观概率法；2. 系统动力学法；3. 人工神经网络法；4. 投入产出法；5. 环境数学模型法；6. 情景分析法；7. 风险分析法；8. 经济影响分析；9. 社会影响分析法
规划环境影响的评价	1. 加权比较法；2. 逼近理想状态排序法；3. 费用效益分析法；4. 层次分析法；5. 可持续发展能力评估法；6. 对比评价法；7. 承载力分析法；8. 风险评价法；9. 决策分析技术
累积环境影响的评价	1. 专家咨询法；2. 核查表法；3. 矩阵法；4. 网络法；5. 系统流图法；6. 环境数学模型法；7. 承载力分析法；8. 叠图法；9. 情景分析法；10. 风险评价与管理法
公众参与	会议讨论、提问表、访谈和社会调查与咨询等

(二)部分方法详述

1. 定义法

定义法是最基本的筛选方法。通常在现行法律法规中通过定义的方式将对需要进行环境影响评价的规划的性质和类型用概括性语言描述出来，以完成评价规划的筛选。定义法具有法律法规的概括性强、综合性强的特点，易造成实际操作中难以把握筛选的尺度。

2. 核查表法

核查表法将可能受规划行为影响的环境因子和规划可能产生的影响性质列在一个清单中，然后对核查的环境影响给出定性或半定量的评价。

核查表法使用方便，容易被专业人士及公众接受。在评价早期阶段应用，可保证重大的影响没有被忽略。但建立一个系统而全面的核查表是一项烦琐且耗时的工作，同时由于核查表没有将“受体”与“源”相结合，无法清楚地显示出影响过程、影响程度及影响的综合效果。

3. 矩阵法

矩阵法分别将规划目标、指标以及规划方案(拟议的经济活动)与环境因素作为矩阵的行与列，并在相对应位置填写用以表示行为与环境因素之间的因果关系的符号、数字或文字。矩阵法有简单矩阵、定量的分级矩阵(相互作用矩阵，又叫Leopold 矩阵)、Phillip - Defillipi 改进矩阵、Welch - Lewis 三维矩阵等，可用于评价规划筛选、规划环境影响识别、累积环境影响评价等多个环节。

矩阵法可以直观地表示交叉或因果关系，矩阵的多维性尤其有利于描述规划环评中的各种复杂关系，它简单实用、内涵丰富、易于理解。矩阵法的缺点是不能处理间接影响和时间特征明显的影响。

4. 叠图法

叠图法通过将评价区区域特征包括自然条件、社会背景、经济状况等的专题地图叠放在一起，形成一张能综合反映环境影响的空间特征的地图。

叠图法适用于评价区域现状的综合分析、环境影响识别(判别影响范围、性质和程度)以及累积影响评价。

叠图法能够直观、形象、简明地表示各种单个影响和复合影响的空间分布。但无法在地图上表达源与受体的因果关系，因而无法综合评定环境影响的强度或环境因子的重要性。

叠图法和 GIS 技术结合起来应用除了具有上述表达功能外，还可将地方性信息用于规划的累积环境影响分析，利用简单的叠图法就可以表征资源、生态系统、人类社会在空间上的特征，并可以帮助设立分析的边界；叠图法加 GIS 技术还可用来表示景观的连贯性等其他方法无法或难以表示的问题。叠图法加 GIS 技术的规划环境影响分析可分为两类：影响导向法(如在某一资源上有两个或两个以上的污染源，确定规划的总体影响)和环境资源导向法(常用于选择适宜的发展方案，如用环境图叠置来确定土地开发的适宜性)。

5. 网络法

网络法用网络图来表示活动造成的环境影响以及各种影响之间的因果关系，因其多级影响逐步展开，呈树枝状，因此又称影响树。网络法可用于规划环境影响识别，包括累积影响或间接影响。

网络法主要有以下形式：

(1)因果网络法，实质是一个包含有规划与其调整行为、行为与受影响因子以及各因子之间联系的网络图。其优点是可以识别环境影响的发生途径，便于依据因果联系考虑减缓及补救措施；缺点是要么过于详细，致使花费很多本来就有限的人力、物力、财力和时间去考虑不太重要或不太可能发生的影响，要么过于笼统，致使遗漏一些重要的间接影响。

(2)影响网络法，它把影响矩阵中的关于经济行为与环境因子进行的综合分类以及因果网络法中对高层次影响的清晰的追踪描述结合起来，最后形成一个包含所有评价因子(经济行为、环境因子和影响联系)的网络。

6. 系统流图法

系统流图法将环境系统描述成为一种相互关联的组成部分，通过环境成分之间的联系来识别次级的、三级的或更多级的环境影响，是描述和识别直接影响、间接影响的非常有用的方法。系统流图法是利用进入、通过、流出一个系统的能量通道来描述该系统与其他系统的联系和组织。

系统图指导数据收集、组织并简要提出需考虑的信息，突出所提议的规划行为与环境间的相互影响，指出那些需要更进一步分析的环境要素。系统流图法最明显的不足是简单依赖并过分注重系统中能量过程和关系，忽视了系统间的物质、信息等其他联系，可能造成系统因素被忽略。

7. 趋势分析法

趋势分析法是用来评价资源、生态系统和人类社会随时间变化的方法。其结果常可描述成能够反映过去或将来情况的图形，用来反映事情或应力在时间上的变化。趋势分析提供了规划行动的历史背景，对评价规划的累积影响是有用的。

趋势分析在以下三个方面有助于分析规划累积影响。

(1)识别累积影响。当趋势分析表明一种资源的总量在减少，就表明有其他行为已经造成累积影响。

(2)作为环境基线。当地某一资源数据缺失或变化剧烈时，可以借用趋势数据来反映现在的状况。趋势信息也可用于建立历史基线和区域目标。

(3)了解规划在将来实施后的累积影响。趋势分析可以识别规划行为造成环境、资源在未来所承受的压力和生态系统间的历史因果关系。历史趋势分析也可提示出累积影响变得重大的阈值。

8. 情景分析法

情景分析法是将规划方案实施前后、不同时间和条件下的环境状况，按时间序列进行描绘的一种方式。可以用于规划的环境影响的识别、预测以及累积影响评价等环节。本方法具有以下特点：可以反映出不同的规划方案(经济活动)情景下的环境影响后果以及一系列主要变化的过程，便于研究、比较和决策；情景分析法还可以提醒评价人员注意开发行动中的某些活动或政策可能引起重大的后果和环境风险。

情景分析方法需与其他评价方法结合起来使用。因为情景分析法只是建立了一套进行环境影响评价的框架，分析每一情景下的环境影响还必须依赖于其他一些更为具体的评价方法，例如环境数学模型、矩阵法或GIS技术等。

9. 投入—产出分析

在国民经济部门，投入产出分析主要是编制棋盘式的投入产出表和建立相应的线性代数方程体系，构成一个模拟现实的国民经济结构和社会产品再生产过程的经济数学模型，借助计算机，综合分析和确定国民经济各部门间错综复杂的联系和再生产的重要比例关系。投入是指产品生产所消耗的原材料、燃料、动力、固定资产折旧和劳动力；产出是指产品生产出来后所分配的去向、流向，即使用方向和数量，例如用于生产消费、生活消费和积累。

在规划环评中，投入—产出分析可以用于拟定规划引导下的区域经济发展趋势的预测与分析，也可以将环境污染造成的损失作为一种“投入”(外在化的成本)，对整个区域经济环境系统进行综合模拟。

10. 环境数学模型

环境数学模型用数学形式定量表示环境系统或环境要素的时空变化过程和变化规律，多用于描述大气或水体中污染物质随空气或水等介质在空间中的输运和转化规律。在建设项目环境影响评价中和环境规划中采用的环境数学模型同样可运用于规划环评。环境数学模型包括大气扩散模型、水文与水动力模型、水质模型、土壤侵蚀模型、沉积物迁移模型和物种栖息地模型等。

数学模型具有以下特点：能较好地定量描述多个环境因子和环境影响的相互作用及其因果关系、能充分反映环境扰动的空间位置和密度、可以分析空间累积效应以及时间累积效应、具有较大的灵活性(适用于多种空间范围；可用来分析单个扰动以及多个扰动的累积影响；可用来分析物理、化学、生物等各方面的影响)。

数学模型法的不足是：对基础数据要求较高、只能应用于人们了解比较充分的环境系统、只能应用于建模所限定的条件范围内、费用较高以及通常只能分析对单个环境要素的影响。

11. 加权比较法

加权比较法对规划方案的环境影响评价指标赋予分值，同时根据各类环境因子的相对重要程度予以加权；分值与权重的乘积即为某一规划方案对于该评价因子的实际得分；所有评价因子的实际得分累计求和就是这一规划方案的最终得分；最终得分最高的规划方案即为最优方案。分值和权重的确定可以通过 Delphi 法进行评定，权重也可以通过层次分析法予以确定。

12. 对比评价法

对比评价法包括前后对比法(before and after comparison)和有无对比法(with and without comparison)。前后对比法是将规划执行前后的环境质量状况进行对比，从而评价规划环境影响。其优点是简单易行，缺点是可信度低。有无对比法是指将规划环境影响预测情况与无规划执行这一假设条件下的环境质量状况进行比较，以评价规划的真实或净环境影响。

六、规划环评的公众参与

规划环评的公众参与，是指有关单位、专家和公众通过一定的途径和方式，遵循一定的程序，参与由于规划的实施影响其环境权益的有关环境影响评价活动。有关单位、专家和公众应当是与规划实施后所造成的环境影响有一定利害关系的单位和个人；有关专家是其业务专长与所评价的规划及其带来的环境问题有关。由于规划环评涉及保密性和专业性以及国家体制等因素，其参与者的选择和有效性的保证都较项目环境影响评价难，更不能完全照搬国外的模式。公众参与可通过论证会，听证会，专家咨询，问卷调查或利用广播、电视、网络公告等形式进行。针对不同类型的规划，可采取不同形式的公众参与：对于涉及面广，无保密要求的规划，可采取问卷调查、广播等形式；对于有保密要求或专业性较强的规划，可采取征求相关单位意见和专家咨询的形式。

规划环评公众参与的注意事项：①对可能造成不良环境影响并直接涉及公众环境权益的规划应当征求公众意见(保密规划除外)；②指导性专项规划不需要征求公众意见；③时机应掌握在规划环评形成之后，规划草案报送审批之前；④编制机关应当在报送审查的环境影响评价报告中附具对意见采纳或不采纳的说明。

规划环评过程中的公众参与是为了避免因规划内容缺陷而可能引起环境问题；规划环评后评估及监督的公众参与则是为了避免因规划实施过程失真造成的环境影

响。公众参与应贯穿规划环评全过程，一般公众参与可分为制定公众参与计划、环境影响评价大纲编制阶段、环境影响报告书初稿听证会、总结工作、公众监督等五个阶段。

第四节 实例研究——上海化学工业区发展规划环境影响评价[6]

一、上海化学工业区规划概况

上海化学工业区位于杭州湾北岸，规划面积为29.4 km²，是"十五"期间中国投资规模最大的工业项目之一，第一期项目总投资将达1 500亿元，是中国改革开放以来第一个以石油和精细化工为主的专业开发区，同时也是上海四大产业基地的南块中心。化工区建成后年均工业产值可达1 000亿元，化工区的建设目标是成为亚洲最大、最集中、水平最高的世界一流石化基地之一。根据规划，上海化学工业区将以发展石油化工、石油化工深加工和精细化工产品为重点。上海化学工业区的开发建设引入了世界级大型化工区的"一体化"先进理念，通过对区内产品项目、公用辅助、物流传输、环境保护和管理服务的整合，为进区投资者提供最佳的投资环境。

二、规划环评基本内容

1. 环境影响识别和规划方案排污分析

在分析化工区规划方案的基础上，采用矩阵法，结合同类规划方案排污分析和典型项目工程分析结果，识别化工区规划方案实施可能对自然环境和社会环境产生影响的因子、性质和范围，得出化工区规划方案排污特点。

2. 环境现状调查与分析

调查化工区所在地区空气、水(地表水、地下水和近岸海水)、声、土壤和生态在内的主要环境要素的污染现状，确认该地区目前敏感的环境问题是水环境(地表水及近岸海水)中比较明显的氮、磷污染，从而根据化工区规划方案，识别出化工区所在地区排水条件是化工区发展的重要制约因素。

3. 环境影响分析与评价

根据化工区所在地区的环境资料和规划方案的污染源预测资料，利用环境数学的相关模型，借助GIS技术和相关软件，预测规划方案的直接环境影响和累积环境影响。

4. 规划合理性分析

在分析化工区规划方案的基础上，综合环境现状调查与分析以及环境影响分析与评价的结果，评价化工区规划方案总体布局合理性、规划的环境适宜性、规划的相容性、规划目标可达性和规划选址合理性。

5. 公众意见调查

采取座谈会及填写咨询表的形式，通过向项目地区受影响公众和有关领导介绍化工区规划方案、可能出现的环境影响及计划采取的污染减缓措施，广泛收集和听取公众对化工区规划的意见和建议，并认真分析、归纳后递交主管部门作为决策依据。

6. 环境污染防治对策论证

在化工区规划方案、环境现状和影响分析的基础上，确证化工区功能区划的环境保护目标、环境功能区划，制定总量控制计划，提出化工区污染的集中控制措施。

三、重点专题

(一)环境影响分析与评价

1. 废水排海环境影响分析与评价

(1)排放口位置选择

化工区南濒杭州湾，生产废水处理后，尾水直接排入杭州湾。若排放口位置选择不当，尾水会随着潮流场的变化在杭州湾中回荡，长期滞留于湾内，从而加重杭州湾水体水质的污染。评价过程中在化工区前沿海域提出了九个排放口设置方案进行比选。

评价采用二维水动力学模型和杭州湾水域的实测水文资料，模拟并验证了杭州湾流场。在此基础上，应用Lagrange漂移模型，确定了污水质点从九个不同排放口落潮外排的漂移轨迹。比较各条轨迹，有三个排放口落潮外排的污水质点能随着潮流场的变化迅速地移至外海。结合技术经济分析，环评报告最终向建设单位和设计部门提交最佳排放口方案。

(2)废水排海浓度场计算

基于杭州湾流场模拟，根据化工区规划方案确定的化工区尾水排海的总量和浓度，结合上述最终选定的排放口方案，通过求解水质方程，确定了化工区尾水排海的近、远场浓度分布。

(3)混合区和稀释度计算

我国对废水排海工程的混合区和稀释度有明确的要求。评价结合最终选定的排放口方案，采用美国国家环保局推荐的Plume模型，建立了化工区尾水允许排放量、水下扩散器技术参数(扩散器长度、上升管总数、上升管间距等)和混合区及稀释度之间的响应关系，进而按照尾水排海控制标准、杭州湾水质标准和环境敏感因子的水质标准，一方面确定了符合我国废水排海混合区和稀释度要求的化工区尾水允许排放量，另一方面为化工区规划方案提供了能够保证达到上述要求的、优化的水下扩散器技术参数。

2. *废气排放环境影响分析与评价*

化工区废气外排的环境影响分析和评价采用了为规划化工区评价专门设置的空气环境影响动态预测系统。该系统按照《环境影响评价技术导则　大气环境》的要求选择烟气抬升和废气传输扩散的计算模式，收集并整理项目地区近五年的气象资料作为预测系统计算使用的气象参数，借助上海市的GIS系统和Matlab软件作为支持，将化工区不同规划方案外排的废气数量、组分、浓度、排气筒位置(地理坐标)和排放方式作为源参数输入预测系统。系统综合各种信息，经过运算确定单个排气筒排放不同空气污染物的环境影响及化工区不同方案排放特定空气污染物的累积影响的浓度空间分布(一次浓度分布、日平均浓度分布、年日平均浓度分布)。根据预测系统提供的计算结果，决策部门和建设单位确证了化工区不同规划方案外排废气的影响范围和影响程度，从而从空气环境影响角度，筛选、优化了各种规划方案，提出最佳规划方案。

(二)规划合理性分析

在充分认识化工区规划方案的基础上，综合环境现状调查与分析以及环境影响分析与评价的结果，分析了化工区规划的合理性。其内容包括分析化工区规划总体布局合理性、规划的环境适宜性、规划相容性、规划的环境目标可达性和规划选址合理性。

1. *总体布局合理性分析*

化工区总体布局以“三条线分布”为特点，即沿海布局重化工生产装置，近公路和居民点布置管理和科研等设施，中间地带则规划精细化工及石油化工产品深加工生产。评价过程中，一方面根据当地的环境条件(特别是气象条件)分析了总体布局的合理性；另一方面利用建立的空气环境影响动态预测系统，模拟化工区外排废气的浓度分布，从而确证了化工区规划总体布局的合理性。

2. 规划环境适宜性分析

化工区规划的环境适宜性分析分别根据规划地区自然环境和社会环境的特征进行论述，说明规划地区各种环境要素对化工区的开发虽然存在着制约因素，但是对化工区开发的支持因素却是主要的，局部制约因素是可以采取措施改变或协调的。分析结果表明，化工区规划的环境适宜性是明显的。

3. 规划相容性分析

由化工区规划选址可以看到，化工区开发建设完全符合《上海市城市发展总体规划》关于建设杭州湾组团式滨海城市带的要求，化工区在杭州湾畔开发建设是发展上海沿海城市发展轴的重要组成部分；由化工区的产业导向也可以看到，化工区开发建设完全符合《上海市城市发展总体规划》关于在上海南面发展石油化工及其后加工的要求，因此，完全可以认为规划建设上海化学工业区是上海市城市发展的重大战略决策。另外，化工区规划建设将在与周边地区保持一致的同时，促进、支持周边地区的社会经济发展。

4. 目标可达性分析

一个工业区环境目标的可达性与当地环境质量现状、环境承载力、工业区产业导向、工业区污染防治措施及周边地区社会经济发展都密切相关。评价中，综合了化工区所在地区环境质量现状分析和评价、化工区所在地区目标容量分析、化工区环境影响分析与评价以及周边地区社会经济发展规划的调查等各项专题研究的结果，阐明了化工区规划功能环境目标能够达到的可能性。

5. 选址合理性分析

化工区规划选址不仅与城市发展总体规划有关，而且还受制于选址地区的环境条件和化工区的环境影响范围及程度。鉴于化工区规划与《上海市城市发展总体规划》的相容性和环境适宜性，又鉴于化工区规划项目工艺、设备、管理的先进性和污染控制措施的可靠性以及化工区规划项目环境影响能够减缓的特点，评价对化工区选址合理作出明确的结论。

(三)环境污染防治对策论证

1. 环境功能区划分

环境功能区划分主要依据环境现状、规划方案及环境影响分析。通过分析，可以识别规划方案的目标、指标及其环境问题和环境影响；可以确定规划土地使用功能的合理性；可以按照有关的环境保护政策、法规和标准，确定为保证规划土地达到使用功能而应该确认的环境保护目标，或者对规划土地使用功能不合理的划分提出必要的调整。

2. 污染物排放总量控制

(1)空气污染物排放总量控制

化工区空气污染物排放总量控制选择 SO_2 和烟尘作为总量控制因子。空气污染物排放总量指标的确定与当地目标容量的计算及环境污染源排放现状密切相关，化工区 SO_2 和烟尘目标容量参照《制定地方大气污染物排放标准的技术方法》(GB/T 13201—91)进行计算，计算中以当地的气象资料和环境质量现状调查结果作为基础数据，并根据化工区的环境功能选定环境质量控制标准。在计算得到的目标容量的基础上，扣除当地现有环境污染源排放总量，并进一步考虑化工区和周边地区将来的发展，提出化工区 SO_2 和烟尘排放总量控制指标。

(2)水污染物排放总量控制

化工区水污染物排放总量控制选择 COD_{Cr} 作为总量控制因子。化工区水污染物排放总量控制指标确定，主要根据“混合区和稀释度计算”——在排放口和排放条件选定的条件下，确定符合我国废水排海混合区和稀释度要求的化工区尾水允许排放量。按照此尾水允许排放量和尾水排入杭州湾的排放标准，即可计算 COD_{Cr} 的目标容量。同样，在扣除当地现有的排入杭州湾水域的 COD_{Cr} 总量后，进一步考虑化工区和周边地区将来的发展，提出化工区 COD_{Cr} 排放总量控制指标。

3. 建立化工区污水处理厂

评价不仅对上海化工区提出了建设集中污水处理厂的建议，而且在充分分析化工区污水特征的基础上，对污水厂的选址、规模、工艺、进出水标准和建设周期都提出了明确的要求。化工区污水处理厂的建设将有效地减缓规划化工区的水环境污染。

【习题及思考题】

1. 哪类规划需要作规划的环境影响评价，它们分别是哪些规划?
2. 规划环境影响评价应该在何时介入?
3. 规划环境影响评价包括哪些基本内容?
4. 规划环境影响评价常用的方法有哪些?
5. 阐述规划环境影响评价报告书的主要内容。

【参考文献】

[1] Therivel Riki, Wilson Elizabeth, Thomson Steward, et al. Strategic en-

vironmental assessment. London：Earthscan Publication Ltd.，1992

［2］梁学功，刘娟. 中国实施规划环评可能出现的问题及其解决方法. 环境科学，2004，25(6)：163－166

［3］包存宽，陆雍森，尚金城. 规划环境影响评价方法及实例. 北京：科学出版社，2004

［4］国家环境保护总局. HJ/T 130—2003，规划环境影响评价技导则(试行)

［5］尚金城，包存宽. 战略环境影响评价导论. 北京：科学出版社，2003

［6］国家环境保护总局. 战略环境影响评价培训材料. 北京：中国环境科学出版社，2005

第九章　社会经济环境影响评价

【本章导读】

社会经济环境影响评价是建设项目环境影响评价的重要组成部分。本章简要介绍了社会经济环境影响评价的相关工作，着重介绍了社会经济环境影响评价的内容和步骤，并较为详细地给出了社会经济环境影响评价的各种方法，最后，给出了社会经济环境影响评价的步骤。

第一节　概　述

项目建设的根本目的在于促进社会经济发展，因而社会经济环境影响评价是建设项目环境影响评价的重要组成部分。

一、社会经济环境影响评价的目的[1]

开发建设项目对社会经济环境可能带来正面的和负面的影响，但由于某些负面影响是潜在的、间接的(如商品需求量的变化、社会经济基础结构变化)，可能会被忽视，从而导致不良的社会后果。因此对建设项目进行社会经济环境评价的目的有三个方面：一是通过对社会经济环境的调查，分析工程建设项目对社会经济环境产生的正、反作用，同时分析项目所在地区的社会环境对项目的适应性和可接受程度，为工程建设项目的决策提供依据；二是通过对不利因素的分析提出防止或减少社会经济环境影响的途径或补偿措施；三是寻找国民经济发展目标与社会发展目标的协调一致性，防止单纯追求项目的财务效益。

二、社会经济环境影响评价中的项目分类[2]

根据对环境影响的重大性原则，对社会经济环境影响评价的项目进行分类，通过分类来确定拟建项目的类别，从而确定是否需要对项目进行社会经济环境影响评价以及评价的深度和广度。参照世界银行和亚洲开发银行的项目分类原则将拟建项目分为四类。

1. 拟建项目对外界社会经济环境无影响或影响很小，如项目区远离社区、无敏感区等，这类项目一般不需要单独进行社会经济环境影响评价，只需把可行性报告中的社会经济分析内容加入环境影响报告即可。

2. 拟建项目对外界社会经济产生有利和不利的影响，如一般工业项目，除一些特殊大型项目以及外界社会经济环境较敏感的区域(如少数民族居住区及文物古迹保护区等)外，这类项目一般只需要进行社会经济环境简要评价。

3. 拟建项目主要目的是脱贫及改善社会经济环境，将产生有利的社会经济环境影响，如农村和农业发展项目、脱贫落后地区的开发项目、基础设施建设项目和社会福利项目等，此类项目旨在提高社会经济福利总水平，是世界银行和亚洲开发银行等国际金融组织关注和投资的重点，一般要求进行社会经济环境影响详评，充分论证项目的社会经济效益和效果。

4. 拟建项目将对社会经济环境产生严重不利影响或项目区环境极为敏感，如项目将产生大量失业人口、降低周围地区居民生活水平、产生大量的移民、影响区内的国家重点文物保护区和少数民族集中区等，此类项目要求进行社会经济环境影响详评或进行专题评价并形成专题报告书。

三、社会经济环境影响评价的范围及敏感区

(一)评价范围

社会经济的调查范围应由目标人口确定，目标人口是指受拟建项目直接或间接影响的那部分人口，凡目标人口所在的区域都可以划为社会经济环境评价的范围。为了满足开展社会经济环境影响评价的实际需要，可以根据目标人口的行政区划和功能分区、收入水平和职业的不同、民族和文化素养的差异、受拟建项目影响的程度和受益情况的区别等，把目标人口划分为若干层次或部分。目标人口的划分原则和方法要视具体情况而定，并无统一标准可供遵循。

(二)社会经济环境影响评价中的敏感区

当拟建项目对一些敏感区的社会经济环境产生影响时，要加强对这些区域的社会经济环境影响评价，评价深度可不受项目筛选分类的制约，一般要求进行详评或专题评价。一般来说敏感区主要包括以下区域。

1. 农业区

如果建设项目占用大量的基本农田、蔬菜地或果园等耕地，就会在一定程度上造成当地农民丧失维持生存和生活最基本的生产资料——土地，以及引起搬迁和对搬迁安置地产生影响。因此，在社会经济环境影响评价中要特别重视占地拆迁对农业生产的直接的和潜在的影响，由于粮食和蔬菜供给能力下降而引起当地及邻地居民生活水平下降问题，对受影响人群的赔偿、补偿及长期生活安置问题，搬迁安置区的人口密度问题、土地使用问题以及其他潜在的社会经济问题。

2. 少数民族居民区

当拟建项目所影响区域为少数民族居住区时，对其进行社会经济环境影响评价尤为重要。在评价中要依据有关少数民族的方针和政策，注重少数民族的习俗，充分征求他们对拟建项目的意见，要经常和少数民族地区地方政府以及民间机构取得联系、互通信息，以便及时解决可能出现的各种社会经济环境问题，同时要注意少数民族的生活习惯、传统观念以及适应能力等方面的情况。少数民族居民可能会受到拟建项目所带来社会无序化和相对贫困化的冲击，由此可能会产生一定的潜在社会风险因素，对此要给予充分重视。

3. 文物古迹保护区

文物古迹是历史遗产，其社会价值难以用货币计量，因此要特别重视对文物古迹保护区进行社会经济环境影响评价。在评价中要从保护文物古迹角度出发，遵照执行有关的文物保护法律和条例，提出合理的开发建设方案，尽量避免或减少对文物古迹的影响和破坏。如果有些开发建设活动不得不影响和破坏文物古迹，则要根据文物的保护级别或通过咨询有关专家估算文物古迹的价值，进而估计开发建设项目的社会经济效益在多大程度上补偿了文物古迹的损失，同时要提出文物古迹损失的补偿及恢复措施，并与当地文物局及其他有关部门共同协商保护方案。

4. 森林保护区

森林作为生态环境最重要的组成部分，具有特殊的保护意义。山区的热带和温带森林生态系统比较脆弱，因此在这些区域进行开发建设要特别重视，如果开发过度或不当，将会导致整个区域的森林生态破坏和退化，由此会产生多方面的社会经济问题，特别是那些在很大程度上依赖森林资源生存的目标人口将会受到极大威胁，可能会引起大量人口迁移，严重影响到他们的生产或生活方式。对此要充分考虑并进行社会经济环境影响评价。

5. 沿海地区

沿海地区和海洋大多也属于生态脆弱区，是世界上大多数生物，特别是水生生物的富集地带。这些区域对环境的变化极为敏感，开发建设项目产生的各种环境影响很可能会破坏海洋生态系统，从而使那些以海洋资源为生的目标人口在一定程度上受到影响，引起人口迁移或生存方式改变。因此，要特别重视对海洋开发建设项目进行社会经济环境影响评价。

四、社会经济环境影响评价因子识别

社会经济环境影响评价因子就是在评价范围内受拟建项目影响的那些社会经济环境要素，这些要素要能从总体上反映目标人口及其社会经济环境受拟建项目影响的情况。

1. 社会影响评价因子

(1)目标人口状况：项目影响区内的人口总数、人口密度、人口组成、人口结构等现状；受拟建项目影响人口情况的变化，现实和潜在的受损者、受益者人数及其比例，人口迁移等情况。

(2)科技文化：当地的传统文化、习俗、科研单位数量、科研力量、科研水平、学校数、教学水平、学生入学等方面的情况。

(3)医疗卫生：当地的医疗设施以及卫生保健等方面的情况，医院的分布、规模、设施，医疗人员数量和水平等。

(4)公共设施：当地住房、交通、供热、供电、供水、排水、通信以及娱乐设施等方面的情况。

(5)社会安全：当地的凶杀、暴力、盗窃等犯罪率以及交通事故和其他意外事件等的情况。

(6)社会福利：社会保险和福利事业以及生活方式和生活质量等方面的情况。

2. 经济影响评价因子

(1)经济基础：评价区经济结构、产业布局、国民收入水平、人均收入水平等情况。

(2)需求水平：根据市场预测对拟建项目产出的市场需求，尤其是评价区内目标人口对拟建项目需求的情况。

(3)收入分配：分析受拟建项目影响的收入分配在目标人口中的变化情况。

(4)就业与失业：分析受拟建项目的影响的目标人口就业与失业的变化情况。

第二节　社会经济环境影响评价的内容和步骤

一、社会经济环境影响评价的内容

(一)社会经济环境影响及主要环境问题[2]

根据现状调查结果，把项目所产生的社会经济影响按其性质和表现形式进行分类，分析其影响程度和类别，进而给出各类影响可能产生的主要环境问题。

1. 有利影响和不利影响

有利影响表现为项目促进社会经济的发展，如增加了目标人口的收入和就业机会等；不利影响主要表现为阻碍社会经济的发展，如项目引起的人口迁移、人均耕地减少、目标人口生活水平降低、交通拥挤等，对此类影响要进行客观评价和分析，提出避免和减轻影响的措施。

2. 现实影响和潜在影响

现实影响是在项目施工和运行过程中直观出现，并通过一定现象很快表现出来的影响。如修建高速公路需要搬迁，对迁居者的现实影响肯定存在，其影响可以通过迁居及重新定居的社会经济状况变化表现出来。而潜在影响在项目实施过程中很难通过一定现象表现出来，往往存在较长的潜伏期，如由于修建高速公路，会对迁居地或附近的居民的社会经济状况产生潜在的影响，这些影响需要通过可靠的预测及项目实施和运行期的管理监测来进行评价鉴别。

3. 直接影响和间接影响

直接影响是开发建设项目和某一社会经济环境要素之间直接作用产生的影响。例如某项目建成后排放的污水进入当地农民用于灌溉的河流，则直接影响到农作物的产量和质量。间接影响是开发建设项目通过某一媒介对社会经济环境要素发生的影响，如被污染的农作物很可能会通过食物链影响到人体健康，对人体产生间接影响。

4. 短期影响和长期影响

短期影响和长期影响主要是根据时间来加以区分，两者之间没有严格的界限，应视具体情况而定。例如，建设项目施工期所产生的社会经济环境影响可视为短期的，而营运期内“三废”的排放所产生的影响则可视为长期的。

任何一个项目所产生的社会经济环境影响，其表现形式都是多种多样的。例如，项目所引起的迁移将会对搬迁者带来直接的、现实的、不利的和短期的影响；同时也将会对搬迁安置区带来间接的、潜在的、不利的和长期的社会经济影响，并由此产生一些社会经济问题，如：对该区域现有资源以及基础设施的压力问题；会增加暴力、盗窃等犯罪率以及土地和其他资源争执的发生率等问题；引起交通拥挤、入学困难、医疗设施紧张、物价上涨等方面的问题；破坏当地的传统习俗，引发多种社会矛盾等。在实际开展评价中无需面面俱到，应该根据实际需要来确定拟建项目社会经济环境影响的一些典型特征，并由此明确该项目所带来的主要社会经济问题。

(二)社会经济效果分析

建设项目所产生上述各类影响的程度和后果可以通过社会经济效果来加以评价和度量，这也是社会经济环境影响评价的主要内容之一。根据影响方式的不同以及社会经济效果的性质，对其分类如下。

1. 正效果和负效果

这是与项目的有利影响和不利影响相对应的。一般来说有利影响产生正的(或好的)社会经济效果，而不利影响则产生负的(或坏的)社会经济效果。例如，项目营运后满足了人们的需求并使生产者从中受益，从而产生了正的社会经济效果；建设项目占用土地，使当地部分农民丧失维持生存和生活最基本的生产资料，并引起搬迁和搬迁安置问题等，由此产生了负的社会经济效果。

2. 内部效果和外部效果

内部效果是通过项目自身的财物核算反映出来的，项目的收益、获利、投资回收等都属于内部效果。外部效果并不能在项目的收益或支出中直接反映出来，不是项目本意要产生的效果。例如，项目建成营运后排放废气和粉尘，直接影响附近某些农作物的产量和质量，而导致当地农民收入的降低，这就产生了负的外部效果。

3. 有形效果和无形效果

有形的社会经济效果一般都是可以用货币加以度量的。例如建设项目投产后污染物排放带来的直接经济损失，就能够通过货币来加以计量。而难以用货币计量的社会经济效果统称为无形效果。例如，空气污染造成的人体健康损失，此类效果不会在市场上出现，故没有市场价格，但事实上这类社会经济效果又是客观存在的，并表现为一定的支付愿望。

与项目产生的影响一样，项目产生的效果同样是多种多样的，在实际评价中也无需面面俱到，由于评价的目的之一在于找出不利影响及效果并寻求解决办法，故而评价过程中应强调对社会经济环境产生的负效果的评价，同时也应对项目产生的外部效果及无形效果加以分析识别。

(三)社会经济发展水平影响分析

1. 社会经济发展水平影响分析

社会经济发展水平影响分析即预测分析拟建项目对其影响区域的社会经济总体

发展水平的影响。社会经济影响分析主要分析拟建项目对人口状况、收入状况、科技文化、医疗卫生、公共设施、社会福利、社会安全、就业失业等社会经济影响因子的影响，并对各种社会经济影响因子进行影响效果分析。

美国社会卫生组织(ASHA)提出用社会经济发展综合指数来描述区域经济发展的总水平。此社会经济发展水平综合指数包括就业率、识字率、平均寿命、人均收入增长率、人口出生率、婴儿死亡率六个要素，社会经济发展综合指数越大，反映其社会经济发展水平越高。社会经济环境影响评价也可考虑采用此综合指数来对评价区域进行经济发展水平预测。

2. 目标人口收入分配的合理性分析

经济增长和公平分配是国家发展的目标，因此在对项目进行社会经济环境影响评价中，应该单独对收入分配的合理性加以分析。

项目对目标人口收入分配的影响，可用国际上通用的指标——基尼系数进行分析。基尼系数可反映目标人口中实际收入分配的平均程度，可以作为判断收入平等或不平等水平的总指标。按照国际惯例，基尼系数若低于 0.2 表示收入绝对平均；0.2～0.3 表示比较平均；0.3～0.4 表示相对合理；0.4～0.5 表示收入差距较大；0.6 以上表示收入差距悬殊。

3. 区域承受能力分析

在项目建设期和营运期，受其影响，区域社会经济状况发生变化，将会产生有利的和/或不利的影响，或正的和/或负的效果。有利影响和/或正效果是我们所期望的，但不利影响和/或负效果在项目实施过程中是客观存在的。在一般情况下，项目所产生的负效果可以通过正效果得到补偿，因而项目为人们所接受，但有时项目可能会产生一些令目标人口或部分目标人口难以承受的影响或效果，诸如目标人口迁居、失业、伤亡风险等严重损害的结果，这时应慎重对待，进行充分的分析论证，评价出目标人口对拟建项目的承受能力水平。

(四)对拟建项目的需求分析

根据社会经济现状调查结果，估算拟建项目的现实和潜在的受益者或受损者的人数及其比例、受益或受损的方式和程度。通过抽样调查或公众参与等方式给出愿意和不愿意参与项目或赞成和不赞成拟建项目的目标人口数及其比例，进而给出目标人口对拟建项目有多大程度上的需求。如有必要，还可以通过需求曲线及效益值来定量描述对拟建项目的需求水平。

二、社会经济环境影响评价的步骤

(一)确定评价的目的和范围

1. 评价目的

明确拟建项目所产生的社会经济环境影响及其效果。

2. 项目筛选

根据项目分类原则以及项目所产生的社会经济环境影响和效果来进行项目筛选，确定出项目的评价级别，不同级别的评价工作要求不同，可分为不评、简评和详评。

3. 评价范围

充分利用现有的资料以及通过专业判断来确定项目所产生社会经济影响的范围，同时根据评价深度和广度的要求，确定出目标人口以及社会经济环境影响评价的范围。

(二)评价因子识别与筛选

对拟建项目可能影响到的社会经济因子进行识别，可以通过半定量的方法进行判断。如根据影响程度划分：无影响为0，轻微影响为1，中等程度影响为2，严重影响为3。根据影响性质划分：有利影响为＋，不利影响为－；直接影响为d，间接影响为i；现实影响为n，潜在影响为p；短期影响为s，长期影响为l。

评价因子识别与筛选亦可使用单因子评价指数法进行筛选，评价模式为：

评价指数＝影响因子造成影响值/标准满意值

若评价指数≪标准值，则认为无影响或只有轻微影响，若评价指数较大则可认为有严重影响。

在实际开展评价工作时，可有保留地去掉一些轻微影响因子，主要对中等程度和严重影响因子进行评价，其中重点是严重影响因子。如果评价因子具有多重性质，为了避免混乱，选最具有代表性的性质即可。

(三)社会经济环境现状评价

根据影响因子识别和筛选的结果，在评价范围内，对主要影响因子进行调查和收集资料，然后对资料进行整理加工，通过定性和定量分析，对评价区域的社会经济环境总体状况作出评价。

(四)社会经济环境影响评价

在现状调查和评价的基础上，采用相应的评价方法对拟建项目所产生的社会经济环境影响及其效果进行评价。

在实际开展社会经济环境影响评价过程中，对于简评的项目，主要采用专业判断法和调查评价法进行定性和半定量分析，要求简明扼要。对于详评的项目，要按照社会经济环境影响评价内容的要求，综合采用定性和定量分析方法，对项目所产生的各种社会经济环境影响进行详细评价。

(五)社会经济环境保护措施与管理

根据社会经济环境影响评价的结果，提出各种避免、减缓、补偿项目所产生不利社会经济影响的措施，把拟建项目产生的各种社会经济影响降到最低程度。社会经济环境保护措施除了包括必要的环保设施外，还包括政治、经济、法律、行政、宣传、教育、公众参与等措施。

通过制定和实施监测计划来检验社会经济环境影响评价的结果，及时向建设单位和主管部门反馈信息，以补充和修正社会经济环境影响评价的内容。同时通过监测计划来保证社会经济环境保护措施的有效实施。

如果预测结果与监测结果的偏差较大，以致影响到总体的社会经济环境保护目标，或者出现了没有预测到的情况，对此要提出补偿措施，以保证项目的顺利实施。

最后，在项目所产生社会经济环境影响分析和评价的基础上，给出评价结论。建设项目的社会经济环境评价程序见图 9－1。

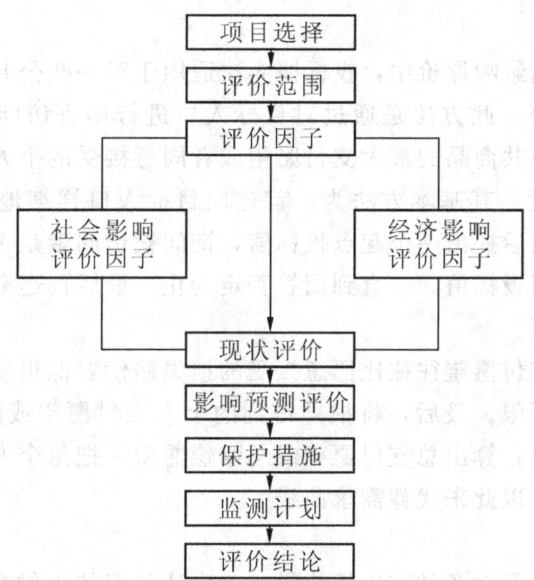

图 9－1　社会经济环境影响评价程序图

第三节 社会经济环境影响评价方法

常用的社会经济环境影响评价方法有以下几种[3]。

一、专业判断法

专业判断法是通过有关专家或一定的专业知识来定性描述拟建项目对社会经济环境产生的影响和效果，主要是项目产生的无形效果。例如建设项目对文物古迹产生的影响，这种影响是无形的，难以用货币计量，因此可采用专业判断法进行评价，咨询美学、历史、考古、文物保护等有关方面的专家。

二、调查评价法

在难以给出需求函数的情况下，可以采用调查评价法分析目标人口对项目的需求情况，通过人们对项目产生的支付愿望或对项目损失愿意接受的赔偿愿望来度量项目的效益。

常用的调查评价法有以下几种：

1. 投标博弈法

在社会经济环境影响评价中，投标博弈法适用于对一些公共商品的评价，如公共设施、环境景观等。此方法是通过对目标人口进行调查访问，反复应用投标过程，获得人们对该公共商品的最大支付愿望或者同意接受的个人赔偿数，以此作为评估环境损益的量度。其基本方法为，首先向目标人口详细地叙述公共商品的数量、质量等情况，然后提出一个起点投标值，询问被访问者是否愿意支付，如果回答是肯定的，则提高投标值，一直到回答否定为止。最后再逐渐降低投标值以获得愿意支付的精确数值。

不过，人们的支付愿望往往比愿意接受的损失赔偿要低得多，这些币值可以看作是损益评价的上下限。最后，将抽样得到的个人支付愿望或赔偿愿望求平均值，乘上全体目标人口数，算出总支付愿望或总赔偿愿望，把每个人的支付愿望或赔偿愿望作为投标曲线，以此来代替需求曲线。

2. 比较博弈法

该方法是通过人们对各种支出的抉择，来表达他们的支付意愿。例如有两种支出可供选择：一定数量的货币和一定数量与质量的环境商品，通过比较上述两项支出，人们选择其一，如果选择货币，就增加环境商品的数量，直到他们认为选择货币和环境商品一样为止，此时的货币即为人们对一定数量环境商品的支付愿望。

3. 专家评估法

专家评估法也称德尔斐法，应用十分广泛，是以一定数量的专家的个人判断为基础，然后对其个人判断进行归纳的一种定性预测方法。在社会经济环境分析中，该方法适用于对环境商品价值的评价，通过直接询问专家，确定环境商品的价格，并用图或表的形式将初值列出，然后把那些偏离的数据请有关专家解释，重新估价或校正这些数据，以得到新的数据，通过几个循环，得到分布比较集中的数据。这种方法的优点是专家不是面对面地讨论，而是间接地通过书面形式等进行意见交换，可避免决策过程中专家间的相互影响。

三、费用—效益分析法

费用—效益分析是以福利经济理论为基础的一种经济评价方法，其基本原理为：社会通过生产和消费来满足人们的需求，当消费者的总收益大于生产所消耗的总费用时，社会的福利才能得到提高，费用—效益分析法正是把每一经济行为对社会福利的全部影响和效果，折算为用货币单位表示的费用和效益，通过项目费用与效益的对比，按其净收益对项目的经济性作出评价。该方法在评价过程中，由于考虑到项目实施和影响的长期性以及对项目占用资源所付代价的衡量，采用了体现资金时间价值的动态净收益指标(经济净现值 ENPV 和经济内部收益率 EIRR)对项目经济可行性进行评价。

任何建设项目在实施的过程中都需要花费，其目的是取得一定的效益。所花费的费用包括生产成本、社会付出的代价和社会环境受到的损害等，所得到的效果包括经济效果、社会效果和环境效果。在社会经济环境影响评价中，费用—效益分析法就是把上述费用和效果看作是社会经济福利的一种度量，并把由项目引起的社会经济福利变化以等量的市场商品货币或一定的支付意愿来表示，通过对所得和所失进行一定的量化分析即可对项目所产生社会经济环境影响加以评价。

费用—效益法中根据模拟的市场需求曲线计算出效益 B、项目收益 R 和消费者剩余 CS。

$$CS=B-R \tag{9-1}$$

用模拟的市场供给曲线估算出投入的费用 C 和生产者剩余 PS，费用和生产者剩余即为项目的收益 R。

$$R=C+PS \tag{9-2}$$

根据需求曲线和供给曲线计算出净效益 NB，净效益是消费者剩余和生产者剩余之和，也等于总效益和总费用之差。

$$NB=CS+PS=B-C \tag{9-3}$$

在比较建设项目不同时期的费用、效益和净效益时，需要对未来的费用、效益和净效益打个折扣，要用经济学的方法，采用一定的贴现率作为折扣的度量，计算出费用现值、效益现值、净效益现值。一般来说，只要净效益现值大于零，就认为项目是可行的，但在实际中，人们希望项目的净效益现值越大越好。

四、费用—效果分析法

当拟建项目所产生的环境影响难以用货币单位计量，即产生无形效果时，可以通过费用—效果分析进行非完全货币化的定量分析。在费用—效果分析中，费用以货币形态度量，但放弃了效益货币化的努力，直接用恰当的物理指标代表项目的目标及其实现的程度，然后与相应的费用比较，从而选择最优的方法。显然，这种方法无法从项目效益与项目费用的直接的比较中给出项目的评价，而只能在备选的方案中选择相对较好的方案。

费用—效果分析的步骤是首先确定效果指标，之后计算各项费用支出，包括直接和间接费用。当效果指标已明确无误地被确定时，从中选择费用最小的方案的方法被称为最小成本法。反之，也可能在给定费用的前提下选择效果指标最好的方案，这种方法被称为固定成本法。当拟建项目所产生的环境影响用其他的定量单位指标也难以度量时，可以采用强、中、弱以及无影响或通过文字说明来直观描述拟建项目和环保设施的环境效果。该方法由于是通过专业判断来进行，所以要以有关专家的判断作为重要的参考依据，这种方法被称为直观效果法。

五、环境经济学法

1. 市场价值法

市场价值法是把环境质量看作一个生产要素，环境质量的变化导致生产率和生产成本的变化，从而导致产量和利润的变化，而产品的价值利润是可以用市场价格来计量的。此法就是通过因环境质量变化(或生态变化)引起的价格和产量的变化来计算价值的变化，把经济效益和经济损失数量化。

如果由于某一建设项目改善或恶化了环境质量，从而引起其生产过程产量的增加或减少，当知道该生产过程产品的价格需求函数时，就可以通过式(9-4)计算项目建设前后上述生产过程效益的变化：

$$\Delta B=\int_{Q_1}^{Q_2}P(Q)\mathrm{d}Q \tag{9-4}$$

式中：Q_1，Q_2 分别为项目建设前后某一生产过程的产量；$P(Q)$为商品需求价格函数；ΔB 为建设项目所带来某一生产过程效益的变化。

2. 资产价值法

资产价值法是把环境质量看作影响资产价值的一个因素，当影响资产价值的其他因素不变时，建设项目会引起周围环境质量发生变化，进而引起资产的出售价格发生变化，因此可以此来计算资产效益的变化。

$$S=aQ \tag{9-5}$$

式中：S 为污染价值损失；a 为单位环境质量变化引起资产价值的减少值；Q 为环境质量变化值。

3. 人力资本法

人力资本法是将人视为生产财富的资本，环境污染造成的健康损害价值等于该健康损害造成的各种损失。健康损害包括过早死亡和疾病，环境问题对人类健康的损失包括：(1)直接损失，主要包括医疗费和丧葬费；(2)间接损失，由于过早死亡、生病以及非医护人员护理而减少了正常的劳动时间，也就减少了收入，这就是环境问题对人体健康的间接损失。人过早得病或死亡的社会效益损失是由社会劳务的部分或全部损失带来的，它等于一个人丧失工作时间的劳动价值或预期的收入现值。

例如，大气污染造成的健康损失等于医疗费用和劳动损失日所创造的净产值之和，计算公式为：

$$S=[P\times\sum T_iL_i+\sum Y_iL_i]\times M \tag{9-6}$$

式中：S 为大气污染造成的健康损失值，元；P 为人力资本，元/(年·人)；M 为受污染的人口数；T_i 为 i 种疾病患者平均损失劳动时间，h；Y_i 为 i 种疾病患者平均医疗护理费用，元；L_i 为污染区和清洁区 i 种疾病发病率差异。

4. 旅行费用法

旅行费用法适用于娱乐性项目环境商品的评价，它是根据消费者为了获得娱乐享受或消费环境商品所花费的旅行费用来评价的。例如较为常见的到户外环境去旅游，其效益就可以通过旅行费用法来进行评价。当不考虑其他因素时，可由旅行者人数、天数和边际旅行费建立起一定的需求函数或描绘出一条需求曲线，由此计算出的总费用即代表娱乐性环境商品的效益。

5. 恢复费用法

如果建设项目引起环境质量下降，进而造成生产性资产的损害，则恢复环境质量或生产性资产的初始状态所花费的费用可作为项目引起环境效益损失的最低估价。

6. 防护费用法

防护费用法是根据项目引起环境质量的变化，而把人们愿意负担消除或减少不利环境影响的费用作为项目所带来环境效益损失的最低估价。

防护费用法已被广泛用于对噪声污染的评价中，例如，对一个飞机场进行噪声污染损失评价，由于附近住户对飞机噪声引起的负效益都有其主观评价，其效益损失为LB，如果住户为了避免噪声污染，决定迁居到一个较为安静的地区，则需要支出一定的费用，主要包括：①房屋给房主附加的价值或实际房租低于房屋市场价值或租价的消费者剩余CS；②由噪声引起的房地产价格降低值D；③搬迁费用R。

一般来说，如果$LB > CS + D + R$，一个理性的人将会决定搬迁；如果$LB < CS + D + R$，住户将会留下忍受噪声。

无论从理论上还是从实际上看，住户所选择的方案都要使总费用降到最低，其费用可作为飞机噪声引起效益损失的最低估价。

【习题及思考题】

1. 比较社会经济环境影响评价涉及的敏感区与常规环境敏感区的差异。
2. 简述社会经济环境影响评价的方法并阐述其各自的特点。
3. 实际建设项目环境影响评价中如何开展社会经济环境影响评价？

【参考文献】

[1] 国家环境保护总局监督管理司．中国环境影响评价培训教材．北京：化学工业出版社，2000

[2] 丁桑岚．环境评价概论．北京：化学工业出版社，2004

[3] 周国强．环境影响评价．武汉：武汉理工大学出版社，2003

第十章　环境影响评价成果的整理

【本章导读】

本章介绍了环境影响评价大纲的作用及格式，环境影响报告书的编制原则、基本要求及编制要点，最后介绍了两个环境影响评价实例。

第一节　环境影响评价大纲的编制

一、环境影响评价大纲的作用

(1)是环境影响评价的总体设计和行动指南。

(2)应在开展评价工作之前编制，是具体指导环境影响评价的技术文件。

(3)是检查报告书内容和质量的主要判据。

(4)应在充分研读有关文件、进行初步的工程分析和环境现状调查后形成。

二、环境影响评价大纲的格式

环境影响评价大纲一般包括如下内容：

1. 总论

1.1 任务由来

1.2 编制依据

2. 项目概况及工程分析

2.1 项目概况

2.2 污染源分析

2.3 工艺先进性分析

3. 区域环境概况

3.1 区域自然环境概况

3.2 区域社会环境概况

3.3 环境质量现状

4. 环境影响因子识别和评价因子筛选

4.1 目的与方法

4.2 环境影响分析

4.3 环境影响因子识别

4.4 评价因子筛选

5. 评价工作原则

5.1 评价目的与评价方法

5.2 评价重点与环境保护目标

5.3 评价等级

5.4 评价范围

5.5 评价标准

6. 专题设置与评价工作内容

6.1 专题设置

6.2 评价工作内容

7. 提交成果

8. 评价工作进度与组织分工

9. 经费预算

10. 附录

10.1 委托书

10.2 立项文件

10.3 其他文件

大多数的评价大纲与上述内容并不完全一致，主要差异是将第 5 部分内容放到了第 1 部分，我们认为不妥当。因为评价重点与环境保护目标、评价等级、评价范围、评价标准等内容应该在了解项目概况、进行初步工程分析、了解环境现状及进行环境影响因子识别的基础上才能确定，因此在环境影响评价大纲中把它单列一章更为合适。但在编制报告书阶段，可以将它与第 1 部分内容放在一起，起到“总论”的作用。

第二节　环境影响评价报告书的编制[1]

一、环境影响评价报告书的编制原则

环境影响报告书是环境影响评价程序和内容的书面表现形式之一，是环境影响评价项目的重要技术文件。编制时，应该遵循如下原则：

1. 环境影响报告书应该全面、客观、公正，概括地反映环境影响评价的全部工作，评价内容较多的报告书，其重点评价项目另编分项报告书，主要的技术问题另编专题报告书。

2. 环境影响报告书的文字应简洁、准确，图表要清晰，论点要明确。复杂项目应有主报告和分报告(或附件)。主报告应简明扼要，分报告中将专题报告、计算依据列入。

3. 环境影响报告书应根据环境和工程特点及评价工作等级进行编写。

二、环境影响报告书编制的基本要求

环境影响报告书编制的基本要求包括：

1. 内容全面、重点突出、实用性强。

2. 基础数据可靠。

3. 预测模式及参数选取合理。

4. 结论观点明确、客观可信。

5. 语句通顺、条理清楚、文字简练、篇幅不宜过长。

6. 环境影响报告书或环境影响报告表，必须附有按原样边长三分之一缩印的资质证书正本缩印件。缩印件上应当注明所承担项目的名称及环境影响评价文件类型，并加盖评价机构印章和法定代表人名章。

7. 环境影响报告书和环境影响报告表中附编制人员名单表，列出主持该项目及各章节、各专题的环境影响评价专职技术人员的姓名、环境影响评价工程师登记证或环境影响评价岗位证书编号，并附主持该项目的环境影响评价工程师登记证复印件。编制人员应当在名单表中签字并承担相应责任。

三、环境影响评价报告书的编制要点

环境影响报告书应根据环境和工程特点及评价工作等级，选择下列全部或部分内容进行编制。

1．总则

(1)项目由来：说明拟建项目立项始末、批准单位及文件、评价项目的委托、完成评价工作的概况。

(2)评价目的：编制环境影响报告书的目的。

(3)编制依据：委托书，拟建项目建议书或可行性研究报告的批准文件，国家、地方、行业有关法规、条例，建设项目可行性研究报告或设计文件，环境影响评价大纲及审批文件等。

(4)评价重点与环境保护目标：根据工程分析、周围自然与社会环境现状及环境影响因素识别结果给出评价重点及环境保护目标。

(5)评价范围：评价范围按要素(大气环境、地表水环境、地下水环境、环境噪声、生态环境等)分别给出，一般在确定评价等级的基础上，根据拟建项目实际情况及周围环境状况给出。

(6)评价标准：应按要素给出评价标准，要指出执行标准的哪一类或哪一级。评价标准分环境质量标准和污染物排放标准，评价标准的确定要根据拟建项目实际情况及环境功能要求确定，必要时报请项目的环境保护主管部门批准。

2．建设项目概况及工程分析

(1)建设项目的名称、地点及建设性质。

(2)建设规模、占地面积及厂区平面布局。

(3)职工人数及生活区布局。

(4)主要原料、燃料及其来源和储运，物料平衡，水的用量与平衡，水的回用情况。

(5)主要产品方案及工艺过程(附工艺流程图)。

(6)生产工艺先进性分析。

(7)工程污染源分析并分别列表。

(8)废弃物的回收利用、综合利用和处理、处置方案。

(9)交通运输情况及厂地的开发利用。

3．建设项目周围地区的环境现状

(1)地理位置(附平面图)。

(2)地质、地形、地貌和土壤情况，河流、湖泊(水库)、海湾的水文情况，气候与气象情况。

(3)大气、地表水、地下水和土壤的环境质量状况。

(4)矿藏、森林、草原、水产、野生动物、野生植物、农作物等情况。

(5)自然保护区、风景游览区、名胜古迹、温泉、疗养区以及重要的政治文化设施情况。

(6)社会经济情况。

(7)人群健康状况。

4. 环境影响预测

(1)预测环境影响的时段。

(2)预测范围。

(3)预测内容及预测方法。

(4)预测结果及其分析说明。

5. 评价建设项目的环境影响

(1)建设项目环境影响的特征。

(2)建设项目环境影响的范围、程度和性质。

(3)多个厂址环境影响的比较和分析。

6. 环境保护措施

7. 拟建项目环境、社会、经济效益分析

8. 环境管理和环境监测制度

9. 环境影响评价结论

10. 附件

实际报告书编写时有较大的灵活性，但环境影响预测与评价是重点。当环境影响预测与评价内容较多时，可以按环境要素分别进行评价且单独成章，如大气环境影响预测与评价、水环境影响预测与评价、声环境影响预测与评价、生态环境影响评价等，也可以分为施工期环境影响评价、运行期环境影响预测与评价等。

总之，环境影响报告书的编制要根据拟建项目的评价实际确定。

第三节　环境影响评价实例——阿荣旗至北海省际通道支线赤峰到撒力巴段公路环境影响评价

一、项目概况

拟建公路阿荣旗至北海省际通道支线赤峰到撒力巴段公路全长 80.353 km，西起赤峰市郊，东接拟建阿荣旗至北海省际通道支线撒力巴到下洼段公路。

(一)主要技术指标

工程主要技术指标见表 10－1。

表 10－1　　主要技术指标表

序号	技术指标名称		单位	指标值	采用值	备注
1	公路等级			高速公路	高速公路	
2	设计速度		km/h	100	100	双向
3	车道数		道	4	4	
4	平曲线最小半径		m	700	2 000/4 369.5	
5	不设超高平曲线最小半径		m	4 000	4 000	
6	最大纵坡		%	4	3.2/3.28	
7	最小坡长		m	250	350/350	
8	竖曲线一般最小半径	凸形	m	10 000	11 188.86/16 000	
		凹形	m	4 500	12 000/10 000	
9	路基宽度		m	26	26	
10	路基设计洪水频率			1/100	1/100	
11	桥涵设计荷载			公路一级	公路一级	
12	桥涵设计洪水频率		特大桥	1/300	1/300	
			大、中桥	1/100	1/100	含小桥涵

(二)工程规模

工程主线全长 80.353 km，共设置特大桥 1 座(1 087 m，老哈河特大桥)，大桥 5 座(2 195 m，阴河大桥、红山英金河大桥、水泉沟英金河大桥、蚌河大桥、饮马河大桥)，中桥 3 座(164.18 m)，小桥 9 座(258.54 m)；全线特大桥、大桥、中桥及小桥累计总长约 3.705 km，平均每千米桥长 46.106 m；桥梁长度占全线总里程的 4.6%。涵洞 96 道，平均每千米 1.19 道。互通式立交 3 处，服务区 1 处，停车区 1 处，分离式立交 12 座，其中 3 座为铁路立交，通道 73 座，天桥 14 座。

工程连接线长 11.45 km，共有涵洞 20 道(1 097 m)，小桥 1 座(22.06 m)，分离式立交 3 座。

(三)主要工程量

本项目主要工程量见表 10－2。

表 10-2 主要工程量

序号	工程项目	单位	数量
一	路线长度	km	80.353
二	路基		
	路基土石方	m^3	9 824 056
	土方	m^3	9 222 650
	石方	m^3	601 406
三	路面		
	路面长度	km	80.353
	路面面层	m^2	1 687 421.5
四	桥涵		
	涵洞	道	96
	小桥	m/座	258.54/9
	中桥	m/座	164.18/3
	大桥、特大桥	m/座	3 282/6
五	占用土地	亩	6 848.04
六	排水与防护工程		
	边沟排水沟	m	39 998
	边坡急流槽	m	2 252
	截水沟	m	2 638
	纵向盲沟	m	32 603
	蒸发池	m	49
	浆砌片石护坡	m^3	283 151
	植草护坡	m^2	580 915
七	拆迁建筑物	m^2	8 100
八	拆迁电力电讯	处	166
九	拆迁光电缆	m	46 510

二、环境影响要素识别与评价重点

(一)环境影响要素识别

公路工程的建设和营运期对沿线环境的影响是多方面的，其主要包括：占用土地、动用土石方、毁坏植被、产生水土流失等破坏生态环境，机械作业和公路的营运交通噪声影响沿线两侧的声环境，汽车排气影响环境空气质量，同时还涉及社会经济、地表水、交通运输方式、景观、农业、野生动植物等问题。针对本项工程，分析主要环境影响因子见表 10-3。

表 10-3　　公路施工期和营运期环境影响因子识别表

影响环境的行为	环境影响
1 道路施工	永久占用土地，被征土地的原使用者及搬迁者将按规定得到一定的补偿
1.1 挖方、填方	①破坏取土场植被、景观生态；②产生弃土、弃石，堆放需占用草场；③运输、挖填方施工过程产生扬尘；④加快土地风蚀
1.2 原材料运输	①运输车辆产生尾气、噪声和扬尘；②临时道路建设占用沿线土地
1.3 施工机械操作	产生机械尾气和机械噪声
1.4 路面施工	①临时或永久占地导致植被破坏；②阻隔或干扰牲畜及野生动物通行或迁移；③改变地表排水；④沥青搅拌、铺设产生沥青烟气；⑤改变自然景观生态
1.5 施工人员日常生活	生活废物排放
2 桥梁施工	占地；施工机械尾气、噪声；需填方；河流泥沙淤积；改变景观生态
3 道路营运期	
3.1 运输	①缓解原有交通压力，缩短两地运输时间；②产生交通噪声、汽车尾气及道路两侧的废弃物；③增加与野生动物碰撞可能
3.2 事故	①危险路段易发生交通事故；②危险品运输易发生爆炸、火灾
3.3 维护	道路维护产生的油脂、油漆、沥青烟等可能对沿线居民产生干扰
3.4 管理区	工作人员日常生活产生生活污水和垃圾
4 对陆生生态、沙地、湿地和地表水的影响	占用农田、草场；阻隔牲畜、动物生存迁徙通道；水土流失、风蚀、泥沙淤积；铺路改变地表水状况；架桥影响河流护坡防洪
5 对文物古迹损害	沿线无文物古迹，工程设计时已采取避让措施。在施工中发现文物应停工，向当地文物部门报告
6 社会影响	分隔村舍、现有交通条件(特别是非机动运输)妨碍当地居民的住宅和农田路径；基础设施建设、旅游资源开发、方便居民出行、提高人民生活质量；增加劳动就业，促进经济发展；景观生态恢复
7 连接线工程的环境影响	交通噪声、扬尘、粉尘、汽车尾气、土石方、交通堵塞

(二)评价重点

本项目评价重点为生态环境评价和声环境评价，项目推荐方案穿越的丘陵、台地区域水土流失严重，部分沿线生态环境脆弱，同时该路线穿越小河沿自然保护区的外围区域，可能对湿地鸟类产生一定影响。

新建高速公路上，车流量较大，车辆噪声对各个敏感点可能造成不利的影响。评价范围内有12个村庄(或居民区)，其中魏家营村内小学距离公路较近，交通噪声在施工期和营运期需要引起重视。所以施工期以施工噪声、水土流失、生态与景观破坏为评价重点，营运期以环境噪声、景观评价为评价重点。

(三)环境保护目标

根据设计部门提供的资料及其沿线情况调查，确定本项目的环境保护目标如下。

1. 生态环境：沿线农业生态系统，小河沿湿地自然保护区。

2. 水土保持：防止植被破坏和水土流失。

3. 地表水：拟建公路跨越的阴河、英金河、老哈河、蚌河、饮马河，地表水保护目标及公路跨越河流的桩号详见表10-4。

表10-4　　地表水保护目标

序号	桩号	名称	环境特征
1	K1+860	阴河	跨越河流，水量小，为英金河的二级支流，桥长247 m
2	K12+380	英金河	跨越河流，桥长577 m
3	K35+600	英金河	跨越河流，桥长547 m
4	K64+660	老哈河	跨越河流，流量季节性变化较大，桥长1 087 m
5	K66+900	蚌河	跨越河流，桥长397 m
6	K78+900	饮马河	跨越河流，桥长427 m

4. 声环境：该项目所经过的环境保护目标除了农田、河流外，主要为村庄，公路沿线没有医院。敏感点如表10-5所示。

5. 环境空气：项目所经过的区域属于微丘地带，空气质量较好，空气影响敏感点主要考虑魏家营的东南营小学、服务区和停车区（表10-6）。在施工期还包括灰土拌合场、沥青拌合场、料场的大气环境影响。

表 10－5　拟建公路两侧评价范围内主要声敏感点

序号	桩号	地名	距离路中心线距离/m	受影响人数/人
1	K0＋900	杨家营	80	120
2	K8＋700	张家营	100	150
3	K11＋400	六大份	65	167
4	K12＋950	西水地	100	112
5	K21＋526	红庙子	140	47
6	K24＋300	魏家营	60	120
7	K24＋300	东南营小学	60	270(夜间)12(日间)
8	K35＋100	新立村	100	98
9	K54＋700	太平地	120	56
10	K61＋90	八台营子	80	102
11	K62＋200	当铺地	60	112
12	K68＋900	二道湾子	100	45
13	K78＋200	撒力巴村	60	26

表 10－6　拟建公路评价范围内主要大气敏感点

序号	桩号	地名	距离中心线/m	户数	备注
1	K24＋300(右侧)	魏家营	20	30	东南营小学
2	K28＋400	赤峰停车区	100		
3	K50＋125	太平地服务区	100		

三、环境质量现状评价

(一)社会环境现状评价

(1)区域土地资源、矿产资源和旅游资源丰富，但资源综合开发利用率低，资源破坏较严重。

(2)区域社会经济中农牧业占重要地位，为全市的粮、油、果、菜的集中产区，自然条件优越，劳力充足，但农业生产以传统农业为主，生产水平较低。

(3)区域的经济发展较快，城镇居民和农村居民的收入增长较快，综合运输和公路运输网较发达。

(二)大气环境现状评价

(1)东南营小学测点 NO_2 日均值范围为 0.022～0.028 mg/m^3，TSP 日均值范围为 0.125～0.207 mg/m^3；太平地服务区测点 NO_2 日均值范围为 0.024～0.035 mg/m^3，TSP 日均值范围为 0.121～0.199 mg/m^3。公路沿线 NO_2，TSP 的各监测值均低于《环境空气质量标准》(GB 3095—1996)浓度限值的二级标准，说明沿线环境空气质量良好。

(2)东南营小学和太平地服务区环境空气中 NO_2，TSP 的评价指数均小于 1.0，其中 NO_2 的评价指数远小于 1.0。这从总体上反映了沿线环境空气质量基本处于自然状态，空气质量良好。

(三)水环境现状评价

(1)根据《赤峰市环境监测年鉴》(2004 年)提供的数据资料，英金河干流的各项污染因子中，COD_{Cr} 监测结果范围为 34.4～129.0 mg/L，超标 1.15～4.30 倍；pH 监测结果的范围为 7.38～7.58，均未低于或超过标准值 6～9；SS 监测结果范围为 48.0～244.0 mg/L；石油类监测结果为 0.015 mg/L，未超标。老哈河干流的各项污染因子中，COD_{Cr} 监测结果范围为 28.7～43.4 mg/L，超标率 83.3%；pH 监测结果的范围为 7.57～7.65，均未低于或超过标准值 6～9；SS 监测结果范围为 59.0～312.0 mg/L；石油类监测结果为 0.015 mg/L，未超标。可得知：COD_{Cr} 超标，其他指标均达到《地表水环境质量标准》(GB 3838—2002)Ⅳ类标准。

(2)从现状监测来看，COD_{Cr} 为 44.7 mg/L，超标 1.49 倍，其他指标均达到《地表水环境质量标准》Ⅳ类标准。

这从总体上反映老哈河和英金河均以有机物为主要污染因子。

(四)声环境现状评价

(1)拟建公路沿线居民区环境噪声级监测范围为昼间 L_{Aeq}=39.7～51.5 dB，夜间 L_{Aeq}=37.4～42.5 dB；学校的环境噪声级监测值为昼间 L_{Aeq}=45.7 dB，夜间 L_{Aeq}=39.1 dB，均满足《城市区域环境噪声标准》(GB 3096—93)中的 2 类标准。

(2)由现状监测得知，拟建公路沿线城镇、村庄、学校的声环境质量良好，公众生活安静，学校教学环境未受干扰。

(五)生态环境现状评价

(1)项目沿线山区面积较大，约占全线的 1/2，多属低中山地形，被河流谷地切割分离，沿河谷形成较为开阔的山间河谷冲积平原，为全市的粮、油、果、菜的集中产区。

(2)天然植被极少，植被类型主要是农作物、人工林及部分沙棘等固沙植物；人为活动频繁，经调查未发现国家保护的野生动物；仅在小河沿湿地保护区有少量野生林以及国家保护的野生动物。

(3)小河沿湿地鸟类自然保护区为自治区级自然保护区，总面积1 800 hm^2。动植物资源十分丰富，其中有国家一级保护鸟类2种、二级保护鸟类20种、世界受胁鸟类4种，有自治区和国家珍稀濒危保护植物：甘草、野大豆、钻天柳。拟建公路穿过保护区实验区，离核心区和缓冲区较远。

(4)沿线土地开发历史悠久，利用程度较高，主要为林地、耕地及牧草地等生态系统。

(5)由于掠夺式利用和人为破坏，产生了大量珍贵的植物资源遭到破坏、土地荒漠化、珍稀濒危动植物物种消失、土地生产能力下降等重大资源环境问题。

四、环境影响预测与评价

(一)社会环境影响评价

总的来说，拟建项目的建设有助于项目所在区域和辐射区域的社会经济各方面发展，但对于项目沿线来说，存在一定的社会环境负面影响，但可以通过征地补偿、合理设计、规范施工、规范管理等种种措施加以缓解或消除。

1. 区域社会环境影响

(1)拟建公路项目作为阿荣旗至北海省际通道的一部分，有助于赤峰地区与华北、东北地区物资的交流，从而更好地发挥赤峰市的区位优势，带动内蒙古自治区东部地区(含内蒙古三市一盟)的经济发展，有助于促进区域经济(特别赤峰市的经济)的发展和产业结构的优化、提高人民生活水平，并推动相关行业的发展。

(2)项目施工期和营运期可为区域和当地居民带来一系列直接的经济收入，如施工期物资及劳动力供应的收益，营运期公路营运需要的劳动服务可为当地居民提供更多的就业机会，而运输条件的便利加快了地区的物资的流通，可促进农牧产品的贸易，故项目可增加当地居民的经济收益。

(3)拟建项目的建设有助于赤峰总体建设，为赤峰旅游事业的发展提供良好的基础设施条件，有助于赤峰市“历史名城和文化旅游城市”和“创建中国优秀旅游城市”目标的实现。

2. 沿线社会环境影响

(1)拟建项目的建设需临时占用或永久占用一部分土地，对沿线土地利用会带来一些不利影响，但工程建设将带来的巨大的社会效益和经济效益，公路用地本身将实现其价值的特殊转化。

(2)项目建设对矿产资源的利用无不利影响，沿线不影响大型水利设施，只要协调得当，对电力、通讯、农灌等公用基础设施的影响也不太大。

(3)项目建设对沿线居民生产生活无明显不利影响，不影响居民正常的安全出行。

(4)项目选线已对历史文化遗迹和风景名胜区等进行了避让，不影响现在查明的文物古迹的保护。

3. 与其他规划的协调性

(1)拟建项目与赤峰市外环路规划及城区规划一致，不影响赤峰市城市总体规划，设计的线路与总体规划中确定的外环路相结合，形成城市外环路。

(2)拟建项目是区域公路规划的一个有机组成部分，也是赤峰市旅游规划的一个有机组成部分。

(3)拟建项目不影响沿线城镇的规划，经过小河沿湿地保护区的实验区，不影响小河沿湿地的主要生态功能。

(二)生态环境影响评价

(1)项目建设征用土地对沿线地区土地利用格局不会有明显影响，工程永久性占地总体上对生物量的影响不大，对地区生态环境的类型、特征不会有影响。

(2)项目施工期因工程占用土地、临时用地及取弃土场等用地，会在短期内对地区植被造成一定损失。实施公路绿化工程、植被恢复措施、取土场的复垦措施、种植环保绿化林带等可补偿、恢复地区原有植被，林木补偿量为工程砍伐量的4.7倍。

(3)项目工程占用耕地，将增加沿线地区耕地减少的影响，应按本环评报告书要求，采取土地资源保护措施，将影响降至较小程度。

(4)项目建成通车后，对地区野生动植物的侵袭阻断影响甚微，不会导致地区植物群落及野生动物的衰减。

(5)项目建设总体上对地区的水文无明显影响。

(6)项目建设对小河沿湿地鸟类自然保护区不会产生明显不利影响，公路建设有利于对湿地资源的开发，方便了当地交通，有利于旅游业和科学考察活动。

(三)水环境影响评价

(1)施工期对水环境的影响主要是施工营地生活污水和桥梁建设，应加强施工管理。在特大桥、大桥埋设围堰护筒工序操作过程中会对河床造成扰动，从而使围堰处河水底层水体中的SS（悬浮物）增加，从而构成悬浮物的局部污染。但是鉴于此工序时间较短，这种悬浮物污染是不显著的。要注意的是，为防止弃渣造成河床阻塞，洗涤污水应经砂滤池集中处理后排放。

(2)公路排水自成系统，路面径流(主要是初期雨水)污染物浓度不大，且所跨越水体的功能主要为农业灌溉用水，各桥位下游都没有集中式饮用水取水口。因此，可以认为路面径流对水体水质的影响较小。

(3)收费站、管理处及服务区污水水量较小，污染负荷也较低，建议采用化粪池和好氧塘相结合的处理工艺系统对废水进行处理，出水可用于服务区及中分带的绿化用水，做到“零排放”，营运中远期水量较大时结合农业灌溉进行排水利用。

(四)声环境影响评价

由预测结果可知，交通噪声超标时间段主要为夜间超标，昼间只有少量超标。

(1)昼间：近期(2008年)、中期(2014年)、远期(2022年)没有超标的村镇，可见高速公路交通噪声虽然对附近的村镇的声环境产生了一定的影响，但村镇的噪声预测值均满足标准。中远期东南营小学由于距离公路较近且对声环境要求较高而有少量超标，在采取降噪措施后影响可得到减轻。

(2)夜间：近期超标的敏感点有两个，其中杨家营因距离公路较近，且其周围有一条村级公路通过，故昼间有较少量的超标；中期夜间超标的敏感点有七个，其中杨家营、六大份、魏家营、东南营小学等敏感点超标量较大；远期超标的声环境敏感点有八个，其中杨家营、六大份、魏家营、东南营小学、太平地、当铺地等村镇超标量较大。

(3)东南营小学近期、中期、远期无论昼间还是夜间均有较大程度的超标。

(4)小河沿湿地位于K62＋200～K68＋800，在此区间内高速公路交通噪声在200 m范围内可以达到1类标准，而根据《小河沿湿地鸟类自然保护区规划》，高速公路距离小河沿湿地的缓冲区至少2 km，因此营运期从噪声的角度上高速公路的建设对小河沿湿地的影响相对较小。

(五)大气环境影响评价

(1)在公路施工期，施工作业过程必然对沿线环境空气造成一定程度的污染，且拟建公路所在地区有风和沙尘天气较多，会加重大气污染的程度，但这种影响属短期行为，随着工程的结束，污染将逐步减轻。

(2)在公路营运期，汽车尾气排放会对公路沿线地区的大气环境质量产生长久的影响，但各评价年 NO_2，CO，THC 排放总量均不大，且该地区人口分布较少，因此对当地的环境空气质量影响不大。

(3)建设单位在可行性分析报告中对施工期、营运期的环境保护积极地提出了相应的具体措施，比如拌合工艺、拌合站位置的合理选择，公路两侧、服务区的绿化，取土场、弃土场及时的植被恢复等，有利于进一步减轻环境空气污染。

(4)建设单位对拟建公路经过小河沿湿地的路段采取了一定的调整，调整路线在小河沿泡子核心区以南约 3.53 km、距其缓冲区最近处约 2.75 km 的实验区范围穿越小河沿湿地，减轻了对小河沿湿地的大气环境影响。

(六)景观影响评价

1. 施工期

(1)拟建公路施工期间在区域尺度上对土地利用面积的影响较小，但对土地利用格局的影响较大，主要表现在对原有生态系统类型的切割作用上，但是没有影响到景观功能的发挥。

(2)施工期间，由于道路没有封闭，地域内的野生动物等的迁徙不会完全被阻断，而沿线野生动物极为少见，因此对其影响较小；公路修建对农村中人工饲养的主要家畜家禽活动也不会产生太多影响。

(3)由于拟建公路邻近小河沿自然保护区，大桥建设会破坏河岸植被景观，但大桥建成、相应的建设活动停止后，对河岸植被景观的影响趋于停止。

(4)取、弃土场距离道路较近，取、弃土场耕地较少，山地或荒草地多，因此不会对农业经济造成太大影响，但工程开挖会造成景观破坏。

(5)料场距离道路较远，不会影响到高速公路两侧景观，而且辅助道路一般都为砂石和沥青路，对农田等影响较小，但料场的爆破和河沙的开挖会造成开挖处景观的破坏。

2. 营运期

(1)本项目没有经过大的旅游区，对旅游景观影响不大。按照视线相对坡度的标准，高速公路在村庄附近的景观大部分为中等敏感，项目绿化符合高速公路绿化规范，对道路景观产生正面的影响。

(2)项目在穿越阴河、英金河、老哈河与饮马河时，都有架桥，所以营运期间对河流景观影响也不大。穿越小河沿湿地自然保护区主要也是架桥穿越，对于湿地中的鸟类栖息地影响较小。赤峰到撒力巴高速公路建设符合赤峰市总体规划，营运期将促进景观空间结构的优化。

(3)总体上来看，公路部分路段沿低山的山梁或山腰布设，对视觉的影响为一般侵害，在视线中新修道路处于重要地位；敏感点均采取了防护措施，环境效益尚可；桥隧使用较多，挖方较少，边坡防护和绿化工程对较多，但人文景观较少，景观环境质量属于一般。

(七)水土保持评价

(1)施工期动用土方和路基工程会产生明显的水土流失，但这些水土流失现象是局部的、可控的。随着防护工程、排水工程和绿化工程的实施，可有效地控制施工期路基边坡造成的水土流失，并最终使沿线的水土流失恢复到现状水平或小于现状水平。

(2)项目设置的取弃土场数量、规模、选址及取弃方式合理，设计的工程及生态恢复手段可以减小施工期的水土流失，工程结束后，植被可以恢复。

(八)环境经济损益分析

(1)国民经济评价指标表明：即使在成本增加 20%同时效益降低 20%的条件下，内部收益率仍大于国民经济评价基准内部收益率，说明该方案抗风险能力较强。

(2)敏感性分析表明，即使在成本上升 20%同时效益下降 20%的不利情况下，内部收益率仍高于财务基准折现率，说明该方案的财务抗风险能力较强。

(3)本项目环境保护投资费用共计 2 311.39 万元，占工程总投资的 1.15%。环境经济损益分析表明，采取环保措施后可以将不利影响减至最小，其社会、环境效益显著。

五、项目的环境可行性

本项目属于非污染型生态项目，根据各专题分析与评价的结果：项目施工期主要为施工噪声污染、对小河沿湿地自然保护区生态环境等的影响；营运期主要是环境噪声污染和公路对生态环境等的影响。在严格执行本评价提出的生态保护措施与污染防治对策的前提下，上述环境影响是可以接受的，潜在的生态风险可以降低至最小。根据经济、社会、环境效益的综合分析，本项目的选址和建设从环境保护的角度来讲是可行的。建议加强对小河沿湿地自然保护区的生态保护并做好征地的补偿工作。

第四节 环境影响评价实例二——华南植物园项目环境影响评价

一、项目概况

“中科院、广东省、广州市三方共建华南植物园项目”是中科院、广东省、广州市为改善华南植物园的生态环境、旅游景观、基础设施、科研科普条件等而实施的工程，项目位于广州市天河区龙洞的华南植物园内。

项目投资为3亿元，其中中科院、广东省、广州市各投资1亿元，建设期为3年(2003～2005年)，共15个子工程，分别为：热带植物展览温室工程、沙漠植物展览温室工程、高山植物展览温室工程、奇异花卉展览温室工程、地带性植被园暨广州市第一村工程、城市植物多样性景观生态园工程、木兰园等13个专类园改造工程、科普信息中心建设工程、珍稀濒危植物繁育中心建设工程、实验辅助楼改造工程、标本馆改扩建工程、华南植物园大门、游客中心及停车场建设工程、园区景点与基础设施改造工程、供电系统改造工程、水系及灌溉系统建设工程。其中除实验辅助楼改造工程和标本馆改扩建工程两个子项目位于华南植物研究所大院内以外，其他13个子项目全部位于华南植物园内。规划总面积129.46 hm^2(不包括旧园区32.46 hm^2)，项目施工主要涉及华南植物园西片区(华南快速干线以西园区)的部分区域(表10－7)。

表10－7 “中科院、广东省、广州市三方共建华南植物园项目”建设内容汇总

项目		数量/m^2	投资/万元	占总投资比例/%	施工周期	备注
园区景点新建	1. 热带植物展览温室工程	7 202	3 496	11.65	2003.1～2005.10	新建工程，引种植物数量为1 500种
	2. 沙漠植物展览温室工程	586	1 190	3.97	2003.1～2005.10	新建工程，引种植物数量为200种
	3. 高山植物展览温室工程	844	2 309	7.70	2003.1～2005.10	新建工程，引种植物数量为150种
	4. 奇异花卉展览温室工程	1 525	3 007	10.02	2003.1～2005.10	新建工程，引种植物数量为150种
	5. 地带性植被园暨广州市第一村工程	3 000	2 035	6.67	2003.1～2005.10	新建地带性植被园，改建广州市第一村
	6. 城市植物多样性景观生态园工程	200 000	1 000	3.33	2003.1～2005.10	新建工程

续表

项目		数量/m^2	投资/万元	占总投资比例/%	施工周期	备　注
园区景点改造	1. 木兰园等13个专类园改造工程	670 000	3 200	10.66	2003.1～2005.7	改建11个专类园，新建2个专类园
	2. 科普信息中心建设工程	2 000	1 200	4.00	2003.1～2005.6	改建工程
	3. 珍稀濒危植物繁育中心建设工程	340 000	1 750	5.83	2003～2005	改建工程
	4. 实验辅助楼改造工程	6 000	814	2.71	2001.1～2004.8	改建工程，位于植物园外，已完成
	5. 标本馆改扩建工程	5 513	1 620	5.40	2001.1～2004.9	改建工程，位于植物园外，已完成
基础设施改造	1. 华南植物园大门、游客中心及停车场建设工程	6 000	900	3.00	2003.1～2005.10	扩建华南植物园大门、新建游客服务中心、改建停车场
	2. 园区景点与基础设施改造工程	110 000	3 400	11.33	2003.1～2005.10	园内景点建设和基础设施改造
	3. 供电系统改造工程	200	620	2.07	2003.1～2005.10	新建配电房，扩容电源，铺设供电线路、路灯系统及核心展区的夜间照明系统等
水系改造	水系及灌溉系统建设工程	165 500	3 500	11.66	2003.11～2005.10	改造水系、建设湖岸、供水及灌溉管道、小型水库、地下储水库和桥等

二、环境影响初步分析及污染源估算

(一)生态环境

1. 施工期

施工过程需要开挖土石方、拓宽路面、运输物料及机械作业，这些都可能会暂时或永久性的破坏植被、甚至损伤珍稀濒危植物；土石方、原材料的堆放不当可能会占用绿地、破坏生态环境；施工产生的污水、扬尘、噪声以及固体废弃物可能会影响园区植物尤其是珍稀濒危植物的生长和繁育；水系改造工程的湖底清淤和湖岸建设会破坏水生生物的栖息环境，在短期内会对水生生物产生较大的不利影响，但考虑到园区湖库的人工特性，其对生态环境的影响是短期的。

由于新建项目的施工基本是在生物量较小且无珍稀物种的荒草地上进行，因此新建项目对园区珍稀濒危植物的影响不大；同时改建项目基本利用原有建筑和设施，在维持园区现有植物带完整性和连续性的基础上进行改建，尽可能地避免砍伐和移植树木，因此在采取有效保护和减缓措施的情况下，可在很大程度上减少项目对园区植被和植物多样性的影响。项目施工对珍稀濒危植物的影响是施工期环境影响评价的重点。

2. 营运期

在项目营运期，展览温室群和珍稀濒危植物繁育中心的建设和 13 个专类园的改造将提高在存及保育植物的物种数量，并对园区的生态环境有一定的改善作用。但是，大规模的引种会导致生态风险。生态风险评价是本期环境影响评价的重点。

(二)水环境

1. 施工期

施工人员的生活废水和施工车辆、机械的少量洗刷废水可能会对园区及其周围的地表水环境甚至地下水环境造成不同程度的不利影响。根据广州市的实际情况及相关资料，按施工人员平均用水量以 200 L/(人·d)计，污水排放系数取值 0.9，其中 COD_{Cr}浓度约为 400 mg/L，BOD_5 浓度约为 200 mg/L，SS 浓度约为 350 mg/L，可粗略估算施工期的废水排放量，见表10－8。由于施工持续时间较长、各项目开工时间不一且施工人员数目变化较大，不估算其具体总数量。另外，水系改造工程的湖泊清淤也会因湖水大面积的流动转换导致湖泊水质的下降，主要污染物为 SS 等。

2. 营运期

在项目营运期，园区的主要湖泊得以连通流动且水质得到改善；水系改造工程将扩大水面面积，增强湖泊蓄水能力，改善水质，缓解湖泊富营养化；集雨系统、给水系统、排污系统的建设和完善将使园内外污水无法排入湖泊，园区的水生生态系统环境得到较大改善。但另一方面，植物园所施化肥农药流失所产生的面源污染会对园区水环境产生一定的不利影响。随着游客人数的增加，游客产生的污水量也会有所增加，根据《华南植物园总体规划》，植物园共建工程竣工之后，年接待游客量将达 200 万人次，则日游客量为 5 479 人次/天，日用水量按 3 L/人计算，加上园区常住人口和工作人员 545 人，日用水量按 300 L/人计算，则华南植物园生活用水总量 180 m^3/d，根据《室外排水设计规范》(GBJ 14—87)(1997 年版)，污水量可按用水量的 90%计算，则植物园每日生活污水量为 162 m^3/d，污水中污染物浓度为：COD_{Cr}为 400 mg/L，BOD_5 为 200 mg/L，SS 为 350 mg/L，则生活污水污染物排放量见表 10－9，这部分废水将接入城市污水管网，由城市污水处理厂处理。营运期的消防用水为 20 m^3/d，生产用水为 300 m^3/d，主要为绿化养护用水、科研用水、湖泊用水、喷泉水池用水、种质保存区灌溉用水、苗圃生产用水等。

表 10-8　施工期部分污染物排放量一览表

类别	名称	污染物排放量	执行标准
废气	扬尘	0.1 mg/(m²·s)	广东省地方标准《大气污染物排放限值》(DB 44/27—2001)中的一级标准
废水	废水量	180 L/(人·d)	广东省地方标准《水污染物排放限值》(DB 44/26—2001)中的三级标准
	COD_{Cr}	72 g/(人·d)	
	BOD_5	36 g/(人·d)	
	SS	63 g/(人·d)	
噪声	推土机	90 dB(A)	国家标准《建筑施工场界噪声限值》(GB 12523—90)
	挖掘机	90 dB(A)	
	打桩机	125～135 dB(A)	
	混凝土搅拌机	95～100 dB(A)	
	振捣棒	98～102 dB(A)	
	木工机械	90 dB(A)	
	运输车辆	90 dB(A)	
固体废物	生活垃圾	1.0 kg/(人·d)	
	建筑垃圾	0.5 kg/(m²·a)	

表 10-9　营运期部分污染物排放量一览表

类别	名称	污染物排放量	执行标准
生活废水	废水量	162 m³/d	广东省地方标准《水污染物排放限值》(DB 44/26—2001)中的三级标准
	COD_{Cr}	64.8 kg/d	
	BOD_5	32.4 kg/d	
	SS	56.7 kg/d	
固体废物	生活垃圾	6.02 m³/d	

(三)水土流失

项目区内现有植被覆盖良好，水土流失现状较轻。项目施工需要进行大量的地形改造和土石方挖填，短期会破坏原有植被，致使地表大面积裸露，而且使土壤结构遭到破坏，抵抗水土流失能力大幅度减弱，如遇暴雨，可能造成较为严重的水土流失。随之而来的将是面源污染对周边水环境特别是三大人工湖泊(碧湖、绿湖和翠湖)的影响。本评价将采用通用土壤流失方程对项目的样方年水土流失量进行定量计算。项目建设应尽量利用原来的地形、地势，减少开挖量，以减轻水土流失的环境影响。

(四)大气环境

1. 施工期

施工期的土石方开挖、机械运转、土料堆积、车辆运输等过程将产生扬尘和汽车尾气污染，源强具体数值见表 10－8；湖泊清淤时，底泥因受到搅动或暴露于大气会散发臭气，对施工现场及其周边地区大气环境造成污染。

2. 营运期

在项目营运期，园区生态环境的改善会对园区的大气环境有一定的改善作用。营运期的游客量预计将达到 200 万人次/年，游客所乘坐的交通工具产生的尾气会对园外的大气环境产生一定的不利影响，但华南植物园正门正对交通干道广汕路，新增运输车辆所产生的尾气与广汕路现有来往车辆产生的尾气相比，相对较小；新建停车场的最大汽车停放量为 250 辆小车和 25 辆大车，采用开放的半地下结构，装有完善的通风系统，能及时扩散汽车尾气，故汽车尾气对停车场本身的影响较小；由通风系统扩散至外面的污染物，由于浓度不高且扩散快，再加上植被对污染物的吸附作用，因此对周围环境造成的影响不大；机动车均停放于停车场，园区内全部采用无污染的环保电瓶车作为交通工具，故园区大气环境质量不会有较大的下降。可见，项目运营对大气环境的不利影响大多较小且可通过采取一系列的管理和防范措施予以减轻或消除。

(五)噪声

1. 施工期

施工期间，清理场地、开挖地面、物料运输、动用大功率的运输车辆、推土机、混凝土搅拌机等机械都会引起噪声污染，其强度大，声源多，作为主要噪声源的施工机械(单台)和运输车辆的噪声强度见表 10－8，但这些噪声会由于周围植被的吸收很快得到衰减，因而不会对园外造成影响。

2. 营运期

在营运期，随着游客人数的增加，游客所乘坐的交通工具、新建停车场的通风设施所产生的噪声都会有所增加，控制中心泵房和中央空调以及总泵站也会产生一定的噪声，并对园区及周围地区的声环境产生一定的不利影响，但噪声源周围植被的吸收作用会使得噪声得到较大衰减。

(六)景观

1. 施工期

施工现场由于没有专门的渣场，所有开挖的土石方均被利用或填埋于园区内凹处，故施工的原材料和土石方如果堆放不当可能会占用绿地，破坏生态环境和景观。除此之外，路面拓宽、管网铺设、湖泊改造等都可能会造成施工点与周围景观的不协调、暂时破坏园区景观。

2. 营运期

在项目营运期，植物园的园景园貌会有较大改观。园区水面得到扩大、水质得以改善，并新增展览温室群、地带性植被园暨广州市第一村、城市植物多样性景观生态园等景点，园区的自然景观和人文景观的多样性及和谐度将得到提高，植物园将具有更丰富的生态和文化内涵，同时展览温室群和周围水系所构成的“木棉花”造型也能产生良好的视觉效果。

(七)固体废弃物

1. 施工期

施工期固体废弃物主要考虑施工人员的生活垃圾及建筑施工的废料和包装材料等。根据广州市的实际情况及相关资料，施工人员人均生活垃圾产生量以 1.0 kg/d 计，单位面积建筑垃圾产生量以 0.5 kg/(m^2 · a)计，可粗略估算固体废弃物的排放量，见表 10 - 8。在建设园区时须考虑垃圾的收集，设置足够数量的垃圾筒，并建立完善的垃圾清运系统，保证垃圾顺利外运。由于施工持续时间较长、各项目开工时间不一，且施工人员数目变化较大，本报告不估算其具体数目。另外，在水系及灌溉系统建设工程中，因湖泊新建、湖面扩大、湖底挖深、清淤工程及地下储水库开挖等所产生的泥土将在园内作建设用土使用，不作为废渣运出园外。

2. 营运期

在营运期，随着游客数量的增加，游客和管理人员产生的生活垃圾，苗木、花卉等的枯枝落叶都会有所增加。若按游客量 200 万人次/年计算，加上园区常住人口和工作人员约 545 人，以 1.0 kg/d 计人均垃圾产生量，则平均固体废物的产生量约为 6.02 t/d，2 197.3 t/a，见表 10 - 9。

(八)社会经济

1. 施工期

本项目的新建工程以新园区为主，改造工程以旧园区为主，道路、排水系统和供电系统的改造会涉及全园，因此项目施工对植物园的开放及游客参观有一定的影响。

2. 营运期

在旅游高峰期，大量旅游车辆的驶入会对广汕路的交通状况产生较大压力，可能会引起交通不畅，因此建议加强道路及路标建设与管理，鼓励市民选择公共交通工具作为出行方式，并选择西门、南门等侧门作为游览植物园入口。

项目的实施能较大的改善园区的旅游环境、生态环境、人文环境、科研环境、硬件设施等，增加植物园的旅游承载力，削弱同等游客量对生态、水、声、大气环境等的破坏。应该说，项目的运营会给园区带来持久的经济效益、社会效益和环境效益。同时，项目的运营为广州市及其他地区的游客提供了一个更完善的旅游休闲、科普教育的场所，能带动植物园周边地区餐饮业、交通运输业等行业的发展，创造大量的就业机会，促进天河区、广州市，甚至整个广东省的经济发展。

三、环境影响因子识别

本次评价采用矩阵法进行环境影响因子识别。施工期和营运期环境影响因子识别结果分别见表10－10。

表10－10　　环境影响因子识别结果

环境因素			生态环境				水环境	水土流失	大气环境	声环境	园区景观	固体废弃物	社会经济
			濒危物种	地表植被	植物生长	生态安全							
施工期	园区景点新建工程			-1S	-1S				-1S	-1S	-1S	-1S	-1S
施工期	园区景点改造工程		-2L	-1S	-1S				-1S	-1S	-1S	-1S	-1S
施工期	基础设施改造工程		-2L	-1S	-1S		-1S	-1S	-1S	-1S	-2S	-1S	-1S
施工期	水系及灌溉系统建设	水系改造		-1L	-1S		-2S		-1S	-1S	-2S	-1S	-1S
施工期	水系及灌溉系统建设	灌溉系统建设工程		-1S	-1S			-1S		-1S	-1S		
营运期	园区景点新建工程		+2L			-2L					+2L		+3L
营运期	园区景点改造工程		+3L			-2L					+2L		+3L
营运期	基础设施改造工程	停车场							-1L	-1L			+2L
营运期	基础设施改造工程	游客中心					-1L				+1L	-1L	+2L
营运期	基础设施改造工程	其他											+2L
营运期	水系及灌溉系统建设工程			+2L	+2L		+3L			-1L	+3L		+3L

注：表中－为不利影响；＋为有利影响；S为短期影响；L为长期影响；1，2，3为影响程度依次增高。

根据环境影响因子的识别结果，本项目在施工期的影响主要为不利影响，表现在项目施工对园区生态环境尤其是对珍稀濒危植物的影响、水系及灌溉系统建设工程对园区水体水质和水生生态系统的影响，这些是施工期环境影响评价的重点。而项目营运期的环境影响主要为有利影响，表现在改善水环境、涵养水源、增加景点、优化生态环境和景观、改善科研及观光条件、提高经济效益等方面，而不利影响主要是园区大规模的引种所带来的生态风险，这是营运期环境影响评价的重点。

根据环境影响因子识别和筛选的结果，确定本项目评价重点为：项目施工对珍稀濒危植物影响评价、营运期的生态安全评价。

环境保护目标包括：

(1)生态环境

本评价涉及一些珍稀濒危物种，因此环境保护的重点是园区内的珍稀濒危植物。珍稀濒危植物在整个植物园呈主要分布于珍稀濒危植物园、另有少量零散分布于11个专类园的布局，项目施工不可避免会涉及某些珍稀濒危物种，故应制定详细的技术方案来保护这些珍稀濒危植物，使其尽可能地在建设过程中免受损害。

(2)水环境

本项目水环境的保护目标是园区的主要湖泊(碧湖、绿湖、翠湖及新建的澄湖)，因此施工期的施工废水和营运期的生活污水应达标排放，营运期使用农药、化肥对园区主要水体所造成的面源污染应尽可能的小。

(3)大气环境

园区的大气环境应达到《环境空气质量标准》(GB 3095—1996)中一级标准的要求。

(4)声环境

园区的声环境应达到《城市区域环境噪声标准》(GB 3096—1993)中1类标准要求。

(5)固体废弃物

要对项目产生的建筑垃圾、生活垃圾、园区植物的枯枝败叶等进行妥善处理，使之不成为危害区域环境的新的污染源。

四、环境影响预测与评价

(一)生态环境影响预测与评价

1. 陆生生态环境影响预测与评价

(1)施工期

项目施工对园区陆生生态环境影响主要是项目施工对珍稀濒危植物的损害。园区景点新建工程基本位于无珍稀濒危植物和植被的新园区，且大多选址于空阔地或生物量较小的荒草地上，因此园区景点新建工程对珍稀濒危植物的影响不大。景点改造工程和基础设施改造工程由于建筑物扩建改造、管线铺设、园林改建等会对珍稀濒危植物产生不同程度的不利影响。因此工程施工应尽量利用原有建筑和设施，避免对珍稀濒危植物的迁移和破坏，如不得不迁移珍稀濒危植物，则遵照专家指导意见进行移植，因此在采取严格保护措施和防治对策和前提下，该类工程对园内珍稀濒危植物的影响程度可减至最小。

另外，园区各珍稀濒危植物在珍稀濒危植物园内都有同种保育，即使施工使某珍稀濒危植物的生存受到威胁，也可从珍稀濒危植物园进行移栽。因此，本项目的施工不会对园区的珍稀濒危植物造成很大破坏，更不会导致园区现有珍稀濒危植物的灭绝。

(2)营运期

项目运营对园区陆生生态环境影响主要是大量引种带来的物种入侵的生态风险。保有保育区在13个专类园发生物种入侵的可能性最大；展览温室群内的引种由于其生境条件的独特限制，可能会出现引入物种变异，形成危害性更强的有害生物种群，带来新的物种入侵。同时，在引种过程中，还存在物种引入带来病虫害及附带其他物种种子所引起的生态风险。但在华南植物园按照国家有关规定采取了严格的引种程序的条件下，可将引种入侵控制在最小限度，将引种风险降到最低，能实现在提高植物园生态多样性的同时不对其生态造成大的危害。

2. 水生生态环境影响预测与评价

(1)施工期

项目施工对水生生态环境影响主要是水系改造对水生生物和水生生态环境的影响。施工期的湖泊清淤及水系扩大过程，可能致使水质恶化、水生生态环境遭到严重破坏。但由于园内的水生动物很少且无珍稀濒危水生动物，因此施工对园内水生生态的影响不大；园区人工湖内的沉水植物很少且基本是由大花盆种好放在塘底的，如在清淤前将其搬除，施工将不会对其造成损害；相对于沉水植物而言，植物园的水陆交错带的植物生物量较大，且在孑遗植物区的湖边有珍稀湿生植物——水蕨，在旧湖人工清淤时可能对其有较大的破坏，须注意对其进行保护，防止其遭践踏。

(2)营运期

工程完成后，由于水源的补充、湖面的扩大、水质的改善、人为种植净化水质的水生植物、放养适量鱼类等措施，水生态环境将明显改善，水生生物的数量和种类也会增多，水生态结构也会明显优化，同时，优质的水生生态环境也有助于水生生态系统自身的维持和良好水质的保持。

另一方面，园区水体也是发生物种入侵的危险区，尤其是园区水体内(广州市第一村以北的一个水塘中)已发现较大的凤眼莲入侵区，应引起充分重视。对于已有的凤眼莲入侵现象应加大力度进行铲除，同时针对其入侵机理加强防范。

(二)水环境影响预测与评价

(1)施工期

项目施工对园区水环境的影响主要是施工废水排放和水系改造工程对园区水环境的影响。施工工人的生活污水经化粪池等设备处理后纳入园区现有排污系统，最终排入岑村河；施工期生产废水多含油类和悬浮物，进行隔油沉淀等预处理过程达标后，也经由园区管道排入岑村河。由于该项目工期很长，且施工点和开工次序分配较散，施工人员的生活污水在集中收集和处理后对植物园水环境影响不大。在水系改造过程中，随着水体的转换流动，带动部分湖泊底泥悬浮，也使部分污染物溶解进入水体，引起水质恶化。根据水质现状监测结果，翠湖中龙洞琪林平台采样点的水质已为《地表水环境质量标准》(GB 3838—2002)中的Ⅴ类，水系改造过程中，植物园人工湖的水质有可能达到劣Ⅴ类。

(2)营运期

营运期整个园区水系得以连通，充分利用了降水资源，节约了自来水，并且蓄积了雨水进行旱期灌溉，这对植物园自身水体循环甚至周边环境都具有重要的意义。湖泊清淤和水系改造扩大了湖面面积、减轻了水体的二次污染源、使水体得以循环并改善了水生生态系统。整个植物园的污水也都接入了市政排水管网，避免了对水体的污染，整个园区的水体中 BOD_5 等污染物可得到一定程度的减轻，水质将得到较大提高，应可以达到《地表水环境质量标准》(GB 3838—2002)Ⅳ类标准，满足生态用水和景观用水的需要。

(三)水土流失环境影响预测与评价

本项目在对水土流失未采取任何防治措施的情况下，水土流失强度为 7 102.18 t/(km^2·a)，水土流失量为 173.70 t/a，属于强度水土侵蚀，但土壤侵蚀量不大。项目在采取积极有效的水土流失防治措施的情况下，水土流失强度及其水土流失量减少为原来的 10%，分别为 710.22 t/(km^2·a)和 17.37 t/a，属于轻度水土侵蚀，水土流失量较小。

本地区雨季时间较长(4～9 月)，降雨量较大，雨季造成的水土流失量较大，所以应尽可能地将工程量大的项目避开雨季，选在非雨季施工，以减少水土流失量。

(四)大气环境影响预测与评价

(1)施工期

施工期的主要污染因子为施工扬尘(TSP)，但因为施工扬尘产生量少且受周围植被的削弱，其对周围大气环境的影响较小；施工机械和运输车辆产生的尾气量小且比较分散，在园区可以得到很快的削减，对大气环境的影响也不大；底泥暴露引起的空气污染范围小，在工期较短的情况下对大气的影响很小。总之，在施工期，只要采取相关措施、严格管理，植物园的大气环境可达到《环境空气质量标准》一级标准。

(2)营运期

营运期大气污染主要为汽车从大门驶入停车场过程所产生的汽车尾气。下层停车场内部有完善的通风系统，汽车尾气对自身的影响较小；停车场产生的污染物浓度不高且扩散快，再加上植被对污染物的吸附作用，其对周围造成的影响不大。营运期植物园大气环境可以满足《环境空气质量标准》一级标准。

(五)声环境影响预测与评价

(1)施工期

由于园区植被丰富，施工噪声衰减很快，以 100 dB(A)为施工机械声源源强进行计算，在距声源 20 m 处就已经达到了《建筑施工场界噪声标准》的要求。在距离噪声源 50 m 时，施工机械噪声就已经降至 60 dB(A)，对园区其他地方的声级几乎没有贡献。展览温室群施工点施工噪声到达芭蕾舞学校时已经衰减至55 dB(A)，影响甚微。项目施工期的机械噪声并不会破坏植物园的声环境。

(2)营运期

营运期停车场的汽车噪声和地下停车场通风设施的噪声经距离衰减和植被吸收之后，声级相对于附近的广汕路过往车辆产生的噪声而言较弱，对 13 个专类园、珍稀濒危植物繁育中心等珍稀濒危植物主要保育区的影响可以不予考虑。植物园泵房噪声经过层层隔声后大大衰减，到达外界的声功率级应已低于 60 dB(A)，不会对周围环境产生影响。室外噪声在园区植物的吸收下，迅速得到衰减，不影响游客正常游览。营运期植物园的声环境可以达到《城市区域环境噪声标准》中的 1 类标准。

(六)固体废弃物环境影响分析

(1)施工期

施工人员人均生活垃圾产生量约为 1.0 kg/d，年单位建筑垃圾产生量为

0.5 kg/(m^2·a)。因项目工期很长，子项目开展时间不统一，施工人数也是临时决定，且施工人员产生的生活垃圾相对于游客而言数量极小，所以本评价不对施工期固体废弃物做定量计算。可将这些垃圾随同旅游垃圾一起清运，不会污染环境。

(2)营运期

营运期游客增多会增加固体废弃物的产生量，游客量按 5 479 人次/天计，植物园常住人口 545 人，人均垃圾产生量以 1.0 kg/d 计，则固体废物的产生量约为 6.08 t/d，年产生量为 2 197.3 t。

(七)景观影响预测与分析

(1)施工期

水系及灌溉系统建设工程中开挖澄湖、旧湖底泥疏挖、地下水库建设等工程，工程量比较大，在施工期间对园区景观有较大的破坏作用，不过这种作用具有暂时性。专类园改造、园林景观建设、基础设施建设以及游客中心、停车场建设，工程量小且施工点分散于园区，对园区的景观影响范围大，但影响程度不大。展览温室群、地带性植被园暨广州市第一村、城市植物多样性景观生态园、澳大利亚植物园及能源植物园等工程，工程量虽比较大，且涉及建筑物建造或大量的林分改造、引种植物等，对项目地的景观改动较大，但是这些项目位置较为偏僻，游客很少到达，因而其施工期间对游客游览植物园的影响不大。

(2)营运期

水系改造以后湖泊水体能稳定地具有良好的视觉感受且植物园的灌溉用水得到保证，有利于园内植物健康稳定地生长。改造后湖泊水面得以连通，水体景观的可观赏性得到了提高。改造后的水系以及植物园标志性建筑物——展览温室群将起到连接植物园新、旧两个园区的作用，整个园区的景观将更有连续性。

展览温室群是项目营运期植物园的标志性建筑，也是植物园中的视觉亮点，大大改变了局部的视觉效果，温室内引进的各类植物也大大增加了植物园的观赏植物种类。展览温室群选址较为合理，在形态、色彩、质感、线条等方面能与周围水面、植被等景观相衬，景观协调性良好。

项目建成后，专类园基础设施和植物配置将得到改善，澳大利亚植物园、能源植物园两个专类园的新建，以及城市景观多样性生态园的建立，大大丰富了小青山区域的景观，在色彩配置与植物的配置上也更为丰富，园区面貌得到了更新和充实。游客中心及停车场建设、园区各类基础设施改造的完成将使植物园的服务设施趋于完善，并为植物园整体呈现良好的视觉效果打下基础。

(八)旅游承载力分析与评价

根据分析，营运期华南植物园的旅游承载力为 4 506 人次/天、164.5 万人次/年。

根据历史数据，华南植物园在黄金周的日均游客数量曾达到5 700人次/天，已超出共建项目营运后的华南植物园的旅游承载力，而最高峰则达到1.5万人次/天，是共建项目营运后华南植物园旅游承载力的2～3倍。这将导致停车场紧张、植物园人满为患、游客增多、垃圾增多、游客的旅游质量大大下降，因此，需对游客人数进行管理和控制。建议项目营运后日游客量控制在4 500人次/天，即使在高峰期(如黄金周)，当少于20%的游客使用停车场的前提得以满足时，可控制在50 000人次/天。

五、环境保护措施

(一)生态环境保护措施

(1)施工期

在园区珍稀濒危植物分布集中的地带，加强物种保护和监视工作。各施工场地均应有植物园技术人员进行指导，以保护植物园物种为重，慎重施工。尽量避免对珍稀濒危植物进行迁移，确需迁移的要在专家的指导下完成。施工产生的废水要尽快处理，避免对园区水系及土壤产生污染，影响植物的生长。旧湖疏挖过程中应注意将施工精度控制在5～10 cm，严格控制超挖或漏挖，疏浚中要注意为生态系统的恢复创造良好条件。避免在台风期和强降雨期进行土地开挖作业，减少对原有植被的破坏。加强对施工人员的教育及管理，避免植物园植物遭受人为破坏。

(2)营运期

植物园引种之前应调查物种的生物学特征，对其潜在的危害性进行严格论证，建立引种风险评价系统，针对植物的有关信息、气候参数、生物学特征、繁殖和传播方式等对引进的外来植物进行风险评价。建立专门的引种机构，统一管理外来生物引种，实行引种备案制度，对所有入园植物建立统一的户籍档案，若发现问题，可及时采取相应措施。加强植物园的日常管理力度，对植物园内潜在的物种入侵情况采用工作人员定期巡查制度，要对植物园植物的生长进行定期观察，保护园区生态环境的健康。加强对游客的宣传教育，完善植物园的园林管理体系，保证珍稀濒危植物及良好的生态不被破坏。

(二)水环境保护措施

(1)施工期

建议将施工人员生活区安排在园区已有化粪池等处理设备的区域，施工人员的生活污水，应充分利用现有处理条件进行集中处理，达标后方可进入园区管道排进岑村河。在项目施工期间，应当加强对施工人员的管理，培养其环境保护意识。对于施工机械和车辆的洗刷废水，先采取隔油沉淀措施再行排放，隔出的机油可以考虑回收、二次利用，沉淀物应当定期挖出运走。建议在施工场地内，临时修建废水排放渠道，以引流施工场地内的废水，降低施工期生活污水和机械洗刷废水对地面水环境和地下水环境的不利影响。

(2)营运期

加强管理，保证生活污水和生产废水经初步处理达到广东省地方标准《水污染物排放限值》中的三级标准后进入市政管网，严格禁止污水入湖或乱排。同时，对游客进行监督、教育和管理，和他们一起联手保护水体环境。另外，园区应采用先进的技术，选用环保肥料和农药，施肥和喷药时间避开暴雨，通过这些措施减少化肥和农药对水体的非点源污染。

(三)水土保持措施

分段分区施工，尽量减小同一时间的施工面积；做好施工场地的绿化工作，尽量做到边施工边绿化，并在施工结束后进行大面积的全面绿化；施工前期应在施工场地内建好必要的排水系统，并在其进入管网前设置沉沙池，尽量避免泥沙进入市政管网；施工产生的泥浆，未经沉淀不得排入市政排水管网或河流。

(四)大气环境保护措施

(1)施工期

施工要尽量采用湿式作业，施工场地和运输道路要保证定时洒水降尘；对于扬尘产生量较大的作业面，必要时要采用隔离方法；施工机械和运输车辆尽量使用无铅汽油，减少对污染物的贡献；底泥运输时要有封闭措施，尽量缩短其在空气中的暴露时间；必要时施工人员要佩戴防护口罩。

(2)营运期

定期维修停车场的通风系统，保证其正常运行；汽车一律停放在停车场、禁止入园，从而为游客营造洁净的大气环境；园区的旅游车要统一装配成环保电瓶车。

(五)声环境保护措施

(1)施工期

对于噪声产生设备可考虑安装源头消声装置，以减少对声污染的贡献。制定合适的施工时段，并考虑运输路线同旅游路线的分流。避免在同一时间段内集中使用大量的高噪声机械设备，限制运输车辆的鸣笛次数和鸣笛强度，加强交通管制。展览温室群施工点噪声应当严格控制，并采用隔声措施，避免对芭蕾舞学校的噪声污染。

(2)营运期

控制各展览厅室的同时入室人数，禁止游客大声喧哗。园区观光用的环保电瓶车不得鸣笛；相关设施选用低噪声设备。

(六)固体废弃物环境保护措施

(1)施工期

集中处理生活垃圾和建筑垃圾，施工期产生的特殊施工固体废弃物，应当进行专门收集和处理，使其同旅游垃圾分开收集、清运和处理。加强对施工人员的管理，培养其环境保护意识，减轻集中处理的难度。

(2)营运期

设置垃圾存储地来收集游客中心等地的定点生活垃圾，设置足够数量的垃圾筒，用于收集游览垃圾。对于枯枝败叶和修剪残枝，应配制专门的清理队伍，并建立完善的清运系统。

(七)景观设计

合理规划设计，因地制宜，尽量利用原来的植被，减少需要择伐或移除的植物数量。合理安排各项目施工过程，减少对可游览部分景观的影响。在靠近芭蕾舞学校的空地上种植生长旺盛且具有一定高度的植物，缓和芭蕾舞学校建筑对植物园温室景观群的不利影响。建议在停车场与管理区宿舍种植一些常绿乔木，以改善停车场总体的景观效果。兴建游客中心过程中注意要留有一定数量的白千层，建筑物尽量穿插其中，减少白千层的移除，以保持植物园特有的森林气息。

(八)旅游环境承载力保障和提高措施

经计算，华南植物园旅游承载力为 4 506 人次/天，年旅游最大承载力为 164.5 万人次，即使在高峰期(如黄金周)，当少于 20%的游客使用停车场的前提得以满足时，可控制在 50 000 人次/天。同时，还应采取以下措施以减小旅游业对华南植物园的污染：琪林轩酒家和科学家之家的纳客数量应保证控制在其污水设备的处理能力内；强化管理，加强教育，防止游客乱扔废物造成固体废弃物污染；植物园管理部门提高警惕，预防和及时排除由于庞大的游客数量导致的潜存的医疗风险和安全风险；高峰期控制游客数量，缓减停车压力，同时也避免植物园过于拥挤。

六、项目的环境可行性

本项目属于非污染生态项目，根据各专题分析与评价的结果：项目施工期主要为项目施工对珍稀濒危植物的影响、项目施工对景观的影响；营运期主要是植物园大规模引种产生的物种入侵及生态安全风险。在严格执行本评价提出的生态保护措施与污染防治对策的前提下，上述环境影响是可以接受的，潜在的生态风险是可减至最小的。从经济、社会、环境效益的综合分析来看，本项目的选址和建设从环境保护的角度来讲是可行的。

【习题及思考题】

1. 阐述环境影响评价大纲的作用。
2. 阐述环境影响报告书编制要点。
3. 环境影响报告书如何才能更有效地反映环境影响评价成果？

【参考文献】

[1] 国家环境保护总局. HJ/T 2.1—1993，环境影响评价技术导则 总则

第十一章　环境影响评价若干前沿领域简介

【本章导读】

本章介绍了若干环境影响评价的前沿领域，包括战略环境影响评价、累积环境影响评价、环境风险评价、环境健康评价、景观及视觉环境影响评价、环境影响后评价及建设项目竣工环境保护验收等。

第一节　战略环境影响评价

实现可持续发展是当前世界各国的主要发展目标，而实现可持续发展的关键就是要制定可持续发展的战略和政策。要使制定和实施的每一项战略决策都体现可持续性，这就要求在决策过程中对所有的战略选择进行系统全面的评估，分析各种战略选择的环境影响，即需要进行战略环境影响评价。

一、战略环境影响评价的概念

战略环境影响评价是对政策、规划或计划及其替代方案的环境影响进行规范的、系统的、综合的评价过程，包括把评价结果应用于负有公共责任的决策中，它是在政策、规划和计划层次上及早协调环境与发展关系的决策和规划手段。战略可以是大到全球和国家、小到区域和部门的战略，从政策、规划、计划到项目，既含有时间顺序，又包含等级顺序，但无论是政策还是计划或规划，其环境影响评价都被称为战略环境影响评价。战略环境影响评价在应用上主要表现为三种形式：部门战略环境影响评价，区域战略环境影响评价，间接战略环境影响评价[1]。部门战略环境影响评价的评价对象主要是废物处理、供水、农业、林业、能源、娱乐、运输以及工业房屋建筑和冶炼等方面的计划；区域战略环境影响评价的评价对象主要是区域规划、城市规划、社区规划、区域再发展规划、乡村规划及机场规划、大学城规划和其他有关发展地点选择的决策；间接战略环境影响评价的评价对象主要是科学与技术政策、理财政策和法律规定等。

二、战略环境影响评价与项目环境影响评价的关系

(一)战略环境影响评价与项目环境影响评价的联系

战略环境影响评价和项目环境影响评价是对整个开发活动进行影响评价的两个组成部分，是与行动计划的各个阶段相对应的影响分析手段，它们具有共同的目标即实现可持续发展。项目环境影响评价是实现可持续发展战略的重要手段，它把可持续发展原则的实施从抽象的、客观的战略落实到实际；战略环境影响评价通常被看作是项目环境影响评价在战略层次的应用。但是战略环境影响评价不是项目环境影响评价的方法直接简单地从项目层次移植到战略层次上，而是项目环境影响评价的原则在战略层次的应用，战略环境影响评价是项目环境影响评价与可持续性原则相融合的产物。

战略环境影响评价为相关的项目环境影响评价提供依据和框架，指导着相关的项目环境影响评价，而相关的项目环境影响评价则为战略环境影响评价提供了具体的信息和内容，是战略环境影响评价的具体化和补充，促进战略环境影响评价的深化和完善。

目前开展的项目环境影响评价中大型的、影响长期的、复杂的、大范围的项目环境影响评价以及在我国开展的区域环境影响评价实际上在一定意义上也具有战略环境影响评价的性质，甚至在某些程度上已经起到了战略环境影响评价的作用，所以战略环境影响评价的发展不能脱离项目环境影响评价研究已有的基础，即目前实施的项目环境影响评价的经验、理论、技术方法、管理制度与实施程序等。

总之，战略环境影响评价与项目环境影响评价之间相互联系、相互补充、相互完善，而不可相互替代。

(二)战略环境影响评价与项目环境影响评价的区别

尽管项目环境影响评价与战略环境影响评价具有相同的原则与目标，在整个工作程序和步骤上具有一些相似之处，但是它们是不同的两个概念，在评价内容、对象、范围(时空)、评价方法及评价结论等方面上是有区别的，战略环境影响评价与项目环境影响评价的区别具体表现见表 11－1。

表 11-1　　战略环境影响评价与项目环境影响评价的区别[2]

	项目环境影响评价	战略环境影响评价
评价时空范围	具体的、区域的、地方的环境影响；时间尺度上是后期的评价	在地域上更广泛，不仅包括区域级、国家范围的而且包括全球范围的；时间尺度上是早期的、长期的环境影响评价
评价内容	主要是针对具体的建设项目	往往更多地着重于发展战略的经济、社会、环境效益，对其发展过程中的外部问题——生态环境的破坏与资源耗竭考虑得比较多
评价对象	考虑开发对环境的影响，强调一个具体的项目，是对一项开发活动的反应进行分析评价	评价政策、规划或计划及其各个阶段具有战略意义的决策，强调开发的范围、区域或部门，是前一种活动因素对后一种活动的影响
考虑问题的角度和高度	考虑的是项目实施引起的环境影响	考虑的是决策可能引起环境影响的因素
评价方法	“定性(少)＋定量(多)”型	“定性(多)＋定量(少)”型；在评价程序上，战略环境影响评价比项目环境影响评价更具有机密性和不可确定性
评价结论	评价结论一般是具体位置、具体时间段的环境问题及其环境保护措施	评价结论更多的是定性的给出在发展中应该考虑的各个方面的问题；主要提供一些观点和框架，给出一些定性的、宏观的指导结论
工作思路	将以预防为主的思想落实到针对项目产生的不良影响采取防治措施	工作管理思想是从源头控制，落实到可持续发展

三、战略环境影响评价的实施程序

到目前为止，战略环境评价还没有形成一个成熟的评价过程和框架体系。但从总体上说，战略环境评价的评价过程依据其评价对象的层次而有所不同，另外，政策、规划及计划的制定过程也常常决定战略环境评价的开展方式。由于在政策、规划及计划的形成过程中有很多变量，对战略环境评价提出严格和过细的要求不一定有效。从战略环境评价的概念及评价实践中可以归纳出如下基本程序：

(1)确定某在一战略决策层次(政策、规划及计划)进行战略环境评价的必要性。

(2)确定区域发展目标与环境目标，确定评价范围，识别区域环境条件。

(3)建立战略环境影响评价的指标体系，提出可供选择的方案以及减缓措施。

(4)战略环境影响评价即预测各种可选方案的环境影响(效应)、识别显著的环境影响、与环境目标作比较分析、提出相应的建议。

(5)准备战略环境影响评价报告。

(6)向环境权威部门咨询，公众参与。

(7)政府部门根据战略环境影响评价的结果，综合各方面信息，进行决策。

(8)建立持续性的环境监测机制。

(9)编制战略环境影响评价报告，制定正式的政策、规划、计划。

(10)连续监测政策、规划、计划实施后的环境影响，同时评估战略环境影响评价的有效性。

这是战略环境评价的一般程序，适用于各个领域的战略环境评价的基本框架和程序还有待进一步研究[3]。

四、战略环境影响评价方法

(一)战略环境影响评价的主要方法

战略环境影响评价牵涉面广泛，需要综合运用政策学、经济学、环境科学、管理科学、数学、物理学、化学等多种学科的知识。评价方法以定性方法为主，并与定量方法相结合。一般分为三类：第一类是项目环境影响评价中的方法经过修改可用于战略环境影响评价中，如德尔斐法、数学模型法、矩阵法等；第二类是用政策研究和规划分析的方法，如投入产出分析、GIS 技术、统计抽样分析，费用效益分析等；第三类是战略环境影响评价的特有方法，如综合集成方法。这些方法可用于战略环境影响评价因子的筛选、环境信息的收集、评价范围和重点的确定及环境影响预测。表 11－2 列出了战略环境影响评价的主要步骤及其采用的方法。

表 11－2　　战略环境影响评价的主要步骤及采用方法[4]

战略环境影响评价中的主要步骤	采用方法
判断是否需要进行战略环境影响评价	矩阵法、列表法
战略分析	影响清单法
环境信息的收集	GIS 技术、遥感照片、指标法
影响分析与预测	数学模型法、德尔斐法、风险分析法、指标法、GIS 技术加叠图法、民意测验法、趋势外推法、投入产出法、公众磋商法、系统流图法、幕景分析法

续表

战略环境影响评价中的主要步骤	采用方法
综合评价	投入产出法、GIS 技术、模糊系统分析法、列表清单法，矩阵法、网络法
社会经济与分析	打分加权法、数学模型法、投入产出法、费用效益分析法
替代方案的形成与优选	德尔斐法、费用效益分析法、矩阵法、多目标决策法、目标矩阵分析法

(二)面向可持续发展的战略环境影响评价方法

战略环境影响评价的主要方法未能对战略的持续性给以量化评价。根据战略环境影响评价特点将可持续发展指标体系方法用于战略评价，将在很大程度上促进可持续发展。可持续发展指标体系侧重于环境、经济、社会的协调发展，是目前研究的热点之一。各个国家、环境组织都在开展这方面的研究，可持续发展体系包括两种最常用的方法：无量纲方法和有量纲方法。有量纲方法可分为：货币性方法，如对传统的 GNP 修正的 ANP 法；非货币方法，如卫星账户法。无量纲方法是将绝对的有量纲的指数转化为无量纲的指标，它是目前常用的方法，由于它操作简单，适宜在战略环境影响评价中应用。

五、当前战略环境影响评价的研究热点

(一)战略环境影响评价与可持续发展的关系

战略环境影响评价通常被看作是实现可持续发展战略的重要工具之一。通常项目环境影响评价研究的是项目建设、运行期间(十几年或几十年)的环境影响，即关注的是代内公平；而可持续发展除了关注代内公平外，更为关注的是通常为人们所忽视的代际公平。战略环境影响评价则是把可持续性原则的实施从抽象的、宏观的战略落实到实际的、可操作的具体项目的桥梁。

(二)战略环境影响评价的方法学

目前战略环境影响评价研究方法是以定性方法为主并结合定量方法。其中用于战略环境影响评价对象、战略环境影响评价因子鉴别的有列表法、定义法及矩阵法；用于战略环境影响评价信息收集、环境描述的有地图覆盖法、GIS 技术等；头脑风暴法、德尔斐法、计算机模型法等可用于战略环境影响评价中的环境影响预

测；而费用效益分析法则是战略环境影响评价中的主要评价方法，其中环境资源或环境效益估价方法主要包括市场价值法和调查评价法，环境损失估价方法有防护费用法、恢复费用法、影子工程法等[5]。

(三)战略环境影响评价的公众参与

战略环境影响评价过程中，需要决策者、评价者与公众间的大量的双向交流，这种互动式的交流，能使评估者从环境的角度对战略的可行性进行比较完善的评估，并对战略的运行效果及其环境效应、经济效应和生态效应进行有效的预测和监督。在战略环境影响评价中，决策者、评价者与公众的关系如图 11－1 所示。

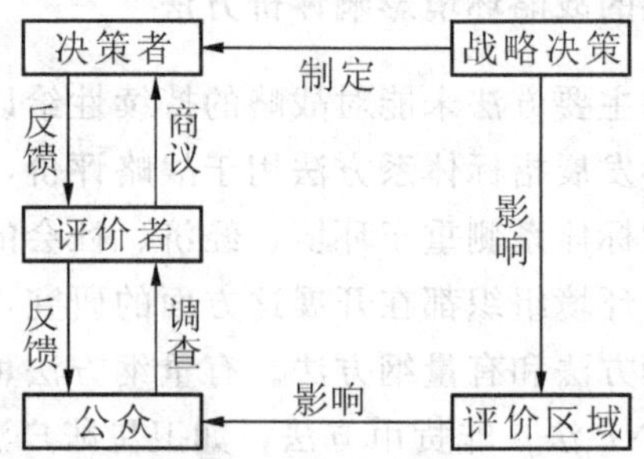

图 11－1　战略环境影响评价中决策者、评价者与公众的关系图[6]

因此，公众参与既是战略环境影响评价的必要组成部分，也是最终对战略环境影响进行预测、评价和制定环境保护对策的重要依据。在战略环境影响评价中如何定位和实施公众参与是评价一个国家环境管理制度的标准之一。中国现阶段正在完善公众参与制度，制定了一些有关公众参与的规定。

此外，战略环境影响评价因子的确定、介入时机、措施保证等也是目前的研究热点。

第二节　累积环境影响评价

累积影响评价(cumulative impact assessment，CIA)是针对项目环境影响评价极少考虑若干活动累积影响的缺陷和为适应可持续发展对环境影响评价的要求而发展起来的。目前，累积影响评价研究主要集中于美国、加拿大、澳大利亚和欧共体，特别是美、加两国对累积影响评价的理论和实践进行了多年的研究和探索，并取得了一些重要的成果。我国累积影响评价研究还处于起步阶段，处于研究累积影响评价的基本概念，如累积影响源、影响途径、影响结果、评价方法、累积影响评价与可持续发展的关系等的阶段。

一、累积环境影响评价的概念

累积影响问题最先由美国提出。美国环境质量委员会(CEQ)在1979年颁布的国家环境政策法(NEPA)中定义累积影响为：当一项活动与其过去、现在及可以合理预见的将来的活动结合在一起时，因影响的增加而产生的对环境的影响。当一个项目的环境影响与另一个项目的环境影响以协同的方式结合，或当若干个项目对环境产生的影响在时间上过于频繁或在空间上过于密集，各项目的影响得不到及时的消纳时，都会产生累积影响[7]。

影响的结果是指开发活动对环境造成的累积效应。累积效应的分类方法很多，其中有代表性的是CEARC于1988年提出的分类法[8]。但该分类法的缺点是缺乏统一的分类标准。例如，有些类型是根据累积的过程而划分的(如时间拥挤、空间拥挤和协同效应)，有些类型是根据结构和形式而划分(如蚕食效应)，而有些类型是根据指标而划分(如阈值)，但各种类型之间往往不是彼此独立的关系，而是一种并存的关系。

表11-3　累积效应的分类[9]

类型	主要特征	例子
时间“拥挤”	对某一环境要素频繁而反复的影响	废物连续性排入湖泊、河流或大气
空间“拥挤”	对某一环境要素密集的影响	大气污染烟羽的汇合
协同效应	多个污染对某一环境要素产生的协同作用	气态污染物排入大气产生化学烟雾
时间滞后	响应长时间滞后于干扰	致癌效应
空间滞后(超出边界)	环境效应在远离污染源的地域出现	酸雨在远离污染排放源的地区出现
触发点和阈值	改变环境系统行为的破坏作用	大气中CO_2逐渐增加导致全球变暖
间接效应	在时间上超出了主项目的次生影响	新道路建设带动周边的开发
蚕食效应	生态系统被割裂分化	自然生态区的逐渐缩小和消失

累积环境影响评价到目前还没有一个统一的定义，简单地说是指对累积影响的产生、发展过程进行系统地识别和评价，并提出适当预防和减缓措施的过程。也有学者提出更详细的定义，即累积影响评价是系统分析和评估累积环境变化的过程，

包括：分析和调查(包括识别和描述)累积影响源、累积过程及累积影响，对时间和空间上的累积作出解释，估计和预测过去的、现有的或计划的人类活动的累积影响及其对社会经济发展的反馈效应，选择与可持续发展目标相一致的潜在发展行为的方向、内容、规模、速度和方式[10,11]。

二、累积环境影响评价的内容和程序

累积影响评价并不需要单独地进行，而要结合到项目环境影响评价或战略环境评价之中。

表 11-4　累积环境影响评价的程序步骤[12]

环境影响评价步骤	环境影响评价程序步骤
确定评价范围	1. 识别与建议活动及其替代方案相关的区域累积影响问题，确定评价目标 2. 选择适当的区域有价值的生态系统成分(VECs)和社会环境要素(SEEs) 3. 识别可能影响同一 VEC 或 SEE 的其他活动(过去的、现在的或计划的) 4. 确定评价的时间框架、空间范围
分析评价区域的环境特征	5. 分析评价区域是否已存在不可忽视的环境影响，这些影响是针对哪些 VECs 和 SEEs 而言的 6. 分析评价区域的地理、生态和社会环境特征，包括： (1)建议活动是位于一个相对未受干扰的景观区域，还是位于已经受到破坏的景观区域 (2)地形或其他地理因素是否从空间上限制建议活动对 VECs 和 SEEs 的影响 (3)评价区域是否存在稀缺的 VECs 或 SEEs (4)评价区域是否存在可能受到干扰的环境敏感区 7. 收集区域的环境基线数据，分析区域环境状况的历史变化
环境影响分析	8. 分析与建议活动及其替代方案有关的累积影响的特征 9. 分析建议活动及其替代方案对所选择的 VECs 和 SEEs 的影响 10. 分析评价范围内其他活动对选择的 VECs 和 SEEs 的影响 11. 定性或定量描述评价范围内所有识别活动对所选择的 VECs 和 SEEs 的累积影响的大小和范围，以及建议活动及其替代方案对此累积影响的贡献 12. 分析受影响的 VECs 和 SEEs 对其他 VECs 和 SEEs 的影响 13. 考虑跨边界影响和全球影响问题 14. 比较建议活动及其替代方案的累积影响的大小和范围

续表

环境影响评价步骤	环境影响评价程序步骤
建议环境影响减缓措施	15. 选择累积影响较小的替代方案 16. 修改或增加替代方案，以避免、减少或缓和重大的累积影响 17. 推荐项目层次和区域层次的累积影响减缓或补偿措施，如在区域其他地方培育一块具有同等生态功能的栖息地以补偿失去的栖息地
评价剩余影响的重大程度	18. 分析采取一定的减缓(补偿)措施后剩余累积影响的大小 19. 根据环境承载力、土地利用目标和区域可持续性目标，建立适当的评价指标，评价剩余累积影响的重要程度
环境影响后续监控	20. 推荐区域范围的累积影响监测措施 21. 推荐区域范围的累积影响适应性管理措施 22. 以上监测和管理措施应与累积影响的自然地理或生态系统边界相协调

透过累积影响评价的程序步骤可以看出：累积影响评价是对传统项目环境影响评价的增强和拓展。将过去、现在和可预见的将来的其他活动包括在建议项目的累积影响评价范围内，是累积影响评价区别于传统项目环境影响评价的重要特征和关键环节：累积影响评价的时间范围，应在项目环境影响评价时间范围的基础上，向过去和可预见的将来两个方向延伸，因此更需要所涉及的部门及区域之间的充分合作与协调[13]。

三、累积环境影响评价存在的问题

国内近年来开展的区域环境影响评价及污染物的总量控制体现了累积影响评价的思想，但总体来讲现有的项目层次及区域层次的环境影响评价制度体系，尚未明确针对累积影响评价提出法定的要求，直到 1997 年国家环保总局颁布《环境影响评价技术导则　非污染生态影响》生态影响”的环境影响评价技术导则，才对自然资源开发项目等的区域生态环境影响提出了累积影响的考虑，但关于累积影响评价仍缺乏相应的技术导则、明确的评价步骤和文本格式的要求。

从时间范围来看，已发布的环境影响评价技术导则中对累积影响评价的时间范围未作出具体规定。累积影响评价时空范围大的特点对环境背景数据提出了较高的要求，由于历史环境监测资料积累的时间相对较短，往往影响到对过去活动的识别，实践工作中通常将过去活动的影响包括在环境现状之中，以环境现状作为评价基线。环境资源管理体制上的条块分割及多头管理，对将来其他活动的识别带来较大的不确定性，客观上也导致环境影响评价对项目范围或区域范围外的其他活动的影响考虑不够。

从事累积影响评价必须监测过去和现在的开发项目，预测将来可能进行的项目影响，识别这些项目间相似或不相似、相关或不相关等各种特征，这些工作往往超越评价者的现有能力。

确认和预测潜在的累积影响受到目前科学技术水平的局限。人们对大气、水、陆地等介质的认识仍然有限，特别是当一个项目涉及多种介质的累积影响时，评价者就更加地难以把握[14]。

四、累积环境影响评价研究展望

日益增多的关于累积影响的研究报道说明了累积影响研究将成为环境科学研究的一个新热点。目前，该领域的研究仍处于起步阶段，其理论与实践有待于发展和完善。

(1)由于环境累积影响的普遍性与多样性，不可能对每一种可能累积的现象都加以研究，所以理论研究应注重带共性的方法学的研究。累积影响研究的出发点是加强对多个开发活动的环境影响。因此，方法学研究的侧重点应该是开发活动的相互关系与时空分布的研究，而不是微观具体的物理化学过程的研究。

(2)累积影响研究将使传统的环境影响评价方法框架产生重大的改进，同时将为区域环境管理规划提供一种更为有效的规划手段。累积影响评价研究应侧重累积影响分析与管理的方法研究，使累积影响评价与现行环境影响评价体系和环境管理规划体系能有机地融合在一起。

(3)加强累积影响研究成果的应用研究。累积影响是广泛存在的环境干扰现象，其研究成果对环境保护的许多方面均有重要的意义。例如，区域可持续发展规划、区域环境综合防治、环境容量与承载力研究、环境总量控制和环境标准的修订等。

(4)可持续发展战略的实施为开展累积影响研究提供了新的机遇。可持续发展战略要求人们以较宽广的时空观协调环境与发展的关系，累积影响研究则较充分地体现了这一可持续发展的思想。

第三节　环境风险评价

20 世纪 70 年代以后，环境保护的研究重点转移到污染物进入环境之前的风险管理，环境风险评价(environmental risk assessment，ERA)在这一新领域应运而生。20 世纪 80 年代发生了几起震惊世界的特大恶性环境污染事件，这些事件大大刺激和推动了环境风险评价的研究及相关活动的开展。关于风险评价，国际上是沿着三条技术路线发展的：其一为概率风险评价(porbability risk assessment，PRA)，其二为实时后果评价，其三为事故后后果(over-event 或 past accident)评价[15]。目前国内外开展的环境风险评价主要是概率风险评价。本文主要对环境风险评价的基本概念、评价的内容和方法作简要介绍。

一、环境风险评价的相关概念

(一)风险

“风险”一般指遭受损失、损伤或毁坏的可能性[16]。在安全科学上，把“风险”往往看成是在损害与损失发生的过程中，在一定时限内与可能受影响的人或人群相关的一定的危险级别[17]；在经济学上，“风险”是指“具有确定性事故和灾害将造成的概率损失”；在安全、健康与环境关键体系中，“风险”定义为“发生特定危害事件的可能性及事件结果的严重程度”[18]。风险存在于人的一切活动中，不同的活动会带来不同性质的风险。

比较通用与严格的定义如下：风险 R 是事故发生概率 P 与事故造成的环境(或健康)后果 C 的乘积[15]，即：

$$R = P \times C \tag{11-1}$$

(二)环境风险

环境风险是由自发的自然原因和人类活动引起的、通过环境介质传播的能对人类社会及自然环境产生破坏、损害及至毁灭性作用等不幸事件发生的概率及其后果[19~21]。

环境风险广泛存在于人类的各种活动中，其性质和表现方式复杂多样，从不同角度可作不同分类。如按风险源分类，可以分为化学风险、物理风险以及自然灾害引发的风险；按承受风险的对象分类，可以分为人群风险、设施风险和生态风险等。

环境风险具有以下内涵及特征。

(1)风险源：导致风险发生的客体以及相关的因果条件。

(2)风险行为：风险源发生后，它所排放的有毒、有害物，释放的能量流等将立即进入环境，并由此可能导致一系列人群中毒、火灾、爆炸等严重污染环境与破坏生态的行为。

(3)风险对象：评价终点或受害对象(受体)。

(4)风险场：风险产生的区域及范围。

(5)风险链：风险源在风险场中发生后，它将对周围的风险对象产生影响，随着时间的推移，与某一风险对象相关联的其他对象都有可能受到影响，并且影响可能沿这些对象继续传递，或者因这一风险影响而在某一对象上由于物理、化学反应又产生了新的风险影响，或者随生产流程的进展而进展，风险呈"链"式传递。

(6)风险度：风险源作用于风险对象物质上或能量上的贡献大小，也可定义为损害程度或损害量。

(7)风险损失：即风险产生的经济损失[17]。

(三)环境风险评价

广义上，环境风险评价是指对人类的各种社会经济活动所引发或面临的危害(包括自然灾害)对人体健康、社会经济、生态系统等所造成的可能损失进行评估，并据此进行管理和决策的过程。狭义上，环境风险评价常指对有毒有害物质(包括化学品和放射性物质)危害人体健康和生态系统的程度进行概率估计，并提出减小环境风险的方案和对策。

环境风险评价有不同的分类。按环境风险事件可分为突发性环境事故风险评价和非突发性环境风险评价；从其评价范围而言可分为三个等级，即微观风险评价、系统风险评价和全国(或宏观)风险评价；按环境风险评价的应用领域，可分为自然灾害的危险评价、有毒有害化学品的生态风险评价、建设项目的环境风险评价[22]。

环境风险评价的主要特点是评价环境中的不确定性和突发性问题，关心的是事件发生的可能性及其发生后的影响。环境风险评价与环境影响评价的区别见表 11－5。

表 11－5　环境风险评价与环境影响评价的区别[23]

项目	环境风险评价	环境影响评价
分析重点	突发事故	正常运行工况
持续时间	很短	很长
计算的物理效应	火、爆炸，向空气和地面水释放污染物	向空气、地面水、地下水释放污染物、噪声、热污染
释放类型	瞬时或短时间连续释放	长时间连续释放
应考虑的影响类型	突发的激烈的效应和后期的长远效应	连续的累计的效应
主要受害受体	人和建筑物	人和生态
危害性质	急性中毒、灾害性的	慢性中毒
源项确定	较大的不确定性	不确定性很小
评价方法	不确定性方法，如概率方法	确定论方法
防范措施与应急计划	需要	不需要

二、环境风险评价程序

国家环保总局汇编的国际金融组织贷款项目的“工业危险评价技术指南”中指出，“化学工厂的危害分析基本步骤如下：确定潜在的危害事故；计算在每次事故中排放的有害物数量；最后计算工厂每一次排放对设备、人员、环境和财产的影响”[15]。

Contini 在其文章中认为，一个完整的风险定量分析或评价程序应由下述四个阶段组成(图 11－2)：①危害识别；②事故频率和后果估算；③风险计算；④风险减缓[15]。

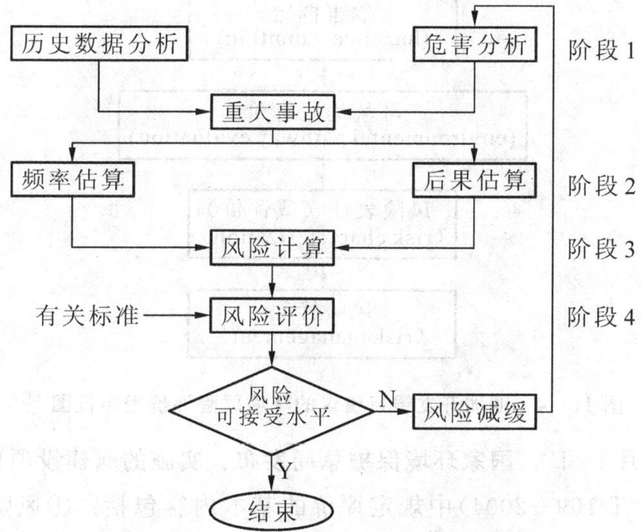

图 11－2　风险定量分析通用程序[15]

1983年美国科学院国家委员会(US National Research Council of the National Academy of Scieence)提出了环境风险评价的程序(图11－3)，1986年其为美国环保局(USEPA)采用。图11－4是亚洲开发银行推荐的风险评价程序[15]。

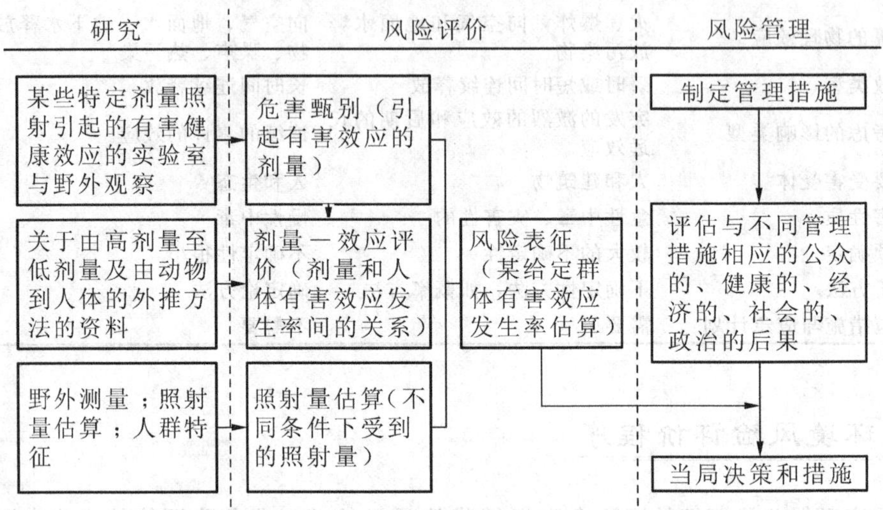

图11－3　美国环保局采用的环境风险评价框图[15,24]

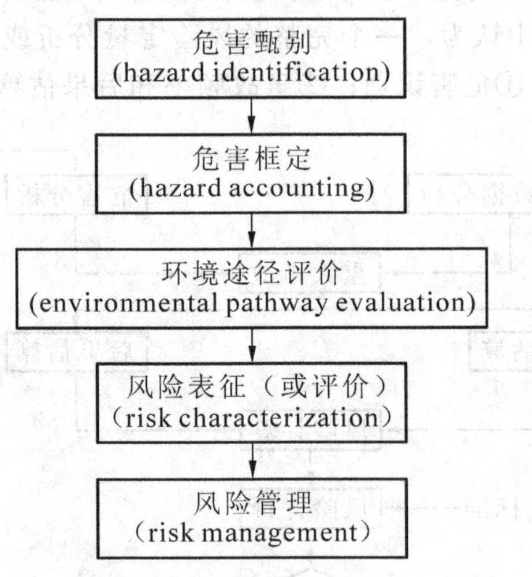

图11－4　亚洲开发银行建议的环境风险评价程序框图[15]

2004年12月11日，国家环境保护总局发布、实施的《建设项目环境风险评价技术导则》(HJ/T 169—2004)中规定评价的基本内容包括：①风险识别；②源项分析；③后果计算；④风险计算和评价；⑤风险管理。二级评价可选择风险识别、最大可信事故及源项、风险管理及减缓风险措施等项进行评价(图 11－5)。

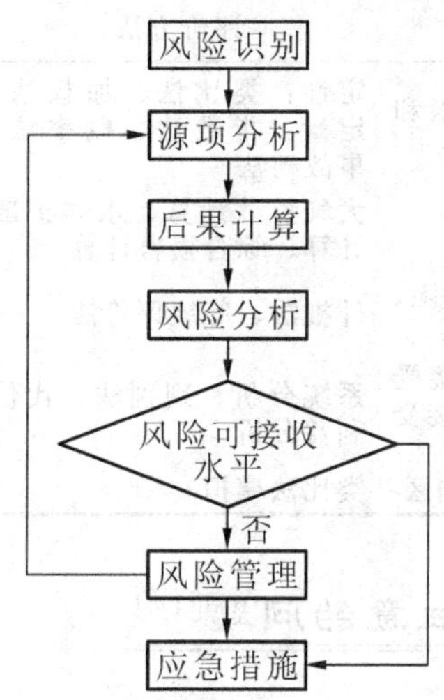

图 11－5　国家环保总局颁布的环境风险评价流程框图

综上所述，我们认为，环境风险评价的主要内容可分为三部分：(1)环境风险识别，根据因果分析的原则，把环境系统中的能给人类社会、生态系统带来风险的因素识别出来的过程，即找出风险的来源，确定事故的类型和事故发生的原因、事故发生的频率等；(2)环境风险估计，对环境风险的大小及事件的后果进行预测和度量，主要任务是给出风险的计算结果及评价范围内某给定群体的致死率或有害效应的发生率；(3)环境风险决策和管理，根据风险分析、评估的后果，结合风险事件承受者的承受能力，确定风险是否可以被接受，并根据实际情况，采取降低风险的措施和行动，其主要任务是根据风险分析和评估结果，结合风险事件承受者的承受能力，按照恰当的法规条例，确定可接受的损害水平。

三、环境风险评价的方法

环境风险评价的方法见表 11－6。

表 11－6　　环境风险评价方法

评价内容	评价对象	评价方法	评价目标
风险识别	原料、辅料、中间产品和最终产品、工厂	检查表法、评分法、概率评价法、综合评价法	确定危险因素和风险类型

续表

评价内容	评价对象	评价方法	评价目标
源项分析	已识别的危险因素和风险类型	定性：类比法、加权法；定量：指数法、概率法、事故树法	确定最大可信事故及其概率
后果计算	最大可信事故	大气扩散计算、水体扩散计算、综合损害计算	确定危害程度、危害范围
风险评价	最大可信事故风险、风险评价标准体系	外推法、等级评价法	确定风险值和可接受水平
风险管理	无风险水平、可接受风险水平、不可接受风险水平	系统分析、判别法、代价利益分析	不允许有风险发生、风险可以接受、确定减少风险措施
应急措施	事故现场周围影响区	类比法模拟	事故损失减至最少

四、环境风险评价应注意的问题[14]

1. 各种环境风险是相互联系的，降低一种风险可能引起另外一种风险。因此要求评价主体应具有比较风险的能力，要作出是否能接受的判断。

2. 环境风险与社会效益、经济效益是相互联系的。通常风险愈大，效益愈高。降低一种环境风险，意味着降低风险带来的社会效益和经济效益，因此必须予以合理地协调。

3. 环境风险评价与不确定性相联系。环境风险本身是由于各种不确定性因素形成的，而识别环境风险、度量环境风险仍然存在着不确定性。环境风险不可能被精确地衡量出来，它只能是一种估计。

4. 环境风险评价与评价主体的风险观相联系。对于同一种环境风险，不同的风险观可以有不同的评价结论。

第四节　环境健康影响评价

随着社会的发展，环境污染问题日益严重，环境污染已经成为影响人类健康和导致人类死亡的四大主要因素之一，世界许多国家越来越意识到需要评估许多主要发展项目和政策的人类健康意义，环境健康影响评价(environmental health impact assessment，EHIA)应运而生。环境健康影响评价是环境影响评价的重要组成部分，主要探讨环境污染可能对人群健康产生的影响，目的在于预测建设项目和发展政策可能对人类健康的直接影响。

一、环境健康影响评价的相关概念

1. 健康危害：环境中物理、化学或生物因素使居民(群体)及其后代最终要遭受总损害的量度。健康危害是环境危害的一部分[24]。

2. 危险度：指在特定暴露条件下，终生接触某环境因素引起个体或人群不良健康效应(伤、残、病或死亡等)的概率。

3. 环境健康影响评价：根据拟建项目对大气、水、土壤等环境因素可能产生的环境质量变化，预测和评价这些环境质量变化对人群健康可能带来的影响[24]。

二、项目健康影响的分类

亚洲发展银行的“发展计划健康影响评价导则”中，将发展项目的健康影响分为A，B，C三类(表11－7)，A，B类需做健康影响评价[24]。

表11－7 项目健康影响的分类[24]

分类	说明
A	有明显健康影响，减缓困难，需做健康影响评价或需要特殊计划组成部分
B	有明显健康影响，不需特殊计划组成部分，可减缓，可能需要作健康影响评价
C	无明显健康影响，不需作健康影响评价

环境健康影响评价项目选择的重点为：①排放有毒有害污染物、产生噪声且有一定规模的建设项目；②产生毒性较大的废物、废水或废气等的小项目；③有疑点的项目。

三、环境健康影响评价的方法与内容

国内尚无环境健康影响评价导则，评价方法也不统一。目前常用的方法是流行病学调查和毒理学实验研究。目前常用的环境健康影响评价的工作程序见图11－6。

四、环境污染的健康危险评价方法

环境污染健康影响评价的技术路线和评价程序应包括三部分：现场初步调查、环境污染健康影响的定性评价和环境污染健康影响的定量评价。

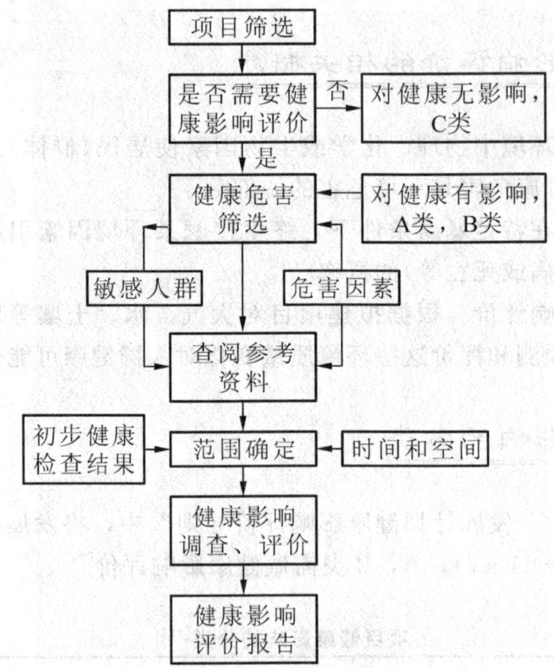

图 11-6　环境健康影响评价工作程序图[24]

(一)现场初步调查

调查对象包括病人、接触人群与相应的对照人群，要求全面掌握健康损害的特点，确认现场是否存在环境污染源及污染物、现场人群是否出现明显健康损害。应在较短时间内对事件的原因、经过、影响程度和性质作出判断。

(二)环境污染健康影响的定性评价

定性评价的基本内容包括以下几方面：①现场调查与资料收集；②病因判定；③作出评价结论。

现场调查主要是对背景情况的调查，包括：环境质量状况，气候、地理因素及社会经济状况，居住环境，人口特征，人群健康状况，地方病(生物性、化学性)流行情况等。资料的收集主要包括：收集病例与可疑病例的数据资料、环境污染监测的数据资料等。

(三)环境污染健康影响的定量评价

健康风险评价(health risk assessment，HRA)方法是国际上比较成熟的健康危险评价方法体系。健康风险评价是利用现代流行病学、毒理学及实验研究的最新成果，按一定准则，对有害环境因素作用于待定人群的有害健康效应(伤、残、病、出生缺陷、死亡等)进行综合定性与定量评价的过程。

健康风险评价的基本组成包括：①危害鉴定；②暴露评价；③剂量—反应评价；④危险表征。

危害鉴定是危险度评价的定性阶段，其目的在于判断有害环境因子能否在人群中产生不良健康效应，方法主要是详尽利用毒理学、流行病学及实验研究的最新成果，结合现场，对环境暴露可能对人群健康产生的危害作出科学的评价。

暴露评价是危险度定量评价的关键部分，其目的在于判断在现场个体或人群暴露的有害因素、暴露剂量(浓度)、暴露途径、暴露持续时间、暴露人群组成大小、特征等。评价内容主要包括：①源项评估；②途径和结果分析；③估算环境浓度；④人群分析；⑤综合接触量分析。评价过程通常包括三个步骤，见图 11－7。

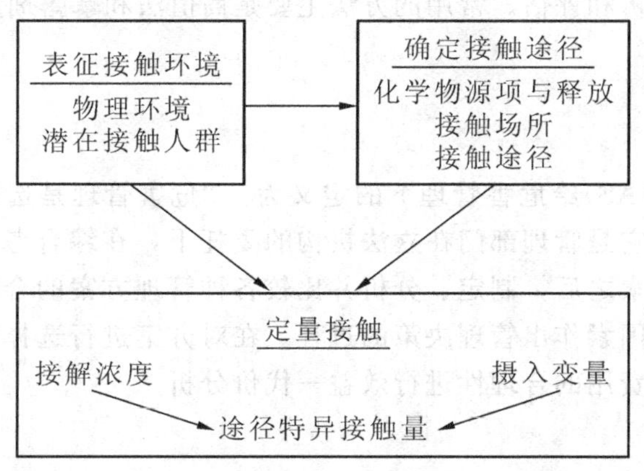

图 11－7　接触量评估步骤[24]

剂量—反应评价是危险度评价的重要定量部分，其目的是确定某环境污染物暴露量与人群有害效应之间的定量关系。通常，剂量反应评估在无阈效应(如癌)情况下，利用低剂量外推模式评价人群接触水平上所致的危险概率。在致癌物危险评价领域，大多数化学物应进行这样的剂量反应外推。常用的致癌物低剂量—反应外推模型见表 11－8。

表 11-8　　常用的致癌物低剂量—反应外推模型[24]

模式	表达式	模型在低剂量范围的曲线特征
对数—正态模型	$\begin{cases} R(D)=\dfrac{1}{\sigma\sqrt{2\pi}}\int_{\infty}^{Z}\exp(Z^2/2)\mathrm{d}Z \\ Z=\dfrac{\lg D-U}{\sigma} \end{cases}$	次线性
威尔布模型	$R(D)=1-\exp(-a+bD^m)$	若 $m>1$，为次线性；若 $m=1$，为线性；若 $m<1$，为超线性
单机模型	$R(D)=1-\exp(-k_0-k_1D)$	线性
多阶段模型	$R(D)=1-\exp(-\sum_{i=0}^{n}k_iD^i)$	若 $k_1>0$，为线性；若 $k_1=0$，为超线性
线性模型	$R(D)=1-\exp(-\sum_{i=0}^{n}k_iD^i)\ (k_i>0)$	线性

注：表中 R 为暴露群体的预期效应发生率；D 为剂量；U 为群体中的 $\lg D$ 的评价值；σ 为群体 $\lg D$ 的标准差；i 为阶段序号；其他为剂量—反应关系曲线拟合系数。

危险表征是危险度评价过程的最后一个步骤，其目的是在综合上述定性与定量评价的基础上，按一定准则及数学推导，得到相对定量的信息，同时，对评价过程的不确定性进行分析和评估。常用的方法主要是商值法和暴露剂量—反应外推法。

五、危害管理

美国科学院(NAS)给危害管理下的定义为："危害管理是选择各种管理法规并进行实施的过程。它是管理部门在立法机构的委托下，在综合考虑政治、社会、经济和工程等方面因素之后，制定、分析并比较各种管理方案的合理性和可行性，然后对某种环境管理因素作出管理决策的过程。在对方案进行选择时，要同时对危害的可接受性和控制费用的合理性进行效益—代价分析。"

第五节　景观及视觉环境影响评价

景观及视觉影响评价(landscape and visual impact assessment，LVIA)是环境影响评价的新领域之一。随着社会的经济水平和文明程度的提高，作为生活环境的一部分的美学环境[25]越来越受到人们的重视。景观及视觉影响评价正是基于这方面的需求应运而生。景观及视觉影响评价在国外一些发达国家(如日本、美国、英国等)早已受到重视，并开展了较多的研究工作。欧共体明确规定要评价开发活动对景观的直接和间接的潜在影响，香港提出了“景观及视觉影响评估的指引”。我国的景观及视觉影响评价工作起步较晚，迄今尚未形成一套完整的评价方法。本节旨在介绍与景观及视觉影响评价有关的概念，探讨评价的程序、内容与方法等，以期推动我国的景观及视觉影响评价工作的开展。

一、景观及视觉影响评价的概念及相关术语

(一)景观

“景观”一般是指自然风光、地面形态和风景画面，它是为人们观察周围环境的视觉总体[26]。在地理学上，景观具有地表可见景象与某个限定性区域的双重定义[27]。生态学上使用的景观概念有直觉和抽象两种方式。在景观及视觉影响评价方面，“景观”主要是指有特色的景物和地方性悦目怡人的独特景色[28]。

(二)景观影响及视觉影响

视觉影响是指视觉资源与观察者对在一个统一协调的景观中介入一种负面格调的实体所作的反应[29]。

景观影响与视觉影响的区别在于景观影响是指景观结构、性质和质量方面的改变，视觉影响则是指景观外貌方面的改变和这些变化对人的影响。因此视觉影响可以看作是景观影响的一个部分。

(三)景观及视觉影响评价

关于“景观及视觉影响评价”的概念目前还没有统一的定义，类似的概念还有“景观影响评价”和“视觉影响评价”。王华东和薛纪瑜在《环境影响评价》[30]中的定义是“景观影响评价是指运用环境美学观点，根据不同功能区的美学标准，对建设项目引起的环境景观变化，包括自然景观和人文景观，所进行预测影响分析与评价的过程”。Larry W. Canter 在《Environmental Impact Assessment》[31]中提出：“视觉影响评价是预测和评价拟开发活动在某一特定区域内造成景观潜在的美学或视觉影响的显著性和强度。”香港环保署在 1997 年出版的《环境影响评估程序的技术备忘录》[32]中提出“景观及视觉影响评价”的概念，指出景观及视觉影响评价的目的是针对新发展项目对景观特色及悦目景象可能构成的影响程度作出预计和评估。

我们认为：景观及视觉影响评价是预测、评价拟建项目在开发过程中与营运管理中可能给景观及环境带来的不利与有利影响，提出减缓不利影响的措施，从而使

建设项目对景观产生的负面影响减小到最低程度、有利影响得到最大程度的发挥。

二、景观及视觉影响评价的基本程序

景观及视觉影响评价的程序主要由以下步骤组成：①确定评价范围和评价因子；②进行现状调查评价；③影响预测；④影响评价；⑤制定减缓措施等。近年来，国内外专家将评价程序进行了归纳，如图 11－8 所示。

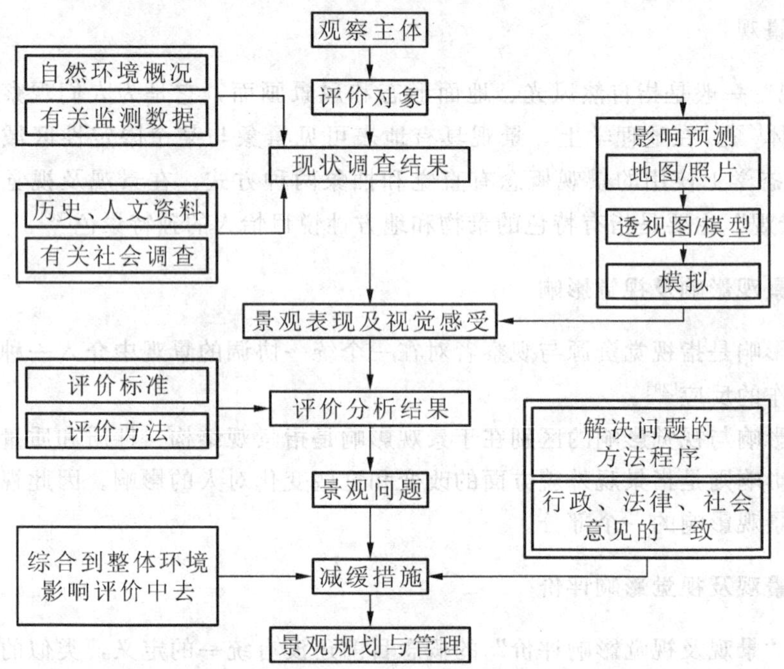

图 11－8 景观及视觉影响评价程序[30]

三、景观及视觉影响评价的内容与方法

(一)评价等级的划分

评价等级的划分是评价的基本工作，也是评价步骤的基础，一般把影响分为五个显著水平，见表 11－9。

表 11－9　评价等级划分表

评价等级	内　容
有益影响	工程项目配合周围环境的景观景象、符合有关规划目标以及可改善景观景象的整体质量
可以接受影响	评估显示景观不会受重大影响、工程项目的进行不会有碍观瞻、主要视野不会受到妨碍
采取减缓措施后可以接受	产生一些不良影响，但这些影响在很大程度上可借助特殊措施予以消除或削减
不可接受影响	不良影响被认为极度严重且不能予以缓解
不可确定影响	极有可能产生严重的不良影响，但只凭研究不能确定其程度或是否可以消除

(二)现状调查评价

景观及视觉的调查范围应根据建设项目的类型、规模、内容以及开发项目地区的地理特征来确定。一般应以建设项目的开发引起景观变化的范围作为基本调查区域。调查范围除项目所占范围外，还应包括视野以内的区域。

现状调查至少包括以下三方面内容：①自然环境方面的研究；②人文方面的研究；③美感方面的研究。除以上三方面的内容以外，还应详细调查拟建项目附近区域的未来发展规划、计划以及具体的设计要素。

对视觉及景观的现状评价可参考或采用国家、地方的有关标准，也可借鉴国外的相关评价原则和标准。视觉及景观现状调查评价方法有多种，可根据实际情况适当选择，主要有：现有资料分析法，制作景观调查表法，摄影、录像法，计算机图像分析法，简单观测评分法等。

(三)影响预测

景观影响预测包括：①对某些景观要素所产生的直接影响；②对某些构成景观特色和具有地区及区域性的独特景观的景物所产生的潜在影响；③对被认为具有特殊价值的地点所产生的影响。

视觉影响预测从人们观景的角度出发，识别和预测拟建项目所造成景观影响的性质和程度，预测应包括：①在观感上与邻近环境相协调；②阻挡视线；③改善景观；④阳光照射或反射或人造光源所散发的刺目强光。在预测视觉影响时，应把所有可能的视点都纳入研究范围内。

进行景观及视觉影响预测的方法主要有：①透视图法；②叠图法；③制作模型法；④计算机现象法等。

(四)影响评价

景观及视觉影响评价是对景观在结构、性质和质量方面的改变而引起人视觉变化的影响所进行的评价。评价在分析现状调查资料和预测结果的基础上听取专家、区域居民和与此有关的企事业单位的意见，参照有关评价要求进行。

目前，景观及视觉影响评价所采用的评价方法主要有：①景观美感文字描述法；②景观印象评价法；③景观心理测量评价法；④计分评价法；⑤平均信息量法；⑥回归分析法；⑦加权网络分析法；⑧模糊集值统计法；⑨系统评分法。

(五)减缓措施

在景观及视觉影响评价中，“减缓措施”是指将拟建项目对所在区域造成的视觉干扰或负面影响减至最小所采取的步骤。减缓措施不单要考虑减轻负面影响，同时要考虑如何美化环境和改善视觉景象。一般减缓负面影响的途径有：①从大小、形状、色彩和格调上设法减缓；②利用植被遮景；③修复；④更改拟建项目的位置(在不得已的情况下才采取“更改拟建项目的位置”的措施)。

四、景观及视觉影响评价工作的难点及问题[29]

景观及视觉影响评价工作的难点及问题主要有以下几方面。

(1)视觉质量缺乏和难以确定统一的定义和标准，因此，各不同专业之间，拟建项目者与环保管理人员之间，专业人员和关心美学质量的广大公众之间进行各种形式的交流有一定难度。

(2)视觉影响包含着视觉美和心理舒适感等主观感受要素，因此很难制定出一项适于客观判断的评价指标。Goodey 认为景观及视觉影响评价可能是项目环境影响评价中最具主观性的部分[33]。

(3)景观及视觉影响评价的理论体系主要是建立在景观生态学、景观美学、景观建筑学等理论基础之上的，目前在从事环境影响评价的专业队伍中，具有这几方面综合理论水平的环评专业人员还很缺乏。

(4)景观及视觉影响评价的理论研究正处于起步阶段，目前还没有出台该类评价的技术导则，因此在评价某些因子时可能会处于无标准对比、无法量化和无章可循的情况。

第六节　环境影响后评价

将项目后评价的思想引入项目环境管理体系，就出现了环境影响后评价的概念。国外关于环境影响后评价(post-project-analysis，PPA)的研究主要始于20世纪80年代，英国的Manchester大学的环境影响评价中心对环境影响后评价展开了相关的研究工作。目前中国开展环境影响后评价的研究还比较少，尚处于起步阶段。国内外实践均证明，环境影响后评价对于提高环境影响评价的有效性，提高项目决策和环境管理水平都具有非常重要的作用。

环境影响后评价在不同的国家有不同的提法，如中国的提法有验证性评价、事后评价、回顾性评价等。国外的提法有post-project evaluation，post-project review，post project appraisal，post-project environmental impact assessment audit，post-auditing，environmental impact assessment review，post-project analysis，其中“post-project analysis”是最常用的一种提法[34]。

一、环境影响后评价的概念

环境影响后评价是环境影响评价一个新的分支，是一个正在发展的领域。在理论上，环境影响后评价是继对有关开发建设的政策、计划、规划以及具体建设项目的环境影响评价之后，为检验实际环境影响和减缓措施的有效性、监督潜在的有损环境活动和行为而进行的包括环境监测、审计和改进措施在内的环境研究和管理过程。它既是对原环境影响评价过程中所使用的预测模型和结果正确性的验证，又要对原工作内容进行重要的补充和修正，并提出更为合理和实用的环境保护措施和对策，为环境决策和环境管理提供科学依据。

环境影响后评价提供了一种对环境影响评价质量进行控制的有效手段，因为任何开发行为的实际环境影响与预测结果总会有一定的差距，原环评中提出的环境影响的补偿和缓解措施是否完全可行也有待进一步检验，环境影响后评价是达到这一目标的必要手段。

需要开展环境影响后评价的情形包括两种：一是项目建设、运行过程中产生了不符合经审批的环境影响评价文件的情形的；二是原环境影响评价文件审批部门责成的，主要针对建设项目周围环境状况、环境保护措施或是对环境的影响发生较大变化等情况，包括环境影响大、建设地点敏感、有争议、有较大潜在影响或是有重大事故、有风险事件发生的项目。

二、环境影响后评价的作用

环境影响后评价对规划、建设单位环境行为自律和环境保护行政主管部门加强项目环境管理工作都具有积极的作用。

(一)环境影响后评价对规划、建设单位的作用

(1)促进规划、建设单位增强环境意识，持续改进自身的环境行为。因为定期进行的后评价会促使规划、建设单位时时关注自己的环境行为，采取切实的措施保护环境，保持环保设施始终处于良好的工作状态并正常运行，确保污染物达标排放。

(2)促进规划、建设单位加强对环保工作的组织领导，加强内部环境管理和外部环境控制，节本降耗，提高效益。第一，可促使建设单位提高各类能源、资源的利用率，节约各类能源资源；第二，可促使建设单位减少各类污染物的排放量，向环境要效益；第三，可帮助建设单位找到自身环境管理工作的弱点，采取有针对性的对策加强环保工作。

(3)有利于建设单位适应内、外部变化，满足相关方面的要求。外部的宏观政策、法律法规等改变，内部的产品、工艺、设施等变化，都需要建设单位及时应对，适时调整自身环境行为，特别是在当前政府、金融等机构以及社会公众都对建设单位提出了保护环境的强烈要求，后评价的实施有利于建设单位自觉、主动地采取措施避免“被动挨打”受罚。

(二)环境影响后评价对环境保护行政主管部门的作用

(1)有利于环保行政主管部门健全管理机制，强化监督管理，实现对规划、建设项目的常规和长效管理。

(2)有利于环境保护行政主管部门掌握规划、建设项目的环保现状及动态，创新环境保护管理工作。

(3)有利于验证预测性环评的结论，弥补、修正预测性评价的不足，同时进一步健全、完善环境影响评价的方法、制度。

(4)后评价主要侧重于对规划、建设项目的环境影响在某一时期的具体状态进行评价。它一方面承接了前期预测性评价的工作，另一方面又具有环境质量现状评价的特点，因此，可以将后评价作为对规划、建设项目预测性评价的一个改进和提高，并由此形成“环境质量现状评价(未实施规划、建设项目前)→环境影响预测评价→环境影响后评价”这样一个不断循环、改进的环境影响评价体系[35]。

三、环境影响后评价的工作程序

在开展环境影响后评价时要将与之有关的主要环境因子的变化情况、项目对社

会的真实影响程度、现有的科技水平等诸多因素考虑进去，并根据项目的具体情况，确定其环境影响评价工作范围的大小以及所投入时间和资金的多少，力求对项目予以科学、公正的评价，为环境管理和监督提供依据。

根据环境影响后评价工作的内容和特点，可以将整个工作程序分为五个阶段。

1. 大纲编写阶段

明确评价工作目的、意义以及工作的内容和范围，确定评价工作的方法和原则，并列出详细的工作实施方案。

2. 现场工作实施阶段

以工程分析为龙头，对工程污染源的分布、污染物的排放状况及环保设施的使用情况进行调查；实施大气、水、噪声、土壤生态等环境要素的现状监测；同步进行评价范围内的公众参与调查。

3. 数据、资料收集整理阶段

对所获得的各种现状监测和调查数据进行整理，分析筛选所获取的各种资料。

4. 项目后评价阶段

依据各种现场数据和一定的评价方法，对项目进行环境影响后评价，得出评价结论，提出措施和建议；验证原环境报告书中有关结论。

5. 报告书编写和评审阶段

根据现状资料和后评价的结论，编写项目的后评价环境影响评价报告书，并组织专家评审。

环境影响后评价这五个阶段是互相联系，密不可分的，它们一同组成了环境影响后评估的基本框架[36]。

四、环境影响后评价的分类

环境影响后评价的分类见表 11－10。

表 11－10　　环境影响后评价的具体分类[34]

环境影响后评价的分类	分类的依据
项目管理环境影响后评价	目的是管理活动的环境影响
过程开发环境影响后评价	从活动中总结今后应该吸取的经验和教训
科学和技术环境影响后评价	处理影响预测的科学准确性和缓解措施的技术适宜性
程序和管理环境影响后评价	处理 EIA 过程的有效性(或者是 EIA 过程，或者是实施的项目)

注：表中后两种环境影响后评价分类是从环境影响后评价研究的角度进行划分的。

五、环境影响后评价的主要内容

结合环境影响后评价的工作程序要求，其内容从整体上可分为监测、评估和管理三个主要部分。

1. 环境监测

环境监测包括合格性监测、实际影响监测和现状监测，它是环境影响后评价的重要组成部分。监测所获得的数据是检验、评估分析的基础，应围绕所设定的检验、评估因子来确定监测因子，制定监测计划和方案。合格性监测内容包括项目管理监测和达标状况监测。与管理监测有关的内容有检查施工技术(方法)，生产过程和设备以及减缓设施是否按环境主管部门的批复文件实施，达标监测的内容包括污染物的排放监测、环境质量和职业健康监测。实际影响监测即对项目建设期和运行期可能引起变化的环境状况进行监测，以确定实际影响[38]。

2. 检验与评估

环境影响后评价的检验与评估包括工程分析、环境影响回顾、环境保护措施和建议的评估、环境管理体系及运行状况评估四个方面。评估的结论的准确程度，直接影响到环境管理的具体措施。

3. 环境管理

环境管理是在环境监测和检验与评估的基础上，对工程继续运行时的环境影响实施减缓措施的手段。与原环境影响评价所提出的减缓措施相比，这里提出的环境保护的改进建议和措施，将有更好的实际操作性和运行的有效性。其主要内容包括对工程原环境保护措施的改进建议，工程环境管理体系的构成和运行方式的改进建议，以及工程工艺运行方式的改进建议[36~38]。

六、环境影响后评价研究展望

(1)由于目前中国现有的环保法规和制度中对于建设项目的环境影响后评价还暂无明确规定，环境影响后评价至今还未正式列入环境影响评价的整体工作范围之内。目前开展的此类评价工作，一般都是根据环境管理部门的特殊要求进行的，不同工作的内容和方法也有一定的差别，所以早日规范环境影响后评价的方法和内容，建立和逐步完善环境影响后评价工作的政策、法规体系已成为一个迫在眉睫的问题[39]。

(2)明确环境影响后评价和环境影响评价、环境监理、竣工验收环境影响调查的区别和联系。从项目环境管理体系的整体性出发，形成从环境影响评价、环境监理、竣工验收环境影响调查到环境影响后评价的连贯体系，可提高项目环境管理体系整体的效用。

(3)目前验证性评价、回顾性评价以及个别项目开展的环境影响后评估中，对项目造成的环境影响一般用定性描述的方法进行总结。但随着各种新型计算机技术的发展，应将各种高智能的模拟系统和技术运用到环境影响后评价中去，以解决评价领域的实际问题。

第七节　建设项目竣工环境保护验收

建设项目竣工环境保护验收是我国特有的一项环境保护制度，它是我国“三同时”制度的集中体现。《建设项目环境保护管理条例》规定：“建设项目需要配套建设的环境保护设施，必须与主体工程同时设计、同时施工、同时投产使用。建设项目的主体工程完工后，需要进行试生产的，其配套建设的环境保护设施必须与主体工程同时投入试运行。建设项目需要配套建设的环境保护设施经验收合格，该建设项目方可正式投入生产或者使用。”

一、建设项目竣工环境保护验收的定义

按照国家环境保护总局第 13 号令《建设项目竣工环境保护验收管理办法》第三条规定：“建设项目竣工环境保护验收是指建设项目竣工后，环境保护行政主管部门根据本办法规定，依据环境保护验收监测或调查结果，并通过现场检查等手段，考核该建设项目是否达到环境保护要求的活动。”

二、建设项目竣工环境保护验收的分类[40]

建设项目竣工环境保护验收实施分类管理，根据项目大小和项目环境问题的复杂程度，分建设项目环境保护竣工验收报告类、建设项目环境保护竣工验收申请表类、建设项目环境保护验收登记卡类三类管理。具体分类如下：

(1)对编制环境影响报告书的建设项目，应提交“建设项目竣工环境保护验收申请报告”，并附环境保护验收监测报告或调查报告。

(2)对编制环境影响报告表的建设项目，应提交“建设项目竣工环境保护验收申请表”，并附环境保护验收监测表或调查表。

(3)对填报环境影响登记表的建设项目，应提交“建设项目竣工环境保护验收登记卡”。

另外，生态型建设项目应该提交环境保护验收调查报告，并应有一次完整的实测数据；污染型建设项目应该提交环境保护验收监测报告。

三、建设项目竣工环境保护验收的范围

建设项目竣工环境保护验收的范围如下。

(1)与建设项目有关的各项环境保护设施，包括为防治污染和保护环境所建成或配备的工程、设备、装置和监测手段，各项生态保护设施。

(2)环境影响报告书(表)或者环境影响登记表和有关项目设计文件规定应采取的其他各项环境保护设施。

四、建设项目竣工环境保护验收调查

由于评价单位一般只参与建设项目竣工环境保护验收调查，因此本节主要介绍验收调查的相关内容。验收调查一般需经过资料收集，多次现场踏勘，环境影响调查与监测，竣工环境保护验收调查文件审查、修改等过程，具体程序见图 11－9。

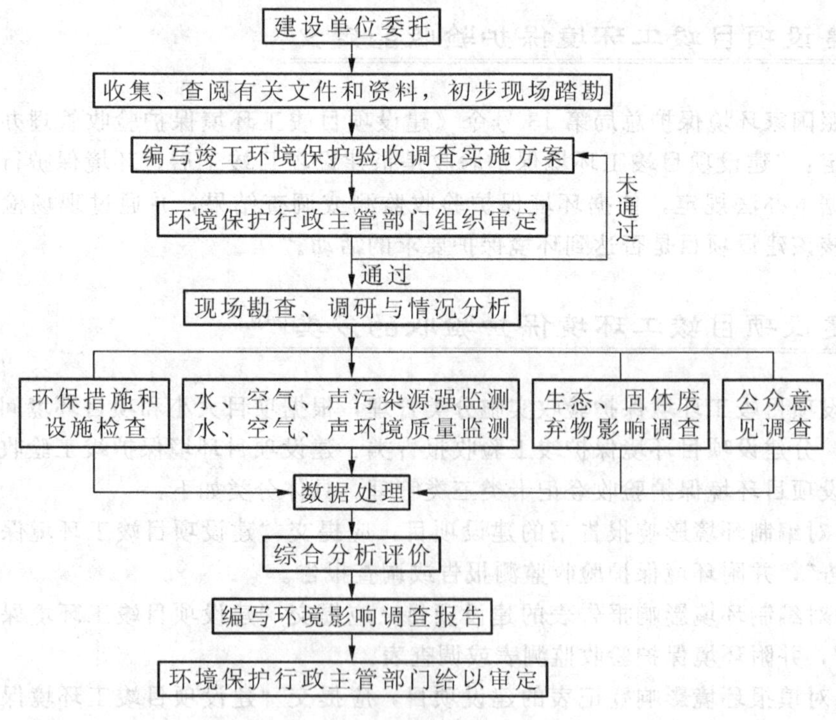

图 11－9 验收调查工作程序[40]

建设项目竣工环境保护验收调查的成果是以验收调查文件来表示的，包含验收调查实施方案及调查报告(表)。

(一)验收调查实施方案[40]

实施方案是在具体开展验收调查工作前，依据国家和地方的环境保护及环境资源等一系列法律法规要求，在认真研究建设项目内容及其产生的环境影响的前提下，在分析环境影响报告书(及其批复意见)预测结论及其规定的环境保护对策措施的基础上，根据初步现场踏勘结果而编制的具体行动方案。

验收调查实施方案中应明确以下内容：

(1)了解工程的实际内容与环境影响报告书中的工程内容的差异，确定验收的具体工程内容与范围，明确调查工作的范围。

(2)确定工程所在地目前的主要环境问题以及建设项目的主要环境影响，筛选出主要环境影响因子，确定调查重点。

(3)根据环境影响评价及其批复意见中确定的国家和地方的有关环保法律法规，选择恰当的环境质量标准和污染物排放标准。

(4)细化调查工作程序，确定调查主题及内容的设置，制定执行方案。

(5)确定工作分工及工作进度。

(6)确定提交成果的主要内容(也就是报告书的主要内容)。

(7)明确工作经费概算。

一个完整的实施方案大体应包括建设项目概况、调查方案和保障措施三个部分。其中，调查方案为实施方案的核心内容，主要包括调查与评价的依据、调查工作的范围、调查重点、调查专题及内容和执行方案等；建设项目概况是实施方案编制的基础，主要包括项目概况、区域环境概况、环境保护要求和初步调查概述四个方面；保障措施是保证调查工作顺利进行所需的条件和强制性要求，主要包括组织分工、实施进度、终期成果和经费概算等内容。

(二)验收调查报告[40]

验收调查报告是根据审定的实施方案的要求，在开展现场踏勘、现状监测、公众意见调查和文件资料核实等具体工作的基础上，通过对调查与监测结果的分析，对建设项目产生的实际环境影响、有关环境保护措施(设施)落实情况进行核实，对其效果进行评估，并提出减缓环境影响的补充或补救措施等工作后，对建设项目是否符合验收条件给出的书面总结。

调查报告中着重回答以下问题：

(1)建设项目是否遵循建设项目环境管理程序？

(2)建设项目是否落实了设计、环评报告书及其批复文件中规定的环保对策措施？

(3)建设项目环评报告书、批复文件和设计要求的有关环保措施是否已建成并投入正常使用？

(4)建设项目施工期的各项环保措施是否落实，是否造成了重大的环境影响？

(5)建设项目各项防护工程是否符合设计、施工和使用要求？

(6)建设项目对生态环境、水环境、环境空气、声环境造成的影响是否可接受？

(7)建设项目目前遗留的环境问题是否能得到有效处理和解决？

(8)建设项目施工期与营运期环境管理体系是否完善？

(9)建设项目是否符合竣工验收条件？

【习题及思考题】

1. 什么样的项目需要开展环境风险评价？简述进行环境风险评价的步骤。

2. 论述若干新技术(任选 2～3 种)在环境影响评价中应用的可能性及其给环境影响评价带来的正面影响。

3. 试阐述项目环境影响评价、区域环境评价、规划环境评价、战略环境评价之间的关系。

4. 阐述战略环境评价的发展趋势。

5. 如何才能更为有效地开展累积影响评价？

6. 如果所有的污染损失都可以用健康危害来表述，那么环境健康评价方法是否就可以用于环境影响的综合评价？

7. 阐述指标体系评价法在景观及视觉环境影响评价中的作用。

8. 环境影响后评价的重点是什么？

9. 阐述开展建设项目竣工环境保护验收的意义。

【参考文献】

[1] 张从，主编. 环境评价教程. 北京：中国环境科学出版社，2002

[2] 鱼红霞，刘振起. 项目环境影响评价与战略环境影响评价比较. 环境科学与技术，2004，27(4)：47 - 48

[3] 赵大传，袁学良. 战略环境评价研究. 山东环境，2003，(6)：42 - 44

[4] 牟忠霞，王文勇，翟晓丽. 战略环境影响评价及其方法简述. 城乡规划与环境建设，2005，24(8)：11 - 12

[5] 刘娟. 战略环境影响评价方法研究及实例分析：[硕士学位论文]. 长春：

吉林大学，2004

［6］薛若晗，窦贻俭．战略环境影响评价中的公众参与．福建环境，2003，20(2)：21－23

［7］黄嘉璐．累积影响评价研究．江苏环境科技，2004，17(3)：25－27

［8］CEARC(Canadian Environmental Assessment Research Concil)．The assessment of cumulative effect．A Research Prospect，1988，(9)

［9］彭应登，王华东．累积影响研究及其意义．环境科学，1997，18(1)：86－89

［10］李巍，王淑华，王华东．累积环境影响评价研究．环境科学进展，1995，3(6)：72－77

［11］刘瑜，钱喻，陆根法．西部开发中的累积环境影响．四川环境，2001，21(2)：57－61

［12］毛文锋，陈建军．累积影响评价的原则和框架．重庆环境科学，2002，24(6)：60－62

［13］杨凯，林健枝．累积影响评价：中国内地与香港的问题与实践探讨．环境科学，2001，22(1)：121－126

［14］张征，沈珍瑶，韩海荣，等．环境评价学．北京：高等教育出版社，2004

［15］胡二邦．环境风险评价实用技术和方法．北京：中国环境科学出版社，2000

［16］田袭学．健康风险评价的基本内容与方法．甘肃环境研究与监测，1997，10(4)：32－36

［17］郭永龙，刘红涛，蔡志杰．论工业建设项目的环境风险及其评价．地球科学—中国地质大学学报，2002，27(2)：235－240

［18］周汾涛．浅谈环境风险评价的理论与实践．山西能源与节能，2004，(3)：37，39

［19］钟政林，曾光明，杨春平．环境风险评价研究进展．环境科学进展，1996，4(6)：17－21

［20］陆雍森．环境评价(第二版)．上海：同济大学出版社，1999

［21］顾传辉，陈桂珠．浅议环境风险评价与管理．新疆环境保护，2001，23(4)：38－41

［22］郭文成，钟敏华，梁粤瑜．环境风险评价与环境风险管理．云南环境科学，2001，12(20)：98－100

［23］曹希寿．区域环境风险评价与管理初探．中国环境科学，1994，14(6)：465－470

［24］国家环境保护总局监督管理司．中国环境影响评价培训教材．北京：化学工业出版社，2000

[25] 夏畅斌．改性粉煤灰吸附对硝基苯酚的研究．环境科学与技术，2000，23(3)：35－38

[26] 王华东，王建．城市景观生态学刍议．城市环境与城市生态，1991，4(1)：26－27

[27] 肖笃宁，钟林生．景观分类与评价的生态原则．应用生态学报，1998，9(2)：217－221

[28] 吴仁海，熊豪品．景观及视觉影响评价．中山大学学报(自然科学版)，1998，37(2)：221－224

[29] 谭砂砾，姜庆利，赵大传．景观及视觉影响评价初探．环境科学与技术，2002，25(4)：24－26

[30] 王华东，薛纪瑜．环境影响评价．北京：高等教育出版社，1989

[31] Larry W Canter. Environmental Impact Assessment. New York：McGraw-Hill，Inc.，1996

[32] 香港环境保护署．环境影响评估程序的技术备忘录．香港：香港环境保护署，1997

[33] Goodey B Landscape. In：Morris P，Therivel R，eds. Method of Environmental Impact Assessment. London：Oxford Brooks University，UCL Press，1995：78－95

[34] 沈毅，吴丽娜，王红瑞，等．环境影响后评价的进展及主要问题．长安大学学报(自然科学版)，2005，25(1)：56－59

[35] 吴照浩．环境影响后评价的作用及实施．污染防治技术，2003，16(3)：27－30

[36] 边丽．回顾性环境影响评价程序及内容研究．兵团教育学院学报，2002，12(3)：39－42

[37] 李彦武，刘锋，段宁．环境影响后续评估机制的研究．环境科学研究，1997，10(1)：52－56

[38] 黄德春．投资项目后评价理论、方法及应用研究：[博士学位论文]．南京：河海大学，2003

[39] 赵东风，顾益民．回顾性环境影响评价的特点及发展趋势．油气田环境保护，2000，10(3)：16－17

[40] 国家环境保护总局环境影响评价管理司．建设项目竣工环境保护验收监测培训教材．北京：中国环境科学出版社，2004